KB206223

정공 큰스님의
현대인을 위한
자비로운 법약

무량수경
청화강기
無量壽經
菁華講記

정공 큰스님 강술

허만항 편역

일러두기

1993년 8월 미국 샌프란시스코 대각연사大覺蓮社에서, 1992년 6월 미국 캘리포니아 산호수에서 《무량수경》 60개 경문과 관련하여 두 차례 강연의 정의精義를 합쳐서 편찬한 《무량수경청화강기無量壽經菁華講記》를 저본으로 번역하는 한편, 법보신문에 2018년 5월 12일에서 2019년 9월 30까지 총 60차례 중국 정공 스님의 「무량수경청화법문」으로 연재된 기사(이하 "법보")를 보충하여 편집하였다.

真誠清淨平等正覺慈悲

看破放下自在隨緣念佛

들어가는 말

《무량수경無量壽經》은 정종법문淨宗法門의 근본 소의경전입니다. 이 경전에서는 서방정토의 의보(依報 ; 환경)·정보(正報 ; 마음)와 주반(主伴 ; 주인과 벗)의 갖가지 수승하고 미묘하며 불가사의한 장엄을 상세히 설명하고 있습니다. 즉《무량수경》에는 아미타 부처님께서 인지因地에서 발원수행하고 용맹정진하시며, 뜻을 전일專一하게 하여 정토를 장엄하신 인과因果와 시방세계 일체 중생에게 보리심菩提心을 발하여 일향一向으로 전념專念하여 정토에 태어나길 구하도록 권하시는 이理와 사事를 둘 다 드러내는 미묘한 종지宗旨가 담겨져 있습니다. 그리하여 인연이 있는 자로 하여금 서방극락세계의 장엄·청정과 빛나고 화려하며, 형상과 빛깔이 수승하고 특별한 모습을 그리워하면서 보리로 나아가는 마음을 발하고 왕생 발원하여 삼불퇴三不退[1]를 증득하고 상적광토로 들어가게 합니다.

정공淨空 큰스님께서는 부처님께서 법유法乳를 베푸신 은혜를

---

1) "첫째 위불퇴位不退로 성인의 흐름에 들어가 다시는 범부의 지위로 떨어지지 않고, 둘째는 행불퇴行不退로 항상 중생을 제도하며 이승二乘의 지위로 떨어지지 않으며, 셋째는 염불퇴念不退로 염념마다 살바야(일체종지)의 바다로 흘러 들어가는 것을 말한다."《불설아미타경 요해》(비움과소통)

갚기 위해 《무량수경》을 세계 각지에 두루 유포하시고, 법연法筵을 널리 열어 《무량수경》의 비밀한 뜻을 전 세계에 밝히셨으며, 전 세계에 《무량수경》 수백만 권을 인쇄 유통하셨습니다.

《무량수경청화無量壽經菁華》는 정종의 지도자이신 정공 큰스님께서 《무량수경》 60개 경문을 잘 가려 뽑아 현대사회를 살아가는 사람들의 갖가지 병태에 대해 법약을 내려주셨습니다. 이를 위해 큰 스님께서는 1993년 8월 미국 샌프란시스코 대각연사大覺蓮社에서 강연하셨는데, 정종학회 동수 여러분이 1992년 6월 미국 캘리포니아 산호수에서 강연하신 《무량수경》을 참조하여 이 60개 경문과 관련하여 두 차례 강연의 정미로운 뜻(精義)을 합쳐서 《무량수경청화강기無量壽經菁華講記》로 정리하였습니다.

이 《무량수경청화강기》는 문장이 막힘이 없고, 글의 이치가 두루 원만하면서 동시에 쉽고 명료합니다. 또한 스승님께서 말씀하신 원의를 잃지 않아 그야말로 최선을 다해 정리하였다고 할 수 있습니다. 정리가 완료된 후 스승님께서 친히 수정하시어 그 의리가 더욱 상세하고 완벽하니, 「무량수경강기」의 모범이라 할 수 있습니다.

2003년 9월 17일

화장정종학회華藏淨宗學會 오도悟道 스님

정공淨空 큰스님 소개

성현의 교육과 평화이념에 힘을 쏟고 계신 지구촌의 스승

정공淨空 큰스님 (1927年 -   )

늘 홀로 행하시고, 늘 홀로 걸어가며
깨달은 자, 열반의 길 함께 노닐며 가시네
常獨行 · 常獨步 · 達者同遊覺明路

부처님의 마음 지키고, 스승의 뜻 계승하며
부지런히 법륜 굴려서 중생을 구제하시네
秉佛心 · 承師志 · 勤轉法輪濟含識

마음 거울 밝아서 비침에 걸림이 없고
심량은 평등한 사랑 하나로 항하사 세계에 두루 하시네
心鏡明 · 鑒無礙 · 量周沙界一博愛

인간의 스승이 되시어 세상의 모범을 행하시고
당신은 온갖 고통에 빠질지라도 원심에서 물러나지 않으시네
爲人師 · 行世範 · 身止諸苦願不退

1. 종승(宗)에 통달하고 교승(敎)에 통달하여 마음이 정토로 돌아가다

정공 법사께서는 민국 초 전란시기에 태어나 2차 세계대전을 겪으시면서, 인간이 무지하여 상호 대립 · 시기하고, 나쁜 견해로 인해 서로 원수로 여기며, 가정불화와 사회불안을 초래하고 정쟁政爭과 전쟁이 종식되지 않는다는 사실을 절감

하고, 슬픈 마음에 사로잡혀 도처에 스승을 찾아다니면서 도를 묻고 그 해결의 길을 구하였습니다.

당대의 큰 철학자이신 방동미方東美 교수께서 가르치신 「**학불은 인생최고의 향수**(學佛是人生最高的享受)」라는 말씀을 통해 큰스님께서는 우주와 인생의 진상眞相을 탐구하는 여행을 시작하였습니다.

티베트 고승이신 장가章嘉대사께서 가르치신 「**간파**看破 · **방하**放下 · **보시**布施」의 방법을 통해 큰스님께서는 학불의 기초를 다지셨습니다.

인광대사의 제자이신 이병남李炳南 노거사께서 일깨우시고 깊이 알게 하신 「**일문에 깊이 들어가 오랫동안 몸에 배이도록 닦는**(一門深入 長時薰修)」 방법은 일체 경장에 깊이 들어가는 열쇠입니다.

큰스님께서는 13년간 쉬지 않고 부지런히 학습하여 마침내 정토종의 홍양에 힘쓰게 되셨습니다.

2. 불타교육을 근본부터 바르게 세우시다

노스님께서는 「불교」는 「불타교육佛陀教育」이 바른 이름이고, 또한 「**불교는 석가모니부처님께서 일체중생에게 가르치신 다**

원적이고 지극히 선하며 원만한 사회교육」임을 처음으로 주창하시며, 시시각각 깊은 내용을 쉽게 풀어내는 방식으로 우리들에게 불타교육의 진실한 뜻을 인식시켜주셨습니다.

불법을 수학함에 있어 형식을 중시할 것이 아니라 실질적인 내용을 중시해야 한다고 강조하셨습니다. 예를 들면 불문에 들어가 삼귀의三歸依하는 것은 형식상으로는 「불佛 · 법法 · 승僧」에 귀의하는 것이지만, 그 실질적인 함의는 「**미혹에서 깨달음으로 돌아감**(從迷歸覺) · **그릇된 법에서 바른 법으로 돌아감**(從邪歸正) · **물든 마음에서 청정한 마음으로 돌아감**(從染歸淨)」입니다. 불상에 예배하는 것은 우상에 엎드려 절하는 것이 아닙니다. 그 진정한 함의는 「**은혜를 알고 은혜를 갚음**(知恩報恩)」 · 「**어진이의 행동을 보고 그와 같아지길 생각함**(見賢思齊)」입니다. 부처님 전에 공양하는 물은 청정 · 평등을 대표합니다. 우리들에게 이 한 잔의 물을 보고서 우리들의 마음이 물처럼 청정 · 평등하겠다 생각해야 한다고 가르치십니다.

3. 스승의 뜻을 전승하여 홍양하는 것을 다원화하시다

큰스님께서는 1959년 출가하신 후 성인과 철인의 윤리도덕교육을 회복하고 대승불법의 자비정신을 홍양하는 것을 자신의 소임으로 삼으시고, 지금까지 58년간 중단 없이 경전을 강설하고 불학佛學을 가르치셨습니다.

큰스님께서는 부처님의 교학이념을 계승하고, 윤리도덕교육·인과교육·불타교육 등을 실천하시기 위해 경전을 인쇄하여 대중에게 나눠주어 무상으로 법연을 맺게 하셨을 뿐만 아니라, 또한 《건륭대장경乾隆大藏經》·《사고회요四庫薈要》·《사고전서四庫全書》를 인쇄하여 전 세계 고등학부, 국가도서관 및 각종 종교단체에 기증해서 이를 소중히 보관하게 하고 학술연구용으로 쓰게 하셨습니다.

큰스님께서는 21세기의 불교도량은 사원건축이 아니라고 말씀하시며, 녹음설비·인터넷·위성TV 등을 잘 활용하여 불법을 개인의 집에 있는 TV·컴퓨터에 보내어서 이것을 바탕으로 모든 사람에게 "인을 실천하고 자비를 행하여 세상 사람을 널리 사랑하라"(제50 청화법문 참조)는 인자박애仁慈博愛의 교육풍조를 보급하셨습니다.

4. 정종학회의 정신적 지도자이시다

「정종학회」는 하나의 이념으로 하련거 노거사께서 제창하신 정토를 전수專修·전홍專弘하는 조직으로 정공 큰스님의 강력한 제창을 통해서 실제 수학·생활 가운데 확실히 실행하셨고, 비로소 하련거 노거사의 이상이 현실화될 수 있었습니다.

큰스님께서는 정종의 소의경전이 확실히 시방삼세 일체제불께서 중생을 제도하고 성불하는 제일법문임을 깊이 아셨습니다. 이로써 근 10여 년간 대만, 홍콩, 싱가포르, 말레이시아, 미국, 캐나다, 호주 등지에서 있는 힘을 다해 선양하시고, 이 조직이 전 세계 각지까지 널리 뻗어나갈 수 있길 희망하고 계십니다. 원컨대 여러 대선지식께서 모두 정법을 펼쳐서 두루 중생으로 하여금 극락연화세계로 함께 돌아가길 바랍니다.

5. 뿌리를 찾아가는 것이 복덕 지혜의 시초이다

먼 옛날로부터 지금까지 생명의 기나긴 강줄기에서 중국이 세계에서 수천 년간 우뚝 솟아 도태되지 않은 주요한 원인은 효도를 아는 것입니다. 효孝는 일체 선법善法의 근본으로 중화문화 정신의 기초이자 부처를 이루고 보살을 이루는 진정한 인(眞因)입니다.

조상의 위패를 모시고 조상과 선조들이 후인에게 일러주신 가르침을 잊지 않는 것이 효친孝親입니다. 수천 년 전의 조상에 대해 모두 경애하고 생각마다 잊지 않는다면 현재 우리 곁에 계시는 부모님께 어찌 효순하지 않겠습니까! 그래서 조상에게 제사를 지내는 진정한 의의는 「뿌리를 찾아 돌아가 시조에 보답함(返本報始)」에 있고, 사람에게 뿌리를 잊지 말라고 가르치는 인도人道의 대 근본입니다.

중국인은 대대로 전해져 온 지금까지 성씨를 합치면 대략 2만 2천여 성씨가 있는데, 그 뿌리를 캐고 원천을 거슬러 올라가 찾으면 중국인은 모두 한 가족임이 증명됩니다. 일찍이 3, 40 년 전에 큰스님께서는 「중화민족만성선조기념당中華民族萬姓先祖紀念堂」을 건립할 것을 강력하게 제창하시고, 전 세계 중화인의 거처에 모두 조상기념당이 있기를 기대하셨습니다. 그 뜻은 사람마다 지나간 시간을 추억하고 효사孝思를 이어갈 수 있도록 함에 있습니다. 나아가 「구법계중생의 선조기념(九法界衆生之先祖紀念)」으로까지 넓혀나가, 이처럼 효도를 크게 행하면 후에 반드시 성현聖賢의 사도師道가 시현하여, 이로써 악을 교화하여 선을 이루게 하고 미혹을 교화하여 깨달음을 성취하게 하며, 범부를 교화하여 성인을 이루게 하셨습니다.

6. 종교의 단결, 평화를 추동하시다

큰스님께서는 거룩한 가르침(聖教)을 펼치신지 지금까지 근 60년에 이르러 동서양의 모든 종교와 성인과 철학이 「인자박애仁慈博愛 · 성경겸화誠敬謙和」를 다른 교학의 종지로 함을 깊이 깨치셨습니다.

1997년부터 시작하여 큰스님께서는 싱가포르 9대 종교의 단결에 힘쓰시면서 세상 사람에게 “우주 가운데 오직 하나의 참된 신이 있으니, 그 참된 신은 바로 「사랑(愛)」으로 각기 다른 종교에 화신化身하였으니, 모든 종교는 다 한 집안입니다."라고 말씀하셨습니다. 반세기 이래 큰스님의 족적은 5대주에 두루 미치어서 여러 차례 아시아, 호주 등 각지에서 국제평화회의에 참가하셨고, 수차례 싱가포르 9대 종교 및 인도네시아 5대 종교대표단과 동행하였으며, 중국 이탈리아 이집트 등 종교성지와 대학을 방문하셨습니다. 2006년 10월, 큰스님께서는 프랑스 파리 유네스코 총본부에서 개최한 「2550년 부처님오신날 경축」 활동 중에서 "종교는 단결할 수 있습니다! 사람은 잘 가르칠 수 있습니다!"라고 천명하셨습니다.

7. 화해세계和諧世界는 마음으로부터 시작한다

큰스님께서는 여러 차례 국제평화회의에 참가하시고 오직 화해 시범구區를 건립해야 비로소 세상 사람으로 하여금 「인간의 성품은 본래 선함(人性本善)」을 잘 이해하고 긍정할 수 있음을 깊이 절감하시고 이해하셨습니다. 이에 비추어 큰스님께서는 그의 고향인 안휘성安徽省 려강현廬江縣 탕지진湯池鎮에 「문화교육중심」을 건립하고 윤리도덕교육 교사를 길러내어 작은 읍 전체 사람들에게 오륜五倫교육을 실시하여 세상 사람으로 하여금 「화해사회和諧社會」가 구호가 아님을 보여주셨습니다. 다시 작은 읍을 화해시키는 작은 경험으로부터 범위를 더 넓혀나가면 화해 시범성省·시범국國을 달성하고 나아가 화해세계의 대동이상大同理想을 실현할 것을 기약할 수 있습니다.

8. 옛 성인을 스승으로 삼아 배우는 학습반을 운영하여 가르치시다

큰스님께서는 강학講學 인재를 기르시는데 시종일관 전력을 다하면 반드시 정법이 오래 머물러 중생으로 하여금 진실한 이익을 얻을 수 있다고 보았습니다. 이 때문에 적극적으로 「종교대학」 혹은 「다원문화대학」 및 「전통문화교육중심」을 건립하여 유·불·선 삼도三道 및 각 종교 교사를 기를 것을 강력히 제창하셨고, 진실로 각 종교학습자들이 인자박애 정신을 성실히 받들 수 있고 윤리 도덕과 종교 교육의 기초를 견실히 할 수 있을 것으로 기대하셨습니다.

9. 학으로 인간의 스승이 되고 행으로 세상의 모법이 되시다

「진성眞誠·청정淸淨·평등平等·정각正覺·자비慈悲; 간파看破·방하放下·자재自在·수연隨緣·염불念佛」은 큰스님께서 입신처세立身處世하신 불변의 법칙입니다. 「인자박애仁慈博愛」·「수신을 근본으로 삼고 교학을 우선함(修身爲本 教學爲先)」은 큰스님께서 경전을 강설하고 가르치시는 순일한 요지였고, 「성경겸화誠敬謙和」·「널리 중생으로 하여금 미혹을 깨뜨려 개오하게 하고 괴로움을 여의고 즐거움을 얻게 함(普令衆生 破迷開悟 離苦得樂)」을 생명의 진실한 의의로 삼으셨습니다.

[보충]

[염불念佛, 이 두 글자는 일체 법을 모두 포함합니다]

「진성眞誠·청정淸淨·평등平等·정각正覺·자비慈悲；간파看破·방하放下·자재自在·수연隨緣·염불念佛」, 이 대련對聯에서 어떤 일구도 다른 아홉 구를 포함합니다. 진성은 청정이 없으면 진성이 아니고, 평등이 없으면 진성이 없고, 방하가 없으면 진성이 없고 자재가 없으면 진성이 없습니다.

《화엄경》에 이르시길, "하나가 곧 여럿이고, 여럿이 곧 하나이니라(一即是多 多即是一)." 하셨습니다. 위의 대련은 마음을 보존함(存心)이고, 아래의 대련은 사를 행함(行事)입니다. 불법은 심心과 행行을 말합니다. 「진성眞誠·청정淸淨·평등平等·정각正覺·자비慈悲」는 보살심菩薩心이고,「간파看破·방하放下·자재自在·수연隨緣·염불念佛」」은 보살행菩薩行입니다. 이것이 제가 50년 동안 수학한 심득心得입니다. 어떻게 수학합니까? 바로 이 열 마디, 20글자에 들어있습니다. 제가 날마다 대중에게 강경하고 권면하는 것은 이 20글자입니다.

처음 배우는 이는 생각이 일어나면 "나는 이 생각이 바른 것인가, 삿된 것인가?" 바로 깨달아야 합니다. 만약 이 생각이 그릇된 생각(邪念)이면 빨리 그것을 바른 생각(正念)으로 바꾸어야 합니다. 이것이 바로 수행입니다. 진정으로 이렇게 하면 화가 바뀌어 복이 됩니다. 왜냐하면 삿된 생각이 재난이고, 바른 생각이 복덕이기 때문입니다. 악을 바꾸어 선이 되는 것도 마음을 바꿈에 있고, 미혹을 바꾸어 깨달음이 되는 것도 생각을 바꿈에 있습니다. 빨리 바꾸면 결코 의혹이 없습니다. 화를 바꾸면 복이 될 뿐만 아니라 기사회생起死回生의 관건이 됩니다.

끝으로 「염불念佛」을 총결하겠습니다. 진정한 염불은 무엇으로 염합니까? 바로 진성眞誠으로 염하고, 청정淸淨으로 염하고, 평등平等으로 염하고, 정각正覺으로 염하고, 자비慈悲로 염하는 것이 염불의 마음입니다. 간파看破로 염하고, 방하放下로 염하고, 자재自在로 염하고, 수연隨緣으로 염하는 것이 염불의 행입니다. 이것이 보살의 학처學處입니다. 어느 때, 어느 곳, 어느 경계 · 인연에서든지 우리들은 이와 같이 수학해야 합니다. 이것을 진정한 염불이라 합니다. 아미타불 한마디 부처님 명호는 세간 출세간의 일체법을 모두 머금어 거둡니다.

「좋은 사람이 되라 - 간파 · 방하 · 자재 · 수연으로 염불하라」

“일상생활에서 (인연에 수순하면서) 노동을 하고 일을 처리하며, 사람을 상대하고, 사물을 접하는 가운데 알아차리고(看破) 내려놓아야(放下) 청정평등각清淨平等覺에 이를 수 있습니다. 지금 이 자리(當下)의 일념一念이 각심覺心에 상응하는 것이 진정한 「염불念佛」입니다.”

목 차

부처님가르침 행하는 참공양
여설수행 공양 如說修行供養
불보살님의 가르침에 따라 우리의 잘못된 사고방식과
잘못된 언행, 잘못된 행동을 고치는 것을 여설수행공양이라 합니다.
불보살님께서는 염념마다 우리가 빨리 성불하여 그와 같기를 희망하십니다.
서방극락세계에 왕생하는 것은 성불하기 위한 가장 중요한 수단입니다.
정토종에서 따르는 경전은 정토오경일론입니다. 여기에 설한 말씀을
모두 잘 이해하고 모두 그대로 실천하는 것이 바로 여설수행공양입니다.
여설수행은 가르침대로 받들어 행하는 것으로, 이것이 진정한 공양입니다.
-정공淨空 상인上人《보현대사 행원의 메시지》

이끄는 말

스님 여러분! 동수 여러분!

이번에 대각연사大覺蓮社에서 네 차례에 걸쳐 8시간 동안 《대승무량수경大乘無量壽經》을 소개할 예정입니다. 《무량수경》은 정토종에서 「대경大經」이라 부르는데, 저는 미국에서 몇 번 이 경전을 강설한 적이 있습니다.

과거 몇 년 대만에서 《대장경》을 인쇄하여 전 세계에 유통하였는데, 이미 열 차례 이상 보시하면서 그 수량이 매우 대단하였습니다. 뒤이어 《사고전서四庫全書》, 《사고회요四庫薈要》 같은 중국 고전도 모두 출판하여 세계 각 도서관에 유통한 결과 더 이상 실전될 우려가 없습니다. 그러나 이렇게 많은 보장寶藏을 독송하는 사람이 없으니, 여전히 매우 애석한 일입니다. 일생동안 《대장경》을 한번 열람해 볼 기회를 갖는 사람이 몇이나 되겠습니까? 설사 발심하여 대장경을 열람하더라도 그 뜻을 철저히 이해한 사람은 드물 것입니다. 그래서 저는 가령 경전 속에서 중요한 구절을 발췌하여 많은 사람이 독송 연구하여 생활에 응용할 수 있도록 하여야 대승불법이 비로소 진정으로 중생을 이롭게 할 수 있을 것이라 생각합니다.

홍일대사의 《만청집晩晴集》은 바로 경전과 조사의 어록을 발췌해서 쓴 절록節錄으로 총 101조목입니다. 《만청집》에 대해서 한번 연구토론하면서 동학들이 매우 기뻐하는 모습을 보고, 저도 이 같은 방식을 한번 시도해볼만하다고 느꼈습니다. 그래서 이번에 《무량수경》에서 60개 경문을 발췌하여 보았습니다. 이 실험이 성공한다면 《대장경》에서도 이 같은 방법을 적용해 볼 수 있을 것이라 생각합니다. 《대장경》은 총 1백 권으로 이를 한 권의 책으로 만든다면 이로움이 많을 것입니다.

당연히 절록節錄은 중점이 있어야 하니, 「병에 응하여 약을 주어야(應病與藥)」 합니다. 현금의 사회에서 중생은 어떤 증상이 있습니까? 사회질서의 혼란과 중생사상의 모순으로 인해 의지할 사람이 없고 안전감이 없으며, 그 근원을 궁구하여 윤리도덕의 상실과 인과의 이치와 사실을 중시하는 사람이 없습니다. 이것이 현전하는 사회병태의 주요요소입니다. 이로 인해 우리의 절록은 윤리도덕과 인과의 도리와 사실에 주안점을 두어야 합니다.

제가 이번에 발췌한 60개 경문은 바로 전 사회병태를 표준으로 삼아 말씀하신 것으로 정토를 닦는 사람에 대해서 말씀하신 것이 아닙니다. 만약 정토를 전수專修하는 목적이라면 저는 이들을 선택하지 않고 반드시 48원과 32품에서 37품을 선택(비움과소통에서 출간된 《무량수경약본》 참조)하였을 것입니다. 이는 정토를 전수하는 사람들이라면 알아야 하고 독송하지 않으면 안 됩니다.

이 60경문을 읽고 나면 이어서 전체 《무량수경》을 읽을 수 있을 것입니다. 한 경전이 처음부터 끝까지 자신의 근기에 맞을 수 없습니다. 그래서 이 경전 중에서도 따분한 경문이 적지 않고, 실제 적용하기에 딱 들어맞지 않으며, 들으면 재미가 없을 수도 있습니다. (편역 주 : 무량수경 경문 전체에 대한 정공 큰스님의 강설법문은 「무량수여래회」에서 편역한 《무량수경친문기》를 참조하십시오)

그러나 발췌한 경문의 청화菁華는 이를 이용해 강설을 하든지 법문을 듣고 《무량수경》을 독송하던지 모두 불법을 수학코자 하는 높은 열정을 불러일으킬 수 있을 것입니다.

[제1 청화법문]

보현대사의 덕을 좇아 수학하라!

(제2품 '보현보살의 덕을 좇아서 수학하다'에서 발췌)

"보현대사의 덕을 좇아서 수학하고, 무량한 행원을 구족하여 일체 공덕법 가운데 안온히 머문다."

遵修普賢大士之德。具足無量行願。安住一切功德法中。

이 첫 번째 법문은 정토종의 종지宗旨입니다.

고덕께서는 《보현보살행원품普賢菩薩行願品》을 「정토삼부경」에 넣은 후에 「정토4경淨土四經」이라 불렀습니다.[2] 이러한 명칭은 확실히 근거가 있습니다. 그 근거는 무엇입니까? 바로 이 경문입니다. 즉 우리에게 서방극락세계에서는 하하품에서 상상품까지 모두 보현보살의 덕을 닦는다는 사실을 명확히 알려줍니다. 대승경론에서는 보살이 보현행을 닦지 않으면 불도를 원만히 성취할 수 없다고 말합니다. 여기서 이 「원圓」은 원만한 불과佛果임에 주목해야 합니다. 그것은 바로 천태종에서 말하는 원교圓教의 불과佛果입니다. 이는 구경원만究竟圓滿을 뜻합니다.

2) 무량수여래회 편역 《정토오경일론》(비움과소통), 「보현행원품」 참조

서방극락세계 사토四土 구품九品[3]으로 왕생하는 보살들은 하하품에서 상상품까지 모두 보현 대보살의 덕을 닦습니다. 이어서 화장회상華藏會上의 41위 법신대사法身大士들도 모두 보현보살을 좇아 서방극락세계에 태어나길 구해야 하는 것은 이상할 것이 없습니다. 우리들은 그 근거를 경전에서 찾아내었습니다.

「행行」은 수행이고, 「원願」은 서원으로 불문의 사홍서원을 압착시킨 말입니다. 사홍서원은 바로 무량한 행원을 전개합니다. 보현보살은 십대원왕을 무량한 행원의 총강령으로 삼습니다. 「보현행普賢行」과 모든 기타 일체 행문行門이 서로 다른 점은 바로 보현보살의 마음이 진정한 청정·평등으로 분별도 없고 집착도 없으며, 진허공盡虛空·변법계遍法界를 똑같이 대하고 평등하게 사랑합니다.

그래서 「예경禮敬」합니다. 그의 이 「예경」하는 정신은 일반 「예경」과 다르게 「예경제불禮敬諸佛」입니다. 누가 「제불諸佛」 입

---

3) "왕생에는 네 가지 정토가 있는데, 각각 구품으로 논한다. 또한 네 가지 정토에 왕생하는 모습을 간략하게 밝힌다. 만약 부처님 명호를 집지하여도 아직 견사번뇌를 멸단滅斷하지 못하였다면, 그 틈을 내어 염불하는 산념散念이나 빠짐없이 염불하는 정과定課에 따라 (번뇌를 조복하여) **범성동거토**에 태어나고 **삼배구품**으로 나누어진다. 만약 명호를 집지하여 사일심에 이르러 산란하지 않고, 견사번뇌를 임운하여 저절로 끊어지게 하면 곧바로 **방편유여토**에 왕생하게 된다. 만약 이일심에 이르러 산란하지 않고, 무명을 일품에서 41품까지 확 트이게 타파하면 곧바로 **실보장엄정토**에 왕생하게 되고, 또한 상적광토를 부분적으로 증득하게 된다. 만약 무명을 전부 다 타파하면 곧 이것은 최상의 실보장엄토이고, 구경의 **상적광토**이다." 《불설아미타경요해》(비움과소통)

니까? 일체중생이 바로 「제불」입니다. 이는 부처님께서 《화엄경》·《원각경》에서 말씀하신 「일체중생은 본래 성불하였다(一切衆生本來成佛)」는 의미입니다. 그래서 「예경제불」은 우리들이 부처를 보게 되면 그에 대해 존경을 해야 한다는 뜻이 아님을 잘 알아야 합니다. 그가 부처가 아니라고 해서 우리들이 그를 공경하지 않는다면 그것은 대단히 큰 잘못입니다. 보현보살의 이 「제불」은 과거불이고, 현재불이며, 미래불로 우리들은 제불을 평등하게 공경해야 합니다. 「미래불」은 바로 일체중생입니다.

경에서는 이 뿐만 아니라 일체 무정無情중생도 말합니다. 유정중생, 우리는 이를 동물이라 말합니다. 동물에게도 모두 불성이 있습니다. 불성이 있는 존재는 모두 부처입니다. 무정중생, 이는 불성이라 하지 않고 그것이 법성을 짓는다고 합니다. 법성과 불성은 하나의 자성(性)입니다. 그래서 《화엄경》에서는 말씀하시길, "유정들도 무정들도 일체종지 이루어지이다(情與無情同圓種智)" 하셨습니다. 무정중생에게는 어떻게 대해야 합니까? 부처님에게 공경하는 것과 같이 공경합니다. 여기에 있는 가구들은 무정중생입니다. 이것에 대한 공경은 제불에 대한 공경과 둘이 없고 분별이 없습니다. 이것을 「보현행普賢行」이라고 부릅니다.

이 가구들을 보고 삼배 정례해야 한다는 말입니까? 아닙니다. 이 가구들을 가지런하게 정돈하고 매우 깔끔하게 닦는 것이 바로 그것에 대한 「예경」입니다. 그래서 의식儀式상에서 외형상으로 갖가지 차별이 있지만 마음속으로 대하는 존경심은 털끝만큼도 다르지 않습니다. 이것을 「예경제불」이라 합니다. 학불學佛은 이로부터 배웁니다. 지극히 높고 위없는 불법은 예경으로부터 배울 뿐만 아니라 여러분들은 불문의 법요집 참의懺儀에서 항상 「일심공경一心恭敬」「일심예경一心禮敬」「일심정례一心頂禮」라고 염송합니다.[4] 여기에서 「일심一心」이 바로 「보현행」입니다. 「일심」은 평등하여 부처님에게도 이 마음이고, 사람에게도 이 마음이며, 축생에게도 이 마음이고, 가구들에도 이 마음입니다. 이것을 「일심」이라고 합니다. 「두 마음」은 차별이 있습니다. 그래서 「두 마음」「세 마음」이면 공경하지 않는 것이고, 「보현행」이 아닙니다. 「일심」이라야 「보현행」입니다. 우리들은 반드시 이것을 또렷하게 판별하여야 자신이 어떻게 수학할지 알게 됩니다.

제2구 「칭찬여래稱讚如來」는 제1구와 사용하는 명사가 다릅니다. 제1구는 「제불」을 말하는데, 제2구는 왜 「여래」로 바꾸었을까요? 다른 무엇이 있습니까? 이 안에는 매우 큰 차이가 있습니다. 「불佛」을 말한 것은 상相 차원에서 말한 것이고 「여래如來」를 말한 것은 성性 차원에서 말한 것입니다. 「상」 차원에서는 일심평등으로 공경해야 하고, 찬탄은 「성」 차원에서 말해야 합니다.

---

4) 무량수여래회 편역 《업을 지닌 채 윤회를 끊는 길》(비움과소통), 「정토참법의규」 참조

성과 상응하면 선한 일로 우리는 이를 찬탄해야 합니다. 상응하지 않으면 나쁜 일입니다. 나쁜 일은 찬탄하지 말고 나쁜 사람도 찬탄하지 말며, 단지 공경하기만 해야 합니다. 이른바 "공경하나 멀리한다(敬而遠之)"는 말이 이를 뜻합니다. 공경심은 분별이 없으나 찬탄하지는 않습니다.

어떤 부분에서 우리들은 알아차릴 수 있습니까? 선재동자 53참五十三參에서 우리들은 매우 똑똑하게 매우 명백하게 알 수 있습니다. 선재동자는 참방參訪하는 선지식 한 분 한 분마다 반드시 먼저 예경을 드리고 그런 후에 반드시 찬탄합니다. 그러나 53 선지식 중에서 세 분께는 예경을 드리지만, 찬탄은 하지 않습니다. 이 세 사람은 누구입니까? 첫째 분은 승열바라문勝熱婆羅門으로 이 선지식은 어리석음(愚痴)을 대표합니다. 두 번째 분은 감로화왕甘露火王으로 성냄(瞋恚)을 대표합니다. 세 번째 분은 벌소밀다녀伐蘇蜜多女로 탐냄(貪愛)을 대표합니다. 다시 말해 이 세 사람은 탐 · 진 · 치를 대표합니다. 선재동자는 비록 이들을 참방하러 가서 예경을 드리지만 찬탄하지는 않습니다.

이로써 찬탄은 선법을 찬탄하는 것이고 악법을 찬탄하지 않지만, 예경에서는 선악의 분별이 없음을 알 수 있습니다. 그래서 「예경」과 「찬탄」 한가운데 이러한 큰 차이가 있습니다, 우리들은 이 점을 잘 알아야 하고 학습해야 합니다. 여기서는 십대원에 대해서는 차례로 조목조목 자세히 설명하지 않겠습니다. 《무량수경》 녹음테이프 세트에서 매우 상세하게 말했으니 참고하시기 바랍니다.

요컨대 무량한 행원은 보현보살의 십대원으로 귀납됩니다. 아미타부처님께서는 이를 48대원으로 귀납시키셨습니다. 이것은 당연히 십대원에 비해 훨씬 상세합니다. 그러나 여기서 중요한 것은 「구족具足」이란 두 글자입니다. 우리는 원을 「구족」하고 있습니까? 만약 우리가 원을 구족하지 않으면, 다시 말해 서방극락세계에 왕생하는 조건인 신信·원願·행行에서 믿음이 있고 하루 종일 「아미타불阿彌陀佛」을 염하는 행이 있어도 원을 구족하지 않아 솥의 다리 셋 중에서 하나가 모자라면 성취하지 못합니다. 이것은 엄중합니다. 그래서 저는 늘 동수 여러분들에게 진실로 이번 생에 서방극락세계에 왕생하길 희망하신다면 반드시 《무량수경》 48원을 아침기도일과(早課)로 삼고 날마다 그것을 염하고 시시때때로 배워서 48원을 자신의 본원으로 바꾸어야 한다고 말씀드립니다. 이것을 「구족」이라 합니다. 48원이 바로 「무량행원」입니다. 보현보살 십대원왕과 사홍서원은 모두 그 가운데 있으므로 반드시 48원을 자신의 원으로 바꾸어야 비로소 행할 수 있습니다.

「일체 공덕법」은 바로 명호입니다. 「나무아미타불」 이 한마디가 바로 「일체 공덕법」입니다. 어떻게 압니까? 수당隋唐 시대, 옛 대덕께서는 석가모니부처님께서 49년 설하신 일체법을 비교한 적이 있었는데, 어느 경이 제일이라 생각했습니까? 일반 사람은 누구나 다 《화엄경》이 제일이라고 인정합니다.

《화엄경》이 경중의 왕이고, 근본 법륜이며, 《화엄경》이 제일임에 반대하는 분은 거의 없습니다. 그러나 《화엄경》과 《무량수경》을 비교하면 《무량수경》이 제일입니다. 왜 그렇습니까? 《화엄경》은 최후에 이르러 보현보살 십대원왕이 극락으로 인도하고 돌아가야 원만하기 때문입니다. 만약 십대원왕이 극락으로 인도하여 돌아가지 않는다면 《화엄경》은 원만할 수 없습니다.

《무량수경》은 처음부터 끝까지 모두 서방극락세계를 말합니다. 그것은 《화엄경》의 귀착점(歸宿)이자 총결론입니다. 이를 「제일의 제일」이라고 말합니다. 이는 말할 필요도 없이 확실히 뜻이 통한다고 말할 수 있습니다. 이론상으로든 사실상으로든 모두 이와 같습니다. 하련거夏蓮居 거사께서는 《무량수경》을 48품으로 나누셨습니다. 48품 중에서 어느 품이 제일입니까? 당연히 48원을 말한 제6품입니다. 제6품은 아미타부처님께서 당신이 직접 말씀하신 것으로 전체 경전에서 가장 중요한 것이 바로 이 부분입니다. 48원 중에서 어느 원이 제일입니까? 제18원이 제일입니다. 왜 그렇습니까? 제18원은 바로 "임종시 명호를 내지 십념하면 왕생하도록 하겠다(臨終十念往生)"는 원으로 이는 명호공덕의 불가사의함을 설명합니다.

우리는 비로소 이 「일체공덕법」을 찾아내었습니다. 이 한마디 명호가 바로 「일체공덕법」입니다. 왜 그렇습니까? 명호를 전개하면 48원이고 48원을 전개하면 《무량수경》입니다. 나아가 《무량수경》을 전개하면 《화엄경》이고, 《화엄경》을 전개하면 석가모니부처님께서 49년 동안 설하신 일체법입니다. 이 한마디 명호가 총강령입니다. 이 한마디 명호는 마치 산의 형세에서 산꼭대기와 같습니다.

이것을 꽉 잡으면 일체 제법·일체 경전·일체 법문 모두를 꽉 잡는 것입니다. 이것이 당신을 「안온히 머물게(安住)」 합니다. 당신의 마음이 아미타부처님에 있으면 옳습니다. 그래서 진정한 수행인은 자신이 이번 생 한가운데 온당하게 빨리 성취하고 싶으면 다른 법문을 배울 필요 없이 이 한마디 부처님 명호이면 충분합니다!

그런데 왜 당신은 여전히 경전을 염송하려고 합니까? 착실하게 염불하지 않습니까? 왜냐하면 당신은 믿지 않기 때문입니다. 독경을 하여 천천히 경전에서 이치를 명백히 이해해야 합니다. 사실을 똑똑히 알아야 믿음이 비로소 건립되고, 믿음이 진정으로 일어나며, 다른 것은 저절로 내려놓게 됩니다. 그래서 우리가 사는 이 사바세계뿐만 아니라 설령 시방세계 일체제불께서 중생을 교화하실지라도 모두 이 법문을 제일로, 진실로 불이법문不二法門으로 삼습니다.

이 법문은 실제로 말하기는 쉽지만 믿기는 매우 어렵고, 믿기는 어렵지만 행하기는 쉽습니다. 믿는 사람에게는 큰 복보가 있고, 큰 지혜가 있습니다. 이 지혜 복보가 있으면 경전에서 현시한 것처럼 소승의 사리불처럼 지혜제일이고 대승의 문수보살처럼 지혜제일입니다. 지혜가 제일이 아니면 그는 믿을 수 없습니다.

생각해보십시오. 이 같은 지혜가 없다면 우리의 지혜는 문수보살과 비교할 수 없을 뿐만 아니라 소승의 사리불 존자와도 비교할 수 없습니다. 그러나 우리들이 이 법문을 한번 듣고 환희하고 믿으며 받아들여서 수학하기로 원과 뜻을 세웁니다. 이 점에서 우리들은 문수보살과 비교해도 다르지 않습니다. 왜냐하면 그도 이 법문을 선택하였고 나도 이 법문을 선택하였으며, 그도 지혜로운 선택이고 나도 지혜로운 선택으로, 나와 그는 다르지 않기 때문입니다.

「안주安住」는 도리에 맞아서 마음이 편안하다(心安理得)는 뜻입니다. 이理와 사事를 모두 또렷이 알아야 우리들의 마음이 비로소 진정으로 「나무아미타불」 부처님 명호 가운데, 바로 「일체공덕법 가운데」 안온히 머물 수 있습니다.

[제2 청화법문]

선정과 지혜의 힘으로

(제2품 '보현보살의 덕을 좇아서 수학하다'에서 발췌)

"선정과 지혜의 힘으로 마구니와 원수를 항복시킨다."

以定慧力。降伏魔怨。

「마魔」는 마귀를 가리키는 것이 아니라 갖가지 고난에 시달리는 것을 가리킵니다. 왜냐하면 인간 세상사에 시달리면 너무나 고통스러워 귀신을 만나는 것보다 더 두렵기 때문입니다.

「원怨」은 원수입니다. 불경에서는 「십악 원수」를 말합니다. 「십악十惡」은 몸으로 살생 · 도둑질 · 삿된 음행을 하고, 입으로 거짓말 · 꾸미는 말 · 험한 말을 하며, 뜻으로 탐내고 · 성내고 · 어리석은 생각을 품습니다. 이는 우리 자신 안에 있는 열 가지 원수입니다. 중생은 이들 원수를 버리지 못한 채 원수와 관계가 깊어질 수록 분쟁은 해결하기 어렵고, 또한 계속 악업을 저질러서 다음 생은 더욱 더 괴롭습니다. 결국 생이 거듭될 수록 다음 생은 이번 생만 못하고 점점 더 아래로 떨어집니다. 이는 명확한 사실입니다. 냉정하게 관찰하지 않으면 이런 사실을 발견하기 어렵습니다.

「마구니와 원수를 항복시킴」은 바로 우리에게 어떻게 하면 자신의 경계를 더 이상 떨어뜨리지 않고 향상시킬 수 있는지 가르치는 것입니다. 《금강경》에 이르시길, "(이와 같이) 그 마음을 항복시킨다(降伏其心)." 하셨습니다. 여기서 말씀하시는 「마구니와 원수」는 바로 《금강경》에서 말씀하신 「마음」입니다. 어떤 마음입니까? 십악의 마음, 망상의 마음, 번뇌의 마음, 전도된 마음입니다. 어떻게 항복받습니까? 선정과 지혜입니다. 그래서 선정을 닦지 않을 수 없습니다. 선정이 있어야 바야흐로 지혜가 생겨날 수 있습니다. 부처님께서 일체중생에게 가르치심은 「계정혜」 삼학을 종지로 삼습니다. 즉 계로 인해 선정을 얻고 선정으로 인해 지혜가 열립니다.

「선정定」은 불법수학의 중추입니다. 「계戒」는 수단으로 지계의 목적은 선정을 얻는 것입니다. 지혜가 비로소 진정한 목적입니다. 왜냐하면 오직 지혜가 있어야 일체 문제를 해결할 수 있기 때문입니다. 선정의 공덕으로 마구니와 원수를 항복시키고 제압할 수 있으며, 지혜로 그것을 화해시킬 수 있습니다. **그래서 지혜가 현전하면 십악은 십선으로 변하고, 마구니와 원수는 대선지식, 대공덕주로 바뀝니다. 나아가 범부가 성인으로 바뀌고, 괴로움이 즐거움으로 바뀌며, 십법계가 일진법계로 바뀝니다.** 이 때문에 불법은 어떤 종파이든, 어떤 법문이든 모두 지혜를 수학의 목표로 삼고, 선정을 수학의 관건으로 삼습니다.

염불법문은 8만4천 법문 중에서 가장 수승한 방법입니다. 그러나 우리가 오랫동안 염불하여도 왜 선정에 얻지 못합니까? 그 원인은 계의 기초가 없기 때문입니다. 그래서 한 평생 염불하여도 염불삼매가 현전할 수 없을 뿐만 아니라 공부가 한 덩어리를 이루었다는 소식도 없습니다. 이로써 지계持戒가 대단히 중요함을 알 수 있습니다. 「계戒」는 결코 5계 · 십계 · 보살계 · 비구계에 그치는 것이 아닙니다.

어떤 사람은 스스로 계를 매우 엄격히 지킨다고 생각합니다. 자신은 대단하다고 느끼면서 언제나 "이 사람은 파계했어. 저 사람도 계를 범했어."라고 비판합니다. 이렇게 계를 지키면 영원히 선정을 얻을 수 없습니다. 왜냐하면 다른 사람이 파계를 하는 모습을 보면 번뇌가 일어나 마음이 평온하지도 청정하지도 않기 때문입니다. 육조대사께서는 "진실한 수행인에게는 세간의 허물이 보이지 않는다." 말씀하셨습니다. 진실한 수행자는 자신의 경계가 청정한지, 다른 사람이 청정한지 전혀 개의치 않고, 자신의 심지가 청정하도록 보임하여 잘 지킵니다. 어떤 이는 자신이 계를 잘 지키고 있다고 자부하며 날마다 다른 사람의 허물 · 결점을 봅니다. 이렇게 수행하면 기껏해야 내생에 조금 복보를 얻을 뿐이고 반드시 인천의 복보를 얻는 것은 아닙니다. 왜냐하면 내생에 반드시 인천의 몸을 얻는다고 할 수 없기 때문입니다. 부잣집의 애완동물처럼 동물의 세상에도 복보가 있습니다. 아귀의 세상에도 복덕이 있는 귀신이 있습니다. 성황당, 토지신, 산신 등에게는 날마다 제사를 지내주는 사람이 있습니다. 수행하여 이 정도 밖에 닦지 못한다면 어찌 억울한 일이라 하지 않겠습니까!

옛날에는 재가자이든 출가자이든 관계없이 3년, 5년만 수행하여도 가끔 성취가 있었습니다. 그러나 오늘날 우리는 왜 20년, 30년을 수행해도 성취하지 못합니까? 우리들의 총명지혜가, 우리들의 복보가 옛날 사람만 못한 것이 아닙니다. 도대체 어디에 문제가 있습니까? 옛날 사람들은 스승의 말씀을 잘 들었지만, 현재 사람들은 스승의 말씀을 잘 듣지 않습니다. 옛날 사람들은 스승의 가르침을 이어받는 사승師承 문화가 있었는데, 현재 사람들은 이런 사승문화를 버렸습니다.

한 분의 스승은 당신에게 하나의 길을 일러 주십니다. 이는 성공에 이르는 길로, 이를 「사승師承」이라 합니다. 스승은 당신의 수학기초를 잘 다지도록 도와줍니다. 이는 스승의 책임입니다. 당신이 기초를 다진 것이 없다면 아이가 부모와 떨어질 수 없는 것처럼 결코 스승과 떨어져서는 안 됩니다. 성인으로 자라서 독립할 수 있을 때 비로소 그를 나가도록 놓아줍니다. 종전에는 수학하여 근본지根本智를 얻어야 스승과 떨어질 수 있었습니다. 근본지란 바로 선정입니다. 선정을 얻으면 지혜가 현전합니다. 이 선정과 지혜의 역량이 현전하면 비로소 스승을 떠나 선지식을 만나러 갈 수 있습니다. 예를 들면 선재동자의 53참參에서 선재동자는 문수보살 처소에서 근본지, 바로 「선정 · 지혜의 힘」을 얻어 53참, 즉 「마구니와 원수를 항복시킬」 수 있는 능력이 생겼습니다.

이 53분의 선지식은 사회의 각종 직업을 53대 범주로 귀납시킨 것입니다. 그래서 각종 직업, 남녀노소를 모두 접촉할 수 있고, 접촉하여 후득지後得智, 원만한 지혜를 성취합니다. 좋은 경계에 접촉하여도 마음이 움직이지 않고 탐심이 일어나지 않으며, 악한 경계에도 마음이 움직이지 않고, 방해 · 유혹을 받지 않으면 이것이 「선정」의 성취입니다. 경계와 접촉한 후 모든 것에 또렷하고 명료하면 이것이 「지혜」의 성취입니다. 그래서 「선정 · 지혜의 힘」은 우리들이 수학하는 진실의 근본입니다.

그러나 현재는 사승師承의 문화가 끊어졌습니다. 그것을 되찾는 유일한 방법은 옛 대덕을 스승으로 삼는 것입니다. 저는 이번 생에 가장 큰 행운으로 사승 문화의 가장자리에 닿았습니다. 과거 제가 타이중에서 불법을 구하던 시절, 저의 스승님이신 이병남李炳南 거사께서는 "나의 학문 도덕은 당신의 스승이 될 자격이 못됩니다."라고 겸허하게 말씀하시면서 인광印光대사를 스승으로 모실 것을 권하셨습니다. 인광대사는 그의 스승이셨습니다. 그러나 인광대사께서 안 계시고 그의 저술이 남아 있습니다. 한 마음 한 뜻으로 인광대사 《문초文鈔》에 따라 수학한다면 바로 인광대사의 학생입니다. 대사의 책을 읽고 대사의 가르침을 잘 듣고서 가르침대로 받들어 행하는 것이 바로 「사승」입니다. 우리 정토수행자는 아미타부처님을 스승으로 삼습니다. 아미타부처님께서는 어디에 계십니까? 《무량수경》·《아미타경》·《관무량수경》에 계십니다. 우리들이 한 마음 한 뜻으로 정토삼부경을 착실하게 독송하는 것이 바로 아미타부처님을 스승으로 모시고 아미타부처님의 좋은 학생이 되는 길입니다.

독경은 바로 계정혜를 동시에 닦는 것입니다. 독송하면서 경문이 무슨 뜻인지 생각해서는 안 됩니다. 착실하게 염불하는 것(老實念佛)이 바로 계정혜를 닦는 것입니다. 계율의 정신은 "모든 악을 짓지 않고, 온갖 선을 받들어 행하는 것"입니다. 「모든 악을 짓지 않음」은 소승계이고, 「온갖 선을 받들어 행함」은 보살계로 일체 계율은 이 두 마디에 불과합니다. 우리가 공경심에 한마음 한 뜻으로 독송하면 「어떤 악」도 짓지 않아 소승계를 원만히 성취하였다고 볼 수 있습니다. 경전은 바로 부처님께서 진여본성에서 흘러나와 설하신 진실한 말씀입니다. 이보다 더 선한 것은 없습니다. 그래서 독경은 바로 「온갖 선을 받들어 행하는 것」으로 일체 계율이 모두 원만합니다. 일심으로 독송하여 망상도 없고 의심도 없고 잡념도 없으면 바로 「선정」을 닦는 것입니다. 《무량수경》을 처음부터 끝까지 한 자 한 자 또렷하게 염송하고 잘못 누락됨 없이 염송하는 것이 바로 「지혜」이고 「근본지」입니다.

「선정과 지혜의 힘」을 성취하면 일상생활에서 일을 처리하고 사람을 상대하며 물건에 접촉하는 일체 일들이 모두 순조롭고 장애도 저절로 줄어들어, 십악의 생각을 십선의 생각으로 바꿀 수 있고, 마구니와 원수를 진정으로 항복시킬 수 있습니다. 불법에서 늘 말하는 "미혹을 깨뜨리고 깨달음을 열며, 괴로움을 여의고 즐거움을 얻는" 이런 효과가 진정으로 눈앞에 나타납니다.

[제3 청화법문]

항상 법음으로 깨우쳐주신다.

(제2품 '보현보살의 덕을 좇아서 수학하다'에서 발췌)

"항상 법음으로 일체 세간(구법계 중생)을 깨우쳐주신다."

常以法音，覺諸世間。

앞의 두 문구는 스스로 닦고 스스로 이롭게 함이고, 이 문구는 타인을 이롭게 함입니다. 우리 자신이 수학하여 좋은 점, 이익을 얻으면 자기 수학의 경험으로써 남을 위해 연설하고 다른 사람이 나와 마찬가지로 성취가 있도록 도와주어야 합니다. 「일체 세간」은 구법계 중생을 가리킵니다.

「법음」은 현수 대사의 해석에 따르면 교법敎法·이법理法·행법行法·과법果法으로 대승의 말씀은 이 네 가지 범주에 다름 아닙니다. 우리들에게 아미타부처님과 서방극락세계를 소개하는 것은 과법果法입니다. 부처님께서는 우리들이 사실진상을 명료하게 이해한 후 진정으로 수행하여 과위를 증득하기 희망하십니다. 부처님의 교학은 비로소 원만하고 진정으로 목표를 달성한 셈입니다.

이 문구는 교학의 총강으로 "범음이란 광범위한 의미의 여래교법으로 언어음성에 국한되지 않는다." 왜냐하면 부처님의 행동 하나하나가 모두 설법이기 때문에 법회에 모인 사람들을 모두 깨우쳐주십니다. "생각하건대 세존의 설법은 미진 하나에도 찰토 하나에도 말씀하시고, 치열하게 쉬지 않고 말씀하시며, 말할 때나 침묵할 때나 말씀하신다. 유정에만 말씀하실 뿐만 아니라 무정에게도 말씀하신다. 그래서 법음을 세간의 언교言教에 한정해서는 안 된다." 이 뜻을 잘 알아야 합니다.

우리는 과거 이들 경문을 학습할 때 매우 곤혹스러워 했습니다. 우리는 미진설·찰토설을 모두 비유라고 여기고 이렇게 체득했습니다. 그러나 현재 우리는 세존께서 교학하신 대상이 인간뿐이 아님을 분명히 알고 있습니다. 비록 인간 세상에서 모습을 나타내셨지만, 부처님의 교학은 모든 법계·허공계에 두루 미칩니다. 진塵은 가장 미세한 것입니다. 현재 우리는 《화엄경》의 말씀대로 미진 하나에 모든 법계·허공계의 소식이 다 들어 있음을 압니다. 그것은 마치 신호 송출기처럼 신호를 보내면 모든 법계·허공계의 미진에 든 신호를 수집할 수 있습니다. 전자통신 네트워크도 마찬가지로 미진설입니다.

그렇다면 어떤 부류의 중생을 이롭게 합니까? 미진 속에는 세계가 있는데, 그 세계는 우리들 바깥의 큰 세계와 다르지 않습니다. 그 세계 안에도 부처가 있고, 보살이 있으며, 일체 중생이 있습니다. 이들 신호를 부처님의 미진 하나, 부처님의 털구멍 하나, 그 주변에 전하여 미진세계 안에 있는 중생이 접수한 후 그도 깨달을 수 있고 성불할 수 있는 불가사의한 경계입니다.

미진은 가장 작고, 찰토는 가장 큽니다. 요즘 말로 미진은 미시세계이고, 찰토는 거시세계입니다. 현대 물리학은 이 두 방향으로 발전하고 있습니다. 하나는 전문분야가 우주물리이고, 하나는 가장 작은 미진설인 입자물리로 양자역학입니다. 이 두 분야를 발전시켜 모두 상당한 가시적인 성취를 거두었습니다. 이를 통해 우리는 현재 불경상의 미진설과 찰토설이 이렇게 되는 일임을 비로소 알게 되었습니다.

또한 세존의 교학은 중생이 탐욕·성냄·어리석음 등등의 견고한 번뇌를 깨뜨려 없애도록 도와주고, 중생의 잘못된 갖가지 욕망을 모두 항복시킵니다.

[제4 청화법문]

독경염불, 자성을 드러내 밝혀준다.

(제2품 '보현보살의 덕을 좇아서 수학하다'에서 발췌)

"마음의 더러운 때를 씻어주시고, 청정·순백한 자성을 드러내 밝혀주신다."

洗濯垢污。顯明淸白。

이 문구는 비유로 우리들이 경전을 독송하고 염불하는 목적을 가리킵니다. 즉 그것은 마음(심지·사상·견해)의 더러운 때를 씻어 청정·순백한 자성(청정심)을 드러내 밝힘(회복)에 있습니다.

《무량수경》의 경제목은 「불설대승무량수장엄청정평등각경」입니다. 「청정·평등·각」이 바로 수학의 강령입니다. 불자는 무엇을 배웁니까? 바로 청정심과 평등심을 닦는 것입니다. 수학하면 미혹되지 않습니다. 「청정·평등·각」은 하나이되 셋이고, 셋이되 하나입니다. 그래서 정토종에서는 청정심을 중시합니다. 극락세계 아미타부처님과 감응하는 것은 바로 청정심에 있습니다.

현전하는 이 시대는 오염이 너무나 심각합니다. 전 세계인은 큰 목소리로 다급히 환경보전을 부르짖습니다. 과학자들은 지구오염을 개선하지 않으면 50년 후 인류생존에 적합하지 않을 것이라 경고합니다. 비록 모두가 개선하려고 노력할지라도 거두는 효과는 지극히 미미합니다. 세상 사람들은 그것이 당연하다고 알 뿐 그렇게 된 까닭을 알지 못합니다. 일체 환경보호운동은 모두 현상만 해결하지 근본을 다스리지 못합니다. 「근본」은 인성의 오염으로 이른바 심리와 사상의 오염, 견해와 정신의 오염입니다. 이는 환경의 오염보다 더욱더 심각합니다.

오욕五欲 번뇌를 떼어놓아야 마음이 청정합니다. 이것들이 자신의 청정심을 오염시킬 때 떼어놓을 수 있으면 미혹을 깨뜨려 깨달음이 열립니다. 선종 대덕께서는 늘 말씀하십니다. "근根과 진塵을 멀리 벗어나니, 신령스런 광명이 홀로 찬란하도다." 근根은 안·이·비·설·신·의 육근이고, 진塵은 색·성·향·미·촉·법의 바깥 경계입니다. 육진六塵에도 물들지 말고 육근도 쓰지 않아야 합니다. 근 가운데 성을 사용해야 높고 밝아서 모든 보살과 같습니다. 봄은 안식眼識으로 보는 것이 아니라 보는 성품(見性)으로 보는 것입니다. 식은 오염이고, 성은 광명입니다. 들음도 이식耳識으로 듣는 것이 아니라 듣는 성품(聞性)으로 듣습니다. 육근의 근성(根性)을 쓰는 것입니다. 근성은 진심眞心입니다. 이를 진여본성이라 합니다. 이것을 사용해야 합니다. 이렇게 말하기는 쉬워도 실천하기는 어렵습니다.

중생은 업장이 깊고 무거워 이를 사용할 줄 모르고, 하루종일 육식六識을 사용합니다. 육식을 사용하여도 왕생할 수 있으니, 이를 「업을 지닌 채 왕생함」이라 합니다. 근의 성품을 사용하면 업을 지닌 채가 아니라 업이 완전히 사라집니다. 이런 사람은 염불하여 왕생하면 그 품위가 높고 극락세계에서 범성동거토가 아닌 실보장엄토에 태어납니다.

「**현명청백顯明淸白**」. 이는 신령스런 광명이 홀로 찬란함이고, 심지가 청정하고 밝음입니다. 이는 대세지보살께서 말씀하신 "육근을 모두 거두어들여 정념을 이어감(都攝六根 淨念相繼)"입니다. 이러한 공부가 무르익으면 자성본연에서 마음이 열립니다(自得心開). 이는 바로 "**자득심개自得心開**"의 경계로 선종에서 말하는 "**명심견성明心見性**"입니다. 우리는 오늘 왜 깨닫지 못합니까? 업장이 있고 번뇌가 있고 욕망이 있어 우리의 심성광명이 장애에 머물러서 깨달을 수 없습니다. 이들을 버리면 우리의 마음속에 있는 지혜광명이 저절로 꿰뚫고 나옵니다. 이를 개오開悟라 합니다.

[제5 청화법문]

세상을 제도하는 도에 머문다.

(제2품 '보현보살의 덕을 좇아서 수학하다'에서 발췌)

"마음은 늘 세상을 제도하는 도에 안온히 머물러 계신다."

心常諦住。度世之道。

「**제**諦」는 진실 또는 안온입니다. 사홍서원四弘誓願의 제1조는 "가없는 중생을 다 제도하길 서원합니다." 입니다. 우리에게 늘 이런 생각이 늘 있을 수 있으면 바로 「세상을 제도하는 도」라고 합니다. 이는 「발보리심」으로 마음은 늘 사홍서원에 머물러 계십니다.

그러나 중생을 제도하고 싶다면 먼저 자신을 성취해야 합니다. 사홍서원은 대보리심일 뿐만 아니라 우리가 수행하여 과위를 증득하는 순서이자 단계입니다. 서원을 선도로 삼고, 서원을 동력으로 삼아 번뇌를 끊는 것에서부터 수행을 시작해야 합니다. 스승님 한 분과 가까이 지내면서 스승님의 도움으로 번뇌를 끊습니다. 스승님께서는 당신이 번뇌를 다 끊어서 마구니와 원수가 사라지고 선정과 지혜를 성취할 때까지 기다리십니다.

그런 후에 다시 "무량한 법문을 배우길 서원합니다."

지금 사람들은 사홍서원의 앞쪽 두 원을 발하지 않고 처음부터 무량한 법문을 배우길 서원하여 끝내 며칠 배운지 몇 일 되지 않아 도처에서 자신이 어떤 부처이고 어떤 보살의 화신이라고 선양합니다. 이는 허튼소리로 자신을 속이고, 남을 속이는 행위입니다.

종전에는 학불하려면 먼저 5년간 계를 배워야 했습니다. 「계戒」는 스승님의 가르침으로 최소한 5년의 시간을 스승님 한 분과 학습하여 정혜를 성취하고 기본을 다진 다음 비로소 널리 배우고 많이 들었습니다. 종전 사회에는 5년이라는 시간을 두고 스승님의 가르침을 따라야 했는데, 우리 생활은 오늘날 오염된 환경에서 과거보다 열 배나 더 엄중히 해도 그치지 않습니다. 그래서 종전에는 5년간 계를 배웠지만 현재는 50년간 계를 배워야 합니다. 그러나 만약 당신이 50년간 배워야 한다면 여러분은 배우고 싶지 않을 것입니다.

그래서 가장 좋은 것은 한마디 「나무아미타불」을 철저히 염하고 아미타부처님을 친견한 후에 다시 널리 배우고 많이 듣는 것입니다. 이로 인해 우리는 현재 사홍서원을 배움에 있어 두 개 단계로 나누어서 현전에서는 단지 「중생무변서원도衆生無邊誓願度」와 「번뇌무진서원단煩惱無盡誓願斷」을 닦고, 서방극락세계에 가서 다시 「법문무량서원학法門無量誓願學」과 「불도무

상서원성佛道無上誓願成」을 닦습니다. 만약 현재 뒤쪽 두 원을 배우면 염불 공부를 장애하기 마련입니다. 현재 죽을 때까지 아미타불을 염하여 정토에 왕생하는 것이야말로 마땅히 해야 할 급한 일입니다!

[제6 청화법문]

청하지 않아도 좋은 벗이 되어주신다.

(제2품 '보현보살의 덕을 좇아서 수학하다'에서 발췌)

"일체중생을 위해 청하지 않아도 좋은 벗이 되어주신다."

爲諸庶類。作不請之友。

이는 보살께서 중생을 교화하시는 대비심의 원으로 자발적으로 일체중생의 좋은 벗이 되어주심을 말합니다. 우리는 학습할 때 상대방의 근기를 관할 줄 알아서 근기에 응하여 설법해야 합니다. 기연機緣이 무르익었는데, 우리가 중생을 돕지 않는다면 그에게 미안한 일입니다. 연이 무르익지 않았는데, 당신이 그를 돕는다면 이는 아무런 흥미도 끌지 못할 것입니다.

중생의 근성根性, 기연機緣은 같지 않습니다. 참선을 배우길 좋아하면 그가 착실히 참선하도록 하고, 주문을 염송하길 좋아하면 그가 공경하는 마음으로 주문을 염송하도록 해야 합니다.

법문은 평등하여 높고 낮음이 없습니다. 부처님께서 그렇게 많은 법문을 설하신 것은 갖가지 다른 근성의 사람에게 설하셨기 때문입니다. 만약 한 가지 법문을 배워서 일체중생을 제도할 수 있다면 석가모니부처님께서 왜 굳이 그렇게 많은 법문을 설하셨겠습니까?

그러므로 우리는 정토를 닦으면서 한 사람 한 사람 모두 정토를 닦으라고 강요해서는 안 됩니다. 기연이 무르익은 사람을 만나면 우리는 그를 자발적으로 돕고, 그에게 불법을 소개하고 추천하여 줄 것입니다. 불법은 확실히 수많은 수준이 있어 수준을 천천히 올리면 그가 저절로 지름길을 찾고, 마침내 수승한 정토법문을 찾을 것입니다. 그래서 인내심을 가지고 선교방편으로써 중생을 도와야 합니다.

[제7 청화법문]

중생에게 모범을 보이고 경전을 강설한다

(제2품 '보현보살의 덕을 좇아서 수학하다'에서 발췌)

"대비심을 일으켜 유정을 불쌍히 여기고, 중생에게 모범을 보이고 자비한 변재로 경전을 강설하여 법안을 전수하여 주며, 삼악도의 길을 막고 삼선도의 문을 열어준다."

興大悲。愍有情。演慈辯。授法眼。杜惡趣。開善門。

「연演」은 표연表演으로 행동으로 모범을 보임이고, 「변辯」은 언교言教로 경전을 강설하고 설법함입니다. 즉 말로 가르침이 있을 뿐만 아니라 몸으로 가르침이 있어야 합니다. 「수법안授法眼」, 방법을 전수함으로 안眼은 비유입니다. 그로 하여금 일체법의 진상을 명백히 밝혀 이치를 알게 합니다. 「두杜」는 방지이고 「악취惡趣」는 악도惡道입니다. 「선문善門」은 얕은 수준에서 말하면 바로 인천의 선법입니다.

일체중생은 미혹 전도되어 여전히 오욕五欲과 육진六塵에 빠져 있습니다. 우리는 대자비심을 발하여 유정중생을 불쌍히 여겨서 정토법문을 소개해 주어야 합니다. 자비와 연민은 반드시 구체적으로 표현이 있어야 합니다. 이러한 표현은 진정 열심히 추진하고 그것을 이번 생에 가장 중요한 대사로 여기고 최선을 다하도록 합니다.

이 경문에서는 교학의 방식을 알려줍니다. 경전을 강설하고 설법함은 반드시 무대 위에서 이루어지는 것이 아니라 언제 어디서든 사람을 만나서 가장 알맞은 방식으로 불법을 소개하여 주면 됩니다. 그가 전혀 받아들이지 않을 때는 한마디 「나무아미타불」을 염하여 그가 천천히 알게 하고, 이후에 그가 당신을 볼 때 한 마디 「나무아미타불」을 염하면 우리의 목적은 도달합니다. 그래서 방법은 매우 많습니다.

예를 들면 불법을 배우는 사람의 마음이 유쾌하고 몸이 건강하면 일반 대중이 매우 부러워할 것입니다. 당신이 진정으로 건강하고 즐거우면 그는 반드시 당신에게 가르침을 청할 것입니다. "어떻게 생활하시길래 이렇게 유쾌하십니까?" 그때 당신은 그에게 일러주시면 됩니다. "염불하면서 생활합니다. 염불하면 진정한 건강과 즐거움을 성취할 수 있습니다." 이렇게 한번 이치를 말해주면 그는 듣고서 기뻐할 것입니다. 이러한 기회를 타서 불법을 교육합니다. 그래서 「연演」은 우리가 일상생활에서 행복·원만·즐거움을 누리고 있음을 가리킵니다. 이는 불법교육을 위해 내세우는 좋은 명목입니다. 사람들이 한번 보고 좋아하면 동경하고 부러워하며, 나아가 학습하고 싶어할 것입니다.

어떻게 해야 삼악도에 떨어지지 않습니까? 삼악도의 길에 가장 중요한 요인은 나쁜 생각입니다. 나쁜 생각이 인이 되고 나쁜 행으로 업이 선하지 않으면 뒤에 반드시 나쁜 과보가 생기니, 인연과보는 털끝만큼도 틀림이 없습니다. 우리는 일체 나쁜 과보를 받고 싶지 않습니다. 단지 나쁜 생각을 일으키지 않고 우리의 생각이 청정하고 순정하면 절대로 나쁜 과보가 생기지 않을 것입니다.

「선도의 문을 열어줌」이란 사람들에게 악을 끊고 선을 닦으라고 권하는 것입니다. 그가 악을 끊고 선을 닦으면 좋은 것을 얻을 것입니다. 우리와 상관없이 누구든지 닦으면 누구든지 얻습니다. 당신이 닦는 것이 아니라 내가 닦아 내가 좋은 것을 얻습니다. 우리 자신이 닦아 자신이 좋은 과보를 얻게 되면 이 또한 다른 사람에게 좋은 과보는 악을 끊고 선을 닦는 것에서 온다는 사실을 증명을 하는 것입니다.

만약 당신이 어떤 사람에게 삼계를 벗어나 성불한다고 말하면 그는 듣고서 무서워할 것입니다. 그러나 당신이 다음 생에 다시 사람이 되어 큰 부귀를 누리는 사람이 된다고 말하면 그는 듣고서 기뻐할 것입니다. 이런 사람을 만나면 당신은 그에게 인천의 선법에 들어가는 문을 가르쳐주면 됩니다. 만약 그가 뜻이 광대한 사람이라면 삼계의 괴로움을 알고 천상의 복보가 크고 수명이 길지라도 필경 어느 날 죽을 것입니다. 그래서 그가 삼계를 뛰어넘길 바란다면 그에게 삼계를 뛰어넘는 방법을 가르쳐주면 됩니다. 이는 대선문大善門입니다.

실제로 말하면 어떠한 법문이든 일생 동안 성취하고 싶다면 오직 염불법문 뿐입니다. 이것이 제가 40여년간 학불한 체험입니다. 그래서 염불법문은 확실히 수승하여 사람들에게 이 법문이야말로 지극한 선을 이루는 문으로 이보다 더 선한 것은 없다고 소개할 수 있습니다.

"또한 모든 중생을 자신처럼 여겨서 제도하고, 중생의 짐을 지고 모두 열반의 피안에 이르게 한다."

於諸衆生。視若自己。拯濟負荷。皆度彼岸。

중생을 대할 때 자신을 대할 때와 다르지 않으면 이는 실제로 대승불법에서 말하는 「조건 없는 대비심이자 한 몸인 대비심(無緣大慈 同體大悲)」입니다. 일체 중생에 대하여 똑같이 사랑하는 것입니다. 그가 기꺼이 받아들인다면 우리도 늘 최선을 다해 그를 도와야 합니다. 불제자는 응당 부처님의 지혜생명을 이어받아 널리 중생을 제도하고 정법을 주지住持할 사명을 짊어져야 합니다.

[제8 청화법문]

부처님께서 세상에 오신 이유

(제3품 '큰 가르침 베푸신 인연'에서 발췌)

"여래께서는 그지없는 대비심으로 삼계중생을 가엾이 여기시고 세상에 출현하시어 성도의 가르침(정토법문)을 크게 밝혀 널리 펴신 까닭은 일체 중생에 맞게 구제하시고, 진실의 이익을 베풀어 주시고자 함이니라."

如來以無盡大悲。矜哀三界。所以出興於世。光闡道教。欲拯群萌。惠以眞實之利。

「광光」은 광대光大이고, 「천闡」은 개연開演, 천양闡揚이며, 「도道」는 생사를 벗어나 원만히 성불하는 도입니다. 「증拯」은 구제함이고, 「군맹群萌」은 일체중생을 가리킵니다. 「진실의 이익」은 중생의 원망을 만족시키는 것이 바로 진실입니다.

이 경문은 부처님께서 세간에 오신 원인을 설명합니다. 부처님께서 왜 중국이 아니라 인도에 출현하셨습니까? 중국문화는 비록 오래 되었지만, 중국인 최고의 생각은 오직 하나 천상에 태어나는 것으로 삼계를 벗어나려는 생각은 없습니다. 만약 내생에 사람이 되거나 혹은 천상에 태어난다고 말하면 유교와 도교의 학문방법으로는 충분하여 부처님께서 오실 필요가 없습니다.

석가모니부처님께서 인도에서 출현하신 그 시대는 종교가 가장 발달하여 경전 상에서는 육사외도六師外道가 있었다고 말합니다. 바라문교, 유가瑜伽와 수론數論 학파는 확실히 매우 깊은 선정공부가 있어 사공천四空天에 도달할 수 있었습니다. 이는 중국인이 할 수 없는 경지였습니다. 솔직히 말하면 중국인이 천상에 태어나도 단지 욕계천에 있을 뿐, 색계천에는 도달할 수 없었습니다. 인도인은 색계천에 도달하면 무색계천은 뛰어넘을 수 없었고, 사선천四禪天과 사공천四空天을 열반세계로 여겼는데 이는 매우 큰 오해입니다. 이로 인해 그 당시 전 세계에서 확실히 단지 인도의 중생근성根性과 기연機緣이 무르익어 있었을 뿐이므로 부처님께서는 「삼계중생을 가엾이 여기시고」 이 지방에 출현하시어 그들이 육도를 뛰어넘어 진정한 보리열반을 얻도록 도왔습니다.

부처님께서는 전혀 치우친 마음이 없어 그 지방 중생의 기연이 무르익어 있어 부처님께서는 어떤 방법으로 교화하셨습니다. 《관세음보살 보문품》에서 말씀하시길 "부처님의 몸으로써 제도 받음을 얻는 자에게 응하여 관세음보살이 곧 부처님의 몸으로 나타나서 설법하느니라." 하셨습니다. 인도는 부처님의 몸으로 설법하여야 했고, 중국은 보살의 몸으로써 설법하여야 했습니다. 이는 나타나는 모습이 다르지만 그 목적은 같습니다. 그 목적은「일체 중생에 맞게 구제하시고, 진실의 이익을 베풀어 주시고자 함」입니다. 어떤 사람이 천상에 태어나고 싶으면 부처님께서 그에게 천상에 태어나는 방법을 가르쳐 그가 진실로 천상에 태어나면 이것이 바로 그에게 진실의 이익으로 베풀어 주심입니다.

그리고 절대 구경원만한 진실의 이익은 성불입니다. 등각보살도 여전히 구경원만하지 못합니다. 《무량수경》은 믿음·발원·집지명호로 정토에 태어나길 구하는 방법을 사람들에게 가르쳐 줍니다. 이것이야말로 구경원만한 진실의 이익입니다. 정토삼부경에서 설한 극락세계·사토구품四土九品·의정장엄依正莊嚴은 일생에 원만히 성취하는 것으로 다른 생을 기다릴 필요가 없으므로 석가모니부처님께서 이번 회상에서 우리에게 설한 절대의 진실입니다. 부처님께서는 본경에서 세 차례 진실을 말씀하셨습니다. 한 경전에서 세 차례 진실을 말씀하신 것은 보기가 매우 드뭅니다!

[제9 청화법문]

법장 비구의 대원과 수학강령

(제4품 법장 비구께서 발심 수학한 인연에서 발췌)

“원하옵건대, 제가 부처님 청정한 음성 얻고 법음이 가없는 세계에 두루 미쳐서 계율·선정·정진의 법문을 선양하여 깊고 깊은 미묘한 법문을 통달케 하옵소서.”

願我得佛清淨聲。法音普及無邊界。宣揚戒定精進門。通達甚深微妙法。

앞 두 문구는 아미타부처님의 대원입니다. 성불하면 경전을 강설하고 설법하며 널리 일체중생을 제도합니다. 이는 육조대사가 《단경》에서 말한 것 보다 더 분명하고, 이어서 성불의 목적을 모두 털어놓는데, 이는 우리가 학불할 때 마땅히 지향해야 할 것입니다.

“삶은 빈손으로 와서 죽음은 빈손으로 간다.” 말합니다. 명예와 이익을 추구하며 날마다 망상을 짓고 얻고자 하지만 실제로는 크게 어리석은 것입니다. 《금강경》에 이르시길, “무릇 모든 상은 다 허망하니라(凡所有相 皆是虛妄).” “일체 유위법은 꿈 같고 환 같고 물거품 같으며 그림자 같으니라(一切有爲法 如夢幻泡影)." 하셨습니다. 그래서 우리가 항상 진허공·변법계에서 법을 펴 중생을 이롭게 하겠다고 생각한다면, 자신도 모르는 사이에 일체제불과 마음을 함께하고(同心), 발원을 함께 하며(同願), 수행을 함께 하니(同行), 어찌 성불하지 못할 도리가 있겠습니까!

「계율·선정·정진의 법문을 선양하여」, 이 일구는 보살이 닦는 육바라밀로 곧 보시·지계·인욕·정진·선정·반야입니다. 여기서는 단지 계율·선정·정진만 말하지만, 이는 바로 「육도六度」를 말합니다. 이는 대승보살법입니다. 계율·선정·지혜만 말하면 「삼학三學」에 속합니다.

「깊고 깊은 미묘한 법문을 통달」함은 바로 대승에서 말하는 명심견성明心見性입니다. 만약 깊고 깊은 미묘한 법문을 통달할 수 없으면 널리 일체중생을 제도할 수 없습니다. 여기서 뜻은 더욱 구경원만합니다. 본경의 이론·방법·경계로써 말하면, 깊고 깊은 미묘한 법문은 정종에서 말하는 "이 마음 그대로 부처이고 이 마음 그대로 부처가 되며, 마음을 밝혀 근본에 도달하고 염불하여 왕생불퇴로 성불하는(是心是佛 是心作佛 明心達本 念佛往生 不退成佛)" 묘법입니다. 이는 다른 대승경전에는 없는 것으로 이 일구는 확실히 이 뜻을 가리킵니다.

48원은 우리를 위해 위없는 법문을 활짝 여신 것으로 완전히 여래과지상의 경계로 우리들에게 지명염불持名念佛로 왕생하도록 가르치고 인도합니다. 이는 과果를 인因으로 삼은 것입니다. 우익대사께서는 말씀하시길, "(한마디 「아미타불」을 오탁악세의 중생에게 수여하신 것은…) 구계중생(九界衆生; 보살 · 성문 · 연각 · 육도중생)이 자력으로 믿고 이해할 수 있는 것이 아니다." 하셨습니다. 이것이야말로 깊고 깊은 미묘한 법문입니다.

《화엄경》과 《법화경》은 미묘한 법문입니다. 《화엄경》과 《법화경》을 《무량수경》과 비교하면 《무량수경》이 제일입니다. 그래서 《무량수경》이 바로 「깊고 깊은 미묘한 법문」입니다. 《화엄경》과 《법화경》을 믿기는 어렵지 않지만, 《무량수경》을 믿기는 어렵습니다. 이는 가장 믿기 어려운 법문입니다. 그래서 우리가 사람들에게 《무량수경》을 소개할 때 사람들이 믿지 못하는 것은 정상입니다. 소개하였을 때 믿는다면 그는 보통사람이 아닙니다. 《무량수경》에서는 이는 범인이 아니라 결정코 재래인再來人이라 합니다.

"저의 지혜, 바다처럼 광대하고 깊어지며 저의 마음, 오염 여의고 번뇌 끊고 청정하여, 무량무변 악취문 뛰어넘고 보리의 구경언덕 속히 이르며, 무명 · 탐욕 · 성냄, 영원히 없고 염불삼매의 힘으로 미혹이 다하고 과실이 없게 하옵소서."

智慧廣大深如海。內心淸淨絕塵勞。超過無邊惡趣門。速到菩提究竟岸。無明貪嗔皆永無。惑盡過亡三昧力。

「저의 지혜, 바다처럼 광대하고 깊어지며」, 널리 중생을 제도하고 싶다면 반드시 먼저 자신을 제도해야 합니다. 다른 사람을 성취하려면 먼저 자신이 원만한 지혜를 성취하여야 중생을 도울 수 있는 능력이 생깁니다. 그래서 법장 비구는 자신이 중생을 제도하겠다는 대원을 말한 후 다시 자신이 현재 깊고 깊은 광대한 지혜를 구해야 한다고 말합니다. 이 깊고 깊은 광대한 지혜는 자성이 본래 갖추고 있는 것으로 바깥에서 구하는 것이 아닙니다. 어떻게 깊고 깊은 지혜를 구합니까? 아래 일구가 그 방법입니다.

「저의 마음, 오염 여의고 번뇌 끊고 청정하여」에서 , 「진塵」은 오염으로 먼지에 물들어 더러워짐을 비유한 것입니다. 「로勞」는 번뇌입니다. 우리는 반드시 일체오염을 멀리 여의고 번뇌를 끊어야 비로소 청정심을 회복합니다.

이 두 문구는 서로 돕고 서로 이룹니다. 바야흐로 서로 돕고 서로 이루어 무량한 법희가 생기기 때문입니다. 일분의 공부가 있으면 일분의 지혜가 더 많아집니다. 일분의 지혜가 더 많아 신심이 더욱 깊어져 일분의 공부가 더욱 증장됩니다. 일분의 공부가 증장되면 또 일분의 지혜가 증장됩니다. 이는 선정과 지혜가 서로 돕고 서로 이룸으로 영원히 그침이 없습니다! 사상事相 상에 응용하면 그것은 일체 악취문惡趣門을 뛰어넘습니다.

「무량무변 악취문 뛰어넘고」, 청정심을 닦는 것이 인因입니다. 마음이 청정하기만 하면 일체죄장罪障이 모두 사라지고 모든 일체 악취惡趣를 멀리 여읩니다. 성내고 원망하는 마음(瞋恚心)이 없으면 지옥문을 뛰어넘고, 어리석고 미혹케 함이 없으면 아귀문을 뛰어넘으며, 인색하고 탐냄이 없으면 아귀문을 뛰어 넘습니다. 그래서 탐진치를 끊으면 삼악도를 뛰어넘습니다. 만약 인천의 복덕에 대해 조금도 집착하여 구함이 없으면 육도六道를 뛰어넘을 수 있습니다.

이 일구에서 아귀도와 지옥도를 비교하면 아귀도가 선이고 지옥도가 악입니다. 축생도와 아귀도를 비교하면 축생도는 선이고 아귀도는 악입니다. 소승의 아라한 · 벽지불과 대보살을 비교하면 아라한 벽지불은 악이고 대승보살은 선입니다. 보살과 부처님을 비교하면 부처님은 선이고 보살은 악입니다. 그래서 「무량무변 악취문」은 성문 · 연각 · 보살을 포괄하고, 당신이 원만성불할 때까지 이를 뛰어넘어야 합니다.

「보리의 구경언덕에 속히 이르며」, 보리의 구경언덕은 원만한 불과입니다, 바꾸어 말하면 「무량무변 악취문」은 권교보살權教菩薩 이하는 모두 악취임을 가리킵니다. 육도뿐만 아니라 성문 · 연각 · 권교보살 모두 악취입니다.

「무명 · 탐욕 · 성냄 영원히 없고」, 이는 세 가지 번뇌를 말합니다. **견사번뇌**見思煩惱 · **진사번뇌**塵沙煩惱 · **무명번뇌**無明煩惱를 모두 다 끊었습니다. 이는 여래과지 상의 경계입니다.

「염불삼매의 힘으로 미혹이 다하고 과실이 없게」, 여기서 「혹惑」은 미혹입니다. 그는 세간 출세간의 모든 일체법 중에 미혹하지 않습니다. 「과過」는 과실입니다. 자기 수행이던지 혹은 중생교화이던지 관계없이 사람에 대해 일에 대해 물건에 대해 절대로 과실을 범하지 않습니다. 이것은 무엇에 의지해야 합니까? 삼매력입니다. 「삼매」는 당연히 염불삼매를 가리킵니다.

이상 여섯 문구는 아미타부처님께서 인지因地에서 배움을 구할 때 수학강령입니다. 우리가 지금 닦고 있는 것을 아미타부처님의 그 당시 수행과 비교하면 우리는 지혜를 제일목표로 두고, 다른 것은 전혀 구하지 않습니까?

지혜를 구하려면 반드시 청정심을 얻어야 합니다. 청정심의 작용이 바로 지혜입니다. 청정심은 마치 일면거울이 작용을 일으켜 비추듯이 여기에는 지혜가 생깁니다. 심지가 청정하려면 마음에 조금도 물듦이 있어서는 안 됩니다. 세간법의 오욕五欲과 육진六塵, 출세간법의 대소승과 권실교에 모두 물들지 않는 것이 중요합니다. 꼭 심지가 순정純淨을 이루고, 언행이 순선純善을 이루어야 합니다.

학불學佛에는 두 가지 방식이 있습니다. 한 가지는 **행문**行門으로서 진정으로 공부하여 청정심을 닦는 것에서 시작합니다.

다른 한 가지는 **해문解門**으로 이론연구에서 시작합니다. 이 두 갈래 길에서 어느 갈래 길이 유리할까요? 행문이 유리합니다. 행문에서 시작하는 경우 마음을 청정하게 만들면 됩니다. 불법을 몰라도 관계없이 번뇌를 끊기만 하면 됩니다. 마음이 청정하면 불국토도 청정하여 결정코 왕생할 수 있습니다.

해문解門에서 시작하는 경우 일체 이론·방법·경계가 모두 또렷한 다음 여전히 새롭게 닦아야 합니다. 왜냐하면 이해는 있고 수행은 없어 성취할 수 없기 때문입니다.

행문行門에서 시작하는 경우 심행을 주로 삼고 이해를 보조로 삼습니다. 이해는 애써 구할 필요 없이 저절로 통달됩니다. 이 방법은 대단히 정확합니다. 이 문으로 가면 독경을 하던지 경전강설을 듣던지 한 문구를 알면 한 문구를 수용하고, 두 문구를 알면 두 문구를 수용할 수 있습니다. 몰라도 중요하지 않습니다. 나중에 한 번 더 들으면 알게 되고, 몇 번 더 들으면 저절로 명료해지니, 이 단락에 이 문구에 애써 끝까지 매달릴 필요가 없습니다. 그러면 오히려 마음을 청정하게 할 수 없습니다.

《무량수경》의 경전제목에 있는 「청정·평등·각」, 이 셋은 하나이되 셋이고, 셋이되 하나로, 하나를 얻으면 셋을 모두 얻을 수 있습니다. 이 셋 가운데 아무래도 청정심을 닦기가 쉽습니다. **청정심을 닦는 방법은 바로 명호를 집지執持함**

입니다.

염불을 하지 않을 때는 부처님 명호를 듣습니다. 부처님 명호는 자신이 염불하는 소리가 가장 잘 들립니다. 자신이 평소에 염불하는 소리를 녹음해 두었다가 염불을 하지 않을 때 녹음기로 들으면 매우 편안합니다. 이것이 청정심을 닦는 것입니다.

그래서 법장 비구는 지혜를 머리로 삼고, 선정과 지혜를 동등하게 지니며, 염불삼매의 힘으로 미혹을 다하고 과실이 없도록 하는 것으로 총결總結을 짓습니다. 그 의도는 매우 깊고 매우 깊어서 확실히 우리에게 대단히 귀중한 수학의 참고를 제공합니다.

[제10 청화법문]

보살의 육바라밀과 중생제도

(제4품 '법장 비구께서 발심 수학한 인연'에서 발췌)

"보시와 지계인욕, 정진과 선정·지혜의 육바라밀 영원히 행하여"

常行布施及戒忍。精進定慧六波羅。

이 두 문구는 보살이 세상에 머무는 행동이자 보살 심행心行의 표준입니다. 우리는 마땅히 이를 학습해야 합니다.

「상常」은 영원이고 「보시布施」는 **버림, 내려놓음으로 신심세계 일체를 내려놓음입니다.** 모든 일체 고뇌는 질병·생사·윤회의 근원에 이르기 까지 모두 망상·집착을 기꺼이 내려놓지 못함으로 인해 정말 스스로 짓고 스스로 받는 것입니다. 그래서 **마음 속 근심과 우려, 번뇌와 망상, 분별과 집착을 버려야 합니다. 보시하는 의도가 여기에 있습니다.**

세간 사람들은 당연히 보살도를 행하고, 가는 곳 마다 보시하고 공양하는 목적은 「하나를 버리면 만 가지 과보를 얻는데(捨一

得萬報)」 있다고 생각합니다. 재산을 베풀어 장래에 재복을 얻고 법을 베풀어 총명지혜를 얻습니다. 만약 이와 같이 보시를 행하면 결코 보살이 아니고, 완전히 탐진치 · 교만의 망상이 장난을 치는데 지나지 않습니다. 보살이 보시하는 목적은 마음속 망상을 버려서 망념이 다하면 자성이 본래 갖추고 있는 무량한 지혜 · 덕능 · 재부가 저절로 현전하니, 어디서 구해야 합니까! 어디서 닦아야 합니까! 필요가 없습니다. 육조대사께서 개오開悟하셨을 때, 오조대사께 "어찌 자성이 본래 갖추고 있음을 알았으리오! …… 어찌 자성이 능히 만법을 냄을 알았으리오!(何期自性本來具足 何期自性能生萬法)" 하신 말씀처럼 일체 마음이 하고자 하는 것에 따라, 생각이 움직이는 것에 따라 수용합니다. 부처님께서 보시하라 가르치심은 우리에게 망념을 버리고 성덕을 회복하여야 비로소 진실의 이익임을 가르치신 것입니다.

범부의 큰 병은 바로 내려놓지 못함에 있습니다. 이것이야말로 불보살님에게 수고를 끼치는 것입니다. 그래도 불보살님께서는 상세하게 완곡하게 갖가지 방편으로써 우리가 점차 내려놓을 수 있도록 도와주십니다. 보살님께서는 솔선수범하시고 모범을 보이시며 우리가 보시하고 명예와 이익, 오욕과 육진을 버리라고 가르치십니다. 근심과 우려, 생사번뇌를 버리고 일체를 내려놓으면 대자재를 얻습니다. 《금강경》에 이르시길, "법도 응당 버려야 하거늘 하물며 법 아닌 것이랴(法尙應捨 何況非法)."

하셨습니다. 법은 불법입니다. 불법도 집착해서는 안 됩니다. 집착하면 잘못입니다. 불법은 배 한 척과 같아서 우리가 강을 건너는 수단으로 목적지에 도달하면 수단을 버려야 합니다. 그래서 불법은 우리가 난관을 건너도록 돕는 것으로 이미 건넜으면 불법도 집착하지 말고 내려놓아야 합니다.

「계戒」는 지계持戒로 법을 지키는 것입니다. 사람이 법을 지키고 공무를 집행하면 저절로 마음이 편안하여 일체 두려움을 멀리 여의게 됩니다. 유교에서는 예절을 말하고 불법에서는 계율을 말하는데, 이는 모두 우리 생활행위의 규범입니다. 부처님께서 제정하신 근본 대계는 네 가지가 있을 뿐입니다. 「살생 · 도둑질 · 음행 · 거짓말」 이 네 가지는 본성을 범하는 성죄性罪로 수계를 하였는지 관계없이 이를 범하면 죄업이 생깁니다. 「불음주」 이 한 가지는 차계遮戒로 그것은 성죄를 예방하는 것입니다. 중죄를 범한 사람을 자세히 관찰하면 모두 음주와 관련이 있습니다. 이른바 「음주 후 성질이 난폭해짐」입니다. 그래서 세존께서도 이 조항을 무거운 계에 넣었습니다. 이 밖에 국가의 법률과 풍속 · 인정도 준수하여야 사람과 화목하게 잘 지낼 수 있습니다. 이것이 계를 지키는 진정한 의의입니다.

「인忍」은 인욕입니다. 《금강경》에 이르시길, **"일체법이 무아임을 알아야 인을 이룰 수 있다(知一切法無我 得成於忍)."** 하셨습니다. 그래서 인忍, 굳센 참을성이 있어야 합니다. 세간법을 성취하려면 모두 상당한 참을성이 필요한데, 하물며 학불學佛이겠습니까? 반드시 인내할 수 있어야 합니다. 인욕할 수 있으면 마음이 평안하고 태도가 온화할 수 있고, 공부는 비로소 앞으로 나아갈 수 있습니다. 만약 인욕할 수 없으면 아무리 잘 닦아도 공부가 진보할 수 없습니다. 그래서 인忍은 진정한 공부이고 선정의 전방편前方便입니다.

「정진精進」, 진進은 바로 물러남 없이 나아감이고, 정精은 순수하여 뒤섞지 않음입니다. 우리는 매우 많은 동수께서 분발 노력하지만 정진하지 못함을 봅니다. 그는 매우 많이 배우고 매우 많이 뒤섞습니다. 이는 뒤섞여 나아가고(雜進), 어지러이 나아갑니다(難進). 그래서 공부를 성취할 수 없습니다. 한 법문에 정진하면 성취가 대단히 빠릅니다. 예컨대 한 사람은 한 경전을 공부하여 일 년 공부로 많은 성취가 있습니다. 다른 한 사람은 동시에 열 개 경전을 공부하였는데 일 년간의 성취는 한 법문을 공부한 것과 비교할 수 없습니다.

당신이 오직 《아미타경》 한 경전을 공부하여 10년간 연구하면 10년 후 당신은 세계 어느 국가 구석구석을 가던지 사람들이 당신을 보면 "아미타부처님께서 오셨다." "아미타부처님의 화신이다." 할 것입니다. 또한 당신이 《지장경》을 10년 공부하면 지장보살이 될 것이고, 《보문품》을 10년간 공부하면 관세음보살로 변할 것입니다. 문제는 전일하게 순수하게 닦느냐에 달려있습니다. 현대인은 박학다식을 좋아하지만 이는 잘못된 관념이고 실패하는 사상입니다. 이는 결코 성공할 수 없습니다!

저는 조금이나마 스승님의 가르침을 이어받는 사승師承의 가장자리 인연을 입어 스승님의 말씀을 들었지만 완전히 듣지 못했습니다. "완전히 들었으면 지금 이 모양이지 않을 것인데." 현재 후회하고 있습니다.

저는 이병남 스승님 회하에서 10년 동안 5부경을 공부하였습니다. 스승님께서는 한 경전을 제대로 배우지 못하면 다음 경전을 배울 수 없다는 규칙을 정하셨습니다. 어느 정도까지 공부해야 하느냐 하면 스승님께서 해도 좋다고 생각하실 때까지입니다. 해서는 안 된다고 하면 이 경전으로 계속 학습해야 합니다. "노인의 말을 듣지 않으면, 눈앞에서 손해를 본다." 라는 속담이 있습니다. 젊은이는 지식이 없이 일시적 기분으로 일을 처리하는데, 노인의 경험을 믿지 않으면 손해를 봅니다.

「정定」은 바깥 경계에 흔들리지 않고 자신이 주재하는 힘이 있어야 성취합니다. 염불법문으로 말하면 바로 일심불란一心不亂이자 청정심입니다. 「혜慧」는 지혜입니다. 이는 출세간의 이지理智로 세간의 총명지혜가 아닙니다. 지혜가 생기면 일을 처리하고 사람을 상대하며 물건을 접함에 있어 일을 잘못하지 않고, 과실을 범하지 않습니다.

요컨대 이 두 문구에서는 육바라밀을 말합니다. 앞 다섯 가지는 사를 닦는 것(事修)입니다. 이 방법대로 사事와 리理를 수학하면 지혜는 저절로 계발됩니다. 지혜가 현전하면 어디에 표현됩니까? 일상생활에서 표현됩니다. 이 여섯 가지는 보살이 일상생활에서 행동하는 준칙입니다. 예컨대 표현이 보시에 있으면 비록 보시를 닦을지라도 보시하는 모습에 집착하지 않습니다. **「삼륜체공三輪體空」, 즉 베푸는 자(施者)와 받는 자(受者)와 보시한 물건(施物)이 모두 공하고 청정함이 바로 지혜입니다.** 지계하는 상에 집착하지 않으면 저절로 계법戒法의 표준에 부합합니다. 지혜의 표현이 일을 행함에 있어 인욕·정진·선정이 모두 이와 같아야 비로소 진정으로 괴로움을 여의고 즐거움을 얻습니다.

"아직 제도 받지 못한 유정, 제도 받게 하옵고 이미 제도 받은 자, 성불하게 하옵소서."

未度有情令得度。已度之者使成佛。

불법을 접촉하지 못하고, 불법을 잘 알지 못한 사람의 경우, 우리는 기회를 찾아 그가 불법에 접촉하고, 불법을 제대로 알도록 그 방법을 생각해야 합니다.

이미 학불을 하고 있는 사람의 경우, 큰마음을 내어 빨리 성취하고 싶다면 염불법문으로 그가 이번 생에 성취(「당생성불當

生成佛」)[5]하도록 도와야 합니다.

“설령 항하사 성인께 공양해도 굳건한 믿음과 발원으로 용맹정진하여 정각(왕생성불) 구함만 못하옵니다.”

假令供養恆沙聖。不如堅勇求正覺。

이 두 문구의 말씀은 대단히 중요합니다. 세간에는 복을 구하는 사람이 많습니다. 날마다 공양을 닦아 복을 구하고 장수를 구하고 재물을 구하지만 부처님께서는 굳건한 신심과 발원으로 용맹정진하여 정토에 태어나길 구하는 것만 못하다고 말씀하십니다. 정토에 태어나면 이번 생에 성불합니다.

불보살님께 공양하는 복보는 매우 크지만, 오늘날 우리는 불보살님께 공양하지 못하고 아라한과 수다원도 보지 못합니다. 우리가 오늘날 공양하는 것은 불보살의 형상인데, 불보살의 형상에게 공양하면 복보가 있습니까? 당신이 어떻게 공양하느냐 보아야 합니다. 공양은 법을 대표합니다(表法). 불전에 꽃을 공양하는 경우 꽃은 인因을 대표합니다. 식물은 꽃이 먼저 피고, 나중에 열매가 열립니다. 과일을 공양함은 과보를 대표합니다. 꽃을 공양함은 우리에게 믿음·발원·집지명호를 일깨

5) 《당생성불》(비움과소통) 참조

워줍니다. 이는 인因을 닦음입니다. 장래 서방극락세계에 왕생하여 아미타부처님을 가까이 모시는데, 이는 과果입니다. 이렇게 공양하면 복이 있습니다.

가장 간단한 공양은 물 한잔입니다. 물을 공양함은 자신을 일깨웁니다. 마음은 물처럼 청정·평등하여 조금도 먼지에 물들어 더러워짐이 없고, 안정하여 동요가 없습니다.

등 공양에서 등은 광명을 대표합니다. 우리의 마음 본바탕은 광명정대하고, 자신을 희생하여 다른 사람을 도울 수 있습니다. 그래서 마땅히 기름 램프를 사용하여 기름을 완전히 태움은 자신을 불태워 남을 밝게 비춤을 대표합니다. 이는 대자비를 뜻합니다. 현재는 전등을 사용하여 이러한 표법表法현상을 그리 쉽게 볼 수 없습니다.

그래서 불문에서 갖가지 공양물을 진설하는 것은 모두 매우 좋은 교육으로 시시각각 자신을 일깨웁니다. 그러나 요즘 불자들은 이러한 진정한 뜻을 잊어버리고 불보살에게 아첨하여 마음에 들도록 하는 것으로 변해버렸습니다! 세상의 바른 사람과 군자들은 모두 당신이 아첨하는 것을 받아들이지 않는데, 하물며 불보살님이겠습니까? 그래서 공양의 진정한 뜻을 반드시 똑똑히 알아야 합니다.

"늘 자심慈心으로 유정의 고통을 뽑아내어 가없는 고난 중생 다 제도하게 하옵소서."

常運慈心拔有情。度盡無邊苦衆生。

「상常」은 시간을 가리키고, 「무변無邊」은 공간을 가리킵니다. 시공으로 모든 일체중생 부류를 모두 다 포괄하고, 진허공·변법계의 일체중생 부류는 모두 아미타부처님께서 대자대비심으로 교화하여 제도 해탈시키는 대상입니다.

[제11 청화법문]

지극한 마음으로 정진하라!

(제5품 '지극한 마음으로 정진하다'에서 발췌)

"누구든지 지심至心으로 도를 구하여 정진해 그치지 않는다면 반드시 과를 이룰 수 있나니, 어떤 원인들 이루지 못하겠는가!"

人有至心求道。精進不止。會當克果。何願不得。

「도道」는 매우 이루기 어렵습니다. 매우 이루기 어려운 것도 모두 이룰 수 있는데, 하물며 그 나머지이겠습니까? 그러나 도를 구함에 있어 반드시 구하는 이론과 방법을 잘 알아야 합니다. 이 부분의 이치는 바로 「지심至心」입니다. 지심은 바로 진성眞誠의 마음으로 진성이 절정에 이른 것입니다. 증국번曾國藩 선생께서 말씀하시길, **"일념도 나지 않음을 일러서 성誠이라 한다."** 하셨습니다. 육조대사께서 말씀하시길, "본래 한 물건도 없다(本來無一物)." 하셨습니다. 이것이 진심眞心입니다.

이와 같은 마음으로 도를 구하면 무엇이든 구해도 이룰 수 있습니다. 왜냐하면 세간 출세간의 일체법은 진심이 변해 나온 것이기 때문입니다. 그래서 제불보살의 신통은 광대하여 수중에 무량한 진귀한 보배가 나타날 수 있습니다. 그에게는 어떻게 변하여 나타날 수 있고 우리에게는 변하여 나타날 수 없습니까? 그는 진심으로 구하지만 우리는 망심으로 구합니다. 진심은 능히 변화시킬 수 있습니다. 십법계 의정장엄은 모두 진심이 변하여 나타난 것입니다. 그래서 대승경전에서 말씀하시길, **"제법이 생긴 것은 오직 마음이 나타난 것이고, 오직 식이 변한 것이다(諸法所生 唯心所現 唯識所變)."** 하였습니다.

서방극락세계 사람은 옷을 생각하면 옷을 얻고, 음식을 생각하면 음식을 얻습니다. 왜냐하면 그들의 마음은 청정하기 때문입니다. 청정심은 바로 진심입니다. 오늘날 우리는 망상, 번뇌, 우려, 근심이 너무 많습니다! 그래서 「지심至心」이 중요합니다. 불법의 수학은 다른 것이 아닙니다. 단지 망상·분별·집착을 내려놓으면 진심이 현전합니다. "불씨 문중에는 구함이 있으면 반드시 응함이 있다." 하는데, 이 말은 진실입니다.

「정진해 그치지 않는다」, 이것이 구하는 방법입니다. 진進은 진보이고, 절대 후퇴하지 않음입니다. 정精은 순수하고 뒤섞지 않음입니다. 하나의 목표, 하나의 방향이면 불법이든 세간법이든 관계없이 반드시 성취가 있습니다. 현전하는 적지 않은 학불하는 동수들께서는 날마다 진보를 구하고 있지만, 효과는 현저하지 않습니다. 원인은 어디에 있습니까? 배움이 너무 많고 너무 뒤섞여 있어, 정진하지 않고 뒤섞여 나아갑니다. 그래서 노력하여도 효과가 없습니다.

불법은 경전이 매우 많습니다. 이론상으로 말하면 법문마다 제일입니다. 법문은 평등하여 높고 낮음이 없습니다. 그러나 사상으로 말하면 개인마다 근성이 같지 않고, 총명지혜가 같지 않고, 생활환경이 같지 않습니다. 어떤 법문은 수학하기 시작하면 편하다고 느끼고, 어떤 법문은 수학하기 시작하면 곤란하다고 느낍니다. 그래서 어려움과 쉬움은 법문에 있는 것이 아니라 개인의 근성과 생활환경에 있습니다.

염불법문은 근성이 수승하든 하열하든 상관하지 않고 모두 다 수학하기 적합하지만, 기타 참선과 밀교는 모두 수학하기 매우 어렵습니다. 염불법문은 간단하고 편안합니다. 집에 불상이 없고 향과 꽃을 공양하지 않아도 모두 수학할 수 있으며, 게다가 형식이나 수학환경을 중시하지 않습니다. 정말 제일 편합니다.

개인마다 근성이 같지 않아 만약 억지로 수학하면 곤란이 생기고, 자신의 흥미에 수순하여 수학하면 쉽습니다. 우리가 다른 법문을 닦아도 정토에 태어날 수 있습니까? 태어날 수 있습니다! 《무량수경》에서는 다른 법문을 닦아도 정토에 회향하기만 하면 모두 왕생할 수 있다고 매우 또렷하게 말하고 있습니다. 아미타부처님을 친견할 수 있으려면 반드시 《무량수경》을 배워야 하고, 「아미타불」을 염해야 왕생할 수 있다고 한정하는 것이 결코 아닙니다. **어느 법문을 수학하든 상관없이 반드시 번뇌를 조복調伏하고, 극락세계에 태어나 아미타부처님을**

가까이 모시길 발원해야 합니다. 만약 번뇌를 조복하지 못하면 왕생할 수 없습니다. 이것이 진정한 조건입니다.[6)]

그래서 「정진」 이 두 글자를 파악하기만 하면 결정코 성취가 있습니다. 옛날 대덕께서 불법은 "정精을 중히 여기고, 다多를 중히 여기지 않는다(貴精不貴多)." 또한 이를테면 "한 경전에 통하면 일체 경에 통한다."고 말씀하셨습니다. 만약 우리가 경장經藏에 깊이 들어가고 싶다면 어떻게 해야 할까요? 널리 배우고 많이 들어야 할까요? 한 법문에 깊이 들어가야 할까요? 역사상으로 보면 자고이래로 한 법문에 깊이 들어가 성취한 사람은 매우 많고, 널리 배우고 많이 들어서 성취한 사람은 적습니다. 왜냐하면 그것은 특수한 천재에 속하고, 중하 근성의 사람은 이런 능력은 없습니다. 그래서 여전히 「한 법문에 깊이 들어가야」 합니다.

그래서 우리가 이러한 도리와 방법을 잘 알기만 하면 어떠한

---

6) "단斷에는 두 가지 종류가 있는데 여기서 「미단未斷」은 멸단滅斷을 말합니다. 멸단은 확실히 쉽지 않습니다. 만약 멸단하면 현전에서 아라한과를 증득합니다. 우리가 왕생하는 조건은 그렇게 높을 필요가 없고 단지 번뇌를 조복시키는 복단伏斷이면 충분합니다. 복단은 번뇌를 조복시켜 안으로 머물게 하는 것(伏住)입니다. 번뇌를 끊지 않고 그것을 조복시켜 머물게 하여 번뇌가 작용을 일으키지 않게 하면 결정코 왕생할 수 있습니다. 만약 진실로 견사번뇌를 끊는다면 범성동거토에 왕생하는 것이 아니라 방편유여토에 왕생합니다. 그래서 우리들 공부는 번뇌를 조복시키려고 하는 것입니다. 어떤 방법으로 조복시킵니까? 한마디 부처님 명호를 집지하는 것입니다." 《불설아미타경요해》(비움과소통)

원이든 모두 만족할 수 있습니다. 우리 눈앞에 있는 학업이든 사업이든 내지 학불인의 도업이든 상관없이 이 이론과 방법으로 모두 성공하고 만족할 수 있습니다. 그래서 세간 출세간의 일체법은 진성의 마음으로 이를 행하면 어려운 일은 없습니다. 어려움은 바로 우리에게 그릇된 염과 그릇된 사고가 있다는데 있습니다. 이런 장애는 자신이 만든 것으로 확실히 "마음 밖에는 법이 없고, 법 밖에도 마음은 없다."는 사실을 반드시 이해해야 합니다.

[제12 청화법문]

스스로 사유하고, 알고, 섭수하라!

(제5품 '지극한 마음으로 정진하다'에서 발췌)

"그대는 어떤 방편을 닦아야 불국토의 장엄을 이룰 수 있는지 스스로 사유해보고, 그대가 수행하고자 하는 방법을 스스로 알아야 하며, 청정한 불국토를 스스로 섭수해야 하느니라."

汝自思惟。修何方便。而能成就佛剎莊嚴。如所修行。汝自當知。淸淨佛國。汝應自攝。

[법보] 이 단락은 자재왕부처님께서 법장 비구에게 하신 말씀입니다. 이 경문에는 「스스로(自)」가 세 개 있습니다. "스스로 사유해보고", "스스로 알아야 하며", "스스로 섭수해야 한다."

이 경전은 경문이 비록 길지 않을지라도 대승불법의 일체 종(宗)·교(敎)의 의취意趣가 모두 그 가운데 포괄되어 있습니다. 이 안에는 교종도 있고, 밀종도 있으며, 선종도 있습니다. 이 세 개의 '스스로'는 바로 직지인심直指人心으로 자신의 진심·자성眞心自性을 가리킵니다. 왜냐하면 일체법은 자성을 여의지 않기 때문입니다. 정토종에서는 "이 마음 그대로 부처이고,

이 마음 그대로 부처가 된다(是心是佛 是心作佛).” 말합니다.

우리가 불문에 들어가면 삼귀의계三歸를 받습니다. 삼귀의는 삼자귀三自歸로 스스로 부처님께 귀의하고, 스스로 법에 귀의하며, 스스로 승가에 귀의함을 뜻합니다. 여기에 담긴 뜻은 매우 깊습니다. 진성眞誠의 마음을 발하면 반드시 제불 진실의 과지果地를 포함하여 인과가 동시입니다. 불교에서 연꽃은 인과동시를 대표합니다. 연꽃은 인因입니다. 연꽃이 피면 연꽃 봉우리에 연밥이 열리는데, 연밥은 과果입니다. 그래서 보살이 발원하면 그 가운데 과를 은밀히 머금고 있습니다.

청량국사께서는 《화엄경소》에서 말씀하시길, “인은 과의 바다를 갖추었고, 과는 인의 근원에 사무친다(因該果海 果徹因源).” 하셨습니다. 기꺼이 정진하기만 하면 발원은 결코 허사가 되지 않고 불과를 증득할 수 있습니다. 자재왕불께서는 법장 비구에게 전수하여 대자대비를 드러내 보이셨습니다. 여기에는 매우 깊은 뜻이 있습니다. 고덕께서는 세 가지 뜻이 있다고 풀이하셨습니다.

첫째, 법장 비구가 과거에 심은 인因은 대단히 깊습니다. 말법시기에 「아미타불」 명호를 듣고, 《무량수경》이나 정토오경을 만나 신원행을 가질 수 있음은 과거 무량겁이래 심은 선근 복덕이 눈앞에 무르익은 것입니다. 만약 이러한 깊은 인이 아니라면 이번 일생에 비록 정토법문을 만날지라도 신수봉행할 수 없습니다.

둘째, 제불의 국토를 섭취함攝取함을 말합니다. 이것은 모두 개인의 원심에 따른 것입니다. 어떤 사람은 정토에 머물길 발원하고, 어떤 사람은 석가모니부처님처럼 예토에 머물길 발원합니다. 지장보살은 지옥중생을 제도하겠다고 발원합니다. 이처럼 개인의 원심은 다릅니다. 그래서 "청정한 불국토를 스스로 섭수해야 한다." 말씀하십니다.

셋째, 무릇 정토에는 화토化土가 있고 보토報土가 있습니다. 화토와 보토는 높고 미묘하여 보살이 섭취할 수 있는 것이 아니라 반드시 여래과지如來果地이어야 합니다. 그러나 섭취는 여전히 자신에게 기대어야 합니다. 그래서 부처님께서는 "스스로 알아야 한다." 말씀하셨습니다. 이는 모두 선종에서 이른바 향상向上의 일입니다. 여기서 상上은 여래과지의 상으로 확실히 보통 보살이 스스로 헤아릴 수 있는 경지가 아니고, 당연히 범부는 추측할 수 없습니다. 이러한 매우 깊은 뜻이 이 경문에 들어 있습니다.

[제13 청화법문]

법장 비구, 48대원을 맺다

(제5품 '지극한 마음으로 정진하다'에서 발췌)

"법장 비구는 부처님의 설법을 잘 듣고, 저 천인의 선악이나 국토의 거칢과 미묘함에 대해 빠짐없이 다 보고서, 위없는 수승한 서원을 일으켰느니라."

法藏聞佛所說。皆悉睹見。發起無上殊勝之願。于彼天人善惡、國土粗妙。

「문聞」은 스승님의 소개를 잘 들음이고, 「불佛」은 세간자재왕여래로 즉 법장 비구의 스승님입니다. 「법장法藏」은 아미타부처님께서 인지因地에서 출가하신 법명입니다. 법장보살은 자신의 서원을 스승님에게 보고하고, 스승님께 그를 이끌어 달라 청합니다. 이처럼 학생에게 선한 원이 있고 대원이 있으면 스승님은 모두 최선을 다해 그를 도와 성취시킵니다. 그래서 그가 알고자 하는 것을 부처님께서 설명하실 뿐만 아니라 시방제불세계를 위신력으로 그의 면전에 현현하게 하여 그가 또렷히 보도록 하십니다.

《관무량수경》을 발기한 인연도 이와 같아 위제희 부인이 가정에 변고를 만나 그녀의 아들이 아버지를 죽이고 어머니를 해치어 왕위를 찬탈하고자 하였습니다. 그녀는 이러한 큰 어려움을 만나 이에 의기소침해져서 석가모니부처님께 더 안전한 세계에 왕생할 수 있는지 청하였습니다. 석가모니부처님께서는 그녀에게 결코 적극적으로 소개하지 않고, 시방제불의 세계를 그녀의 면전에 나타나게 하여 그녀 스스로 선택하게 하였습니다. 이는 세간대자재여래가 법장보살에게 사용한 방법과 같습니다. **부처님께서는 위제희 부인이 아미타부처님의 서방극락세계를 선택한 다음 비로소 그녀에게 극락세계에 태어나는 방법을 가르쳐주셨습니다. 이것이 바로 《관무량수경》입니다.**

세간자재왕여래께서는 시방일체제불찰토를 법장보살의 면전에 펼쳐보였고 법장보살은 모두 다 보았습니다. 이에 "저 천인의 선악이나 국토의 거침과 미묘함에 대해 빠짐없이 다 보고서, 위없는 수승한 서원을 일으켰느니라." 「저」는 시방일체제불찰토를 가리키며, 「천天」은 천도이고, 「인人」은 인간을 가리킵니다. 일체제불찰토에 있는 육도중생은 선이 있고 악이 있으니, 이는 인사환경을 말합니다. 극락세계는 아미타부처님께서 스스로 공상에 의지해 건립한 것도 아니고 그 자신의 이상도 아닙니다. 그는 수많은 제불찰토를 확실히 보았을 뿐만 아니라 시방일체제불찰토가 차별이 매우 많아 어떤 세계는 대단히 아름답고, 어떤 세계는 수많은 결함이 있습니다. 「국토추묘國土麤妙」는 물질환경입니다. 「추麤」는 환경이 매우 나쁘고 하열하다는 뜻이고, 「묘妙」는 환경이 매우 아름답다는 뜻입니다. 환경은 같지 않은데 이는 중생이 지은 인이 같지 않아 얻은 과보가 다르기 때문입니다. 이러한 이론과 사실을 법장보살이 모두 잘 알았습니다.

"깊이 사유하여 구경에 도달한 후 곧 (청정보토의 진인인) **일심으로** (중생이) **바라는 바**(진실의 이익)**를 선택하여 48대원을 맺었느니라."**

思惟究竟。便一其心。選擇所欲。結得大願。

서방극락세계는 어떻게 건립될까요? 법장보살은 곳곳마다 참관 고찰하여 사람의 장점은 취하고 사람의 단점은 버립니다. 바꾸어 말하면 극락세계는 시방일체제불세계의 아름다운 점을 집대성한 것입니다. 48대원 중에서 그는 시방세계에 모두 육도가 있고 특히 그 삼악도가 매우 괴로움을 보고서 그가 발한 첫 번째 대원은 장래 건립할 국가에는 삼악도가 없도록 제도하겠다고 희망하고, 이에 이 대원을 맺었습니다.

중국인은 항상 "만 권의 책을 읽고 만 리 길을 걷는다." 말합니다. 경전을 듣는 것은 책을 읽는 것이고, 일체제불세계를 보는 것은 만리 길을 걷는 것과 마찬가지입니다. 법장보살은 직접 귀로 듣고 직접 눈으로 보았습니다. 그래서 그의 지식과 지혜는 진실합니다. 그는 이렇게 풍부한 학력과 경력이 있고, 그가 선택하여 자신의 찰토가 생겼으니, 이것이 극락세계를 성취한 인연입니다.

극락세계의 인연은 일체제불찰토의 인연과 같지 않습니다. 왜냐하면 일체찰토의 인연은 복잡하고 단순하지 않아 선이 있고 악이 있어 선악이 뒤섞여 있습니다. 극락세계는 청정과 선법을 오롯이 선택하였습니다. 그의 목적은 아름다운 수학환경을 제공하는데 있습니다. 시방세계에서 진정으로 대보리심을 발하고 일생에 생사를 끝맺고 불도를 이루고자 하는 중생에게 가장 아름다운 수학생활환경을 제공하셨습니다.

"정진하며 열심히 대원을 찾았고, 공경심으로 신중히 잘 보임하여 공덕을 수습하고 만족하게 하는데 5겁이 걸렸느니라."

精勤求索。恭慎保持。修習功德。滿足五劫。

「정근精勤」, 정진하고 부지런히 노력한다는 뜻입니다. 「구삭求索」에서 삭索은 찾는다는 뜻으로 어떤 것이 선법인지 악법인지, 어떤 것이 선한 과인지 악한 보인지, 똑똑히 본 다음 일체 악을 끊고 일체선을 닦습니다. 「공신보지恭愼保持」, 공은 공경이고 신愼은 신중하다는 뜻입니다. 사람에 대해 일에 대해 물건에 대해 공경해야 합니다. 공경심은 진심입니다. 공경심이 있을 뿐만 아니라 신중히 잘 보임하여야 수학한 것을 상실하지 않을 수 있습니다. 「수습공덕修習功德」, 수修는 수정으로 잘못된 것을 수정함이고 습習은 배운 것을 실생활에 응용하는 것입니다.

「만족오겁滿足五劫」, 이는 그가 수행하고 발원하는데 걸린 시간을 말합니다. 「겁劫」은 매우 여러 가지 설법이 있는데, 그 가운데 가장 항상 듣는 것은 「증감겁增減劫」입니다. 부처님께서 우리 사바세계 사람의 사람 수명은 가장 짧을 때 평균 연령이 10년으로 이 세계는 대단히 괴롭다고 말씀하셨습니다. 1백년을 간격으로 1세가 증가하여 8만 4천세까지 증가합니다. 다시 8만 4천세에서 1백년을 간격으로 1세씩 감소하여 또 10세까지 감소합니다. 이렇게 한번 증가하고 한번 감소함을 1소겁小劫이라 칭합니다. 20소겁을 1중겁中劫으로 삼고, 4중겁을 1대겁大劫으로 삼습니다. 대승경전에서는 겁수를 말하는데 모두 대겁을 가리킵니다. 법장 비구가 수행한 시간은 이렇게 깁니다. 그래서 비로소 일체제불 찰토의 장점을 제대로 흡수하였고, 사람 마음에 따르지 않는 것을 버렸습니다.

[법보] 「정精」은 선택입니다. 조금도 데면데면하지 않고 반드시 가장 좋고 가장 수승한 것을 선택해야 합니다. 「근勤」은

꾸준하게 착실히 노력하고 해태하지 않음입니다. 그런 자세로 찾고 구하였습니다. 이렇게 선택한 후에는 이를 잘 지켜서 잃지 말아야 합니다.

이 단락에서는 수修를 말합니다. 얼마나 오랜 세월 닦아야 서방극락세계를 성취할 수 있습니까? 5겁을 닦아야 합니다. 5겁 동안 잘 선택하고 꾸준히 찾고 구하였으며, 이를 공경히 삼가하고 잘 지켰습니다. 「공진恭慎」은 바로 진성심, 공경심입니다. 자신의 공덕을 잘 지켜서 잃지 말아야 합니다. 어떻게 해야 공덕을 잘 지킬 수 있습니까? 불법에서는 "불길이 공덕의 숲을 태운다." 말합니다. 여기서 말하는 불은 바로 성내고 원망하는 마음의 불입니다. 한번 화를 내면 공덕은 사라집니다. 오랜 세월 동안 염불하고 경전을 염송하여 공덕을 지었을지라도 한번 화를 내어 공덕이 사라져버리면 끝장입니다. 따라서 가장 두려운 것은 바로 성내고 원망하는 것임을 알아야 합니다.

그래서 불법을 배우는 사람은 항상 경계를 예민하게 살펴서 결코 화를 내어서는 안 됩니다. 무슨 일이든 마음속으로 좋지 않은 기분이 일어나 화를 내고 싶은 상태이면 경계심을 가져야 합니다. 그것은 곧 마장魔障입니다. 마왕은 당신이 이미 적지 않은 공덕이 있음을 보고 태워버리라고 권합니다. 이 말을 선뜻 들으면 일순간 공덕을 태워버립니다.

화를 내지 않는다면 당신의 공덕은 그대로 있습니다. 어느 누구도 당신을 깨뜨려 없앨 방법이 없을 뿐 아니라 마왕도 어찌할 재간이 없습니다. 마왕은 여전히 당신이 스스로 자신의 공덕을 때려 부수도록 하려 합니다. 그래서 경각심을 지녀야 합니다. "절대 화를 내지 않고, 기분에 내맡기지 않겠다." 이래야 공덕을 지킬 수 있습니다. 공덕과 복덕은 다릅니다. 복덕은 화를 내어도 관계가 없습니다. 그래도 복덕은 여전히 존재합니다. 공덕은 화를 내면 사라집니다. 진정으로 공경히 삼가하고 잘 지키려면 반드시 탐진치와 오만 · 번뇌 · 습기를 모두 끊어버려야 합니다.

《금강경》에서는 처음 불법을 배우는 사람에게, 인욕바라밀을 실천하면 공덕을 잘 지킬 수 있다고 가르칩니다. 보시바라밀과 지계持戒바라밀로 공덕을 닦고 인욕바라밀로 공덕을 잘 유지할 수 있습니다. 인욕이 없으면 비록 공덕을 닦을지라도 수시로 태워버려 잃게 됩니다. 따라서 보살의 육바라밀을 하나하나 단단히 채우면 그 사이에 긴밀한 관계가 생깁니다. 정진과 선정에 이르러 공덕을 성취할 수 있어야 무량한 지혜가 눈앞에 드러날 수 있습니다.

"저 21구지 불찰토의 공덕을 장엄하는 일에 대해 마치 하나의 불찰토인 양 또렷하게 통달하였고, (이렇게) **섭수한 불국토는 저 불찰토보다 뛰어났느니라."**

於彼二十一俱胝佛土。功德莊嚴之事。明了通達。如一佛刹。所攝佛國。超過於彼。

「21」은 숫자가 아니라 원만을 대표합니다. 이를테면 《아미타경》에서는 「7」로 원만을 대표하는데, 바로 사방·상하·중앙입니다. 《화엄경》에서는 「10」으로 원만을 대표합니다. 1에서 10까지 원만한 숫자이고, 10이 10개가 바로 1백인데 이것도 원만한 숫자입니다. 밀종은 「16」, 「21」로써 원만을 대표합니다.

「섭攝」은 그가 건립한 극락세계이고, 「피彼」는 21구지 불찰토입니다. 서방극락세계는 일체 불국토의 아름다운 점을 집대성한 것으로 일체제불찰토의 아름다운 점을 극락세계가 모두 구족하고 있고, 모든 좋지 못한 결점이 극락세계에는 모두 없습니다. 그는 저절로 일체제불찰토를 뛰어넘고 이것도 그의 대원을 만족시킵니다. 이것이 극락세계의 건설을 말합니다.

서방극락세계에 왕생하는 조건은 청정심입니다. 마음이 청정하면 국토가 청정합니다. 그래서 부처님께서 우리에게 「신信·원願·행行」으로 청정심을 닦으라고 가르치십니다. 진실한 믿음과 간절한 발원 아래 일심으로 「아미타불」을 전념하여 망상·분별·집착·번뇌를 조복시켜 머물게 하여(伏住) 청정의 표준에 첫걸음을 내딛으면 「범성동거토凡聖同居土」에 태어날 수 있습니다.

[법보] 「구지俱胝」는 고대 인도의 숫자 단위로 일천만에 상당합니다. 그래서 21구지는 바로 210억 불찰토입니다, 이 단락에서 구지를 쓴 것은 밀교의 표법表法을 사용하였음을 나타냅니다. 그래서 이 경에는 교종과 선종의 법문이 있고, 밀종과 정종의 법문이 있습니다. 이렇듯 무량무변한 법문이 모두 이 경전 속에 농축되어 있습니다. 그래서 《무량수경》을 독송 수학함은 불교의 모든 법문을 다 닦는 것과 마찬가지입니다.

법장 비구는 "공덕을 장엄하는 일에 대해 마치 하나의 불찰토인양 또렷하게 통달할 수 있었다"고 말합니다. 하나의 불찰토일은 쉽고 맹백하지만, 무량무변 찰토는 어렵습니다. 법장 비구는 모든 일체 불찰토를 마치 자기 본국의 국토인양 또렷하고 명료하게 통달하였습니다. 그가 건립한 극락세계는 제불의 찰토를 확실히 뛰어넘고 제불의 일체 공덕을 다 모아 원만한 대성취를 이룬 것입니다. 실제로 이러한 수행의 성취는 간단하지 않습니다. 이들 사실진상을 똑똑히 명료하게 알아야 정토법문에 대해 의심하지 않고 굳건한 신심을 낼 수 있습니다.

극락세계는 절대로 우연의 성취가 아닙니다. 세자재왕부처님께서 수천년 동안 법장 비구에게 경전을 강설하고 설법하셨고, 법장 비구가 스스로 착실히 수학하고 정근하면서 선택해 5겁의 시간이 지나서야 비로소 만족하였으니, 어찌 쉬운 일이겠습니까? 그래서 이는 일체 제불찰토 장엄청정의 상을 모아서 성취한 것으로 제불의 찰토를 저절로 뛰어넘습니다.

따라서 본사 석가모니부처님께서는 아미타부처님에 대해 광명 중의 극존이고, 부처님 중의 왕이라고 찬탄하셨습니다. 일체제불께서도 석가모니부처님과 마찬가지로 찬탄하셨습니다. 따라서 이는 결코 쉽지 않은 일입니다. 앞 단락과 이 단락을 보면 저절로 이것이 대단히 이치에 맞고 법에 맞으며, 믿을만한 가치가 있다고 느낄 수 있습니다. 또한 극락세계를 믿는 것이 결코 헛된 상상에 의지한 것이 아님을 알 수 있습니다.

과거 천태지자 대사께서는 **구경원만한 이치를 통달함이 「선善」이라고** 말씀해주셨습니다. 그러나 상에 집착하면 선하지 않습니다. 원리를 통달하고 상에 집착하면 다시 선이라 하지 않거늘 하물며 나머지 사람이겠습니까? 화엄경에서 부처님께서 잘 말씀하셨습니다. **"일체중생에게는 모두 여래의 지혜 · 덕상이 있지만, 망상 · 집착으로 인해 증득할 수 없다."** 하셨습니다. 상相에 집착하고, 견見에 집작하면 큰 병입니다.

[제14 청화법문]

염불공부 득력의 기본 조건

(제8품 '무량공덕을 쌓아 나가다'에서 발췌)

"진실의 지혜에 머물며, 용맹 정진하며, 심지心志를 전일하게 하며 미묘한 국토를 장엄하였느니라."

住眞實慧。勇猛精進。一向專志。莊嚴妙土。

부처님께서는 《무량수경》에서 세 가지 진실을 말씀하셨습니다. 즉 「진실의 궁극을 열어 보이심(開化顯示眞實之際)」, 「진실의 지혜에 머무심(住眞實慧)」, 「진실의 이익을 베풀어 주심(惠以眞實之利)」을 말합니다. 여기서 진실의 지혜는 일체법 가운데 불법을 아는 것입니다. 이 세간에는 일체법이 너무나 많아 불법을 알기가 쉽지 않습니다. 일체법 가운데 대승을 알 수 있고, 대승법 가운데 정토를 알 수 있으며, 정토법 가운데 믿음·발원·집지명호를 선택하여 마음을 진정으로 안온히 머물 수 있음을 「**진실의 지혜에 머묾**」이라 합니다.

그런 다음 대세지보살께서 우리에게 「육근을 모두 거두어들여 정념을 이어가도록(都攝六根 淨念相繼)」 노력하라고 가르치셨습니다. 이 방법은 간단히 말하면 이 법문에 대해 의심하지 않고 뒤섞지 않으며 중단하지 않음이 바로 「용맹정진」입니다. 우리는 이 한마디 부처님 명호를 하루종일 중단하지 말아야 합니다. 단지 이것만이 진실일 뿐, 다른 것은 모두 허망한 것입니다.

우리는 늘 "삶은 빈손으로 와서 죽음은 빈손으로 간다." 말합니다. 현재 우리는 아직 죽지 않은 것에 불과하기 때문에 망상이 매우 많습니다. 언제 죽을지 누가 압니까? 아무도 모릅니다. 실제로 우리는 날마다 저녁에 자지만, 죽음과 다르지 않습니다. 그래서 세간에서 이 일체는 모두 허망한 것이고, 모두 한바탕 꿈임을 압니다. 이것이 우리가 진정으로 깨달아야 하는 것입니다.

오직 염불왕생하여 서방극락에 태어날 때만 수명이 부처님과 같습니다. 아미타부처님도 무량수이고, 서방극락세계 한 사람 한 사람 모두 무량수입니다. 그래서 수행할 때 겁의 길고 짧음은 무의미합니다. 왜냐하면 당신의 수명이 충분하기 때문입니다.

무량수를 5겁으로 미루어보면 어떻게 계산합니까? 이 시간은 길다고 인정하지 않습니다. 그래서 수명이 길어야 진실한 것이라 말합니다. 수명이 없으면 모든 일체는 어김없이 공에 떨어지고 맙니다. 그래서 수명이 길어야 진실의 지혜이고, 이것보다 훨씬 진실한 것은 없습니다.

[법보] 이 경문에서 「장엄묘토莊嚴妙土」는 앞의 세 문구를 꿰뚫

습니다. 진실의 지혜에 머물면서 미묘한 국토를 장엄하고, 용맹정진하면서 미묘한 국토를 장엄하며, 한결같이 마음속으로 「아미타불」을 염하면서 미묘한 국토를 장엄합니다.

발원은 믿음이고, 진실의 지혜에 머무는 것은 지혜를 말합니다. 그 다음은 정진이고, 「일향전지」는 염念입니다. 이 단락을 세밀히 살펴보면 《아미타경》에서 말씀하신 오근오력五根五力과 상응함을 알 수 있습니다. 이는 우리가 수행하고 공부하여 득력하는 성취의 기본조건입니다.

우리 자신을 되돌아보고 거듭 반성하여 봅시다. 우리는 경전 강설과 설법을 듣고, 경전을 독송하며, 염불하면서 불법을 배우고 있습니다. 그러나 이렇게 여러 해 동안 공부하여도 왜 득력을 하지 못하고, 진실한 수용에 이르지 못합니까? 원인은 바로 우리 자신의 「믿음」·「 정진」·「 염」·「 선정」·「 지혜」에 문제가 있기 때문입니다. 만약 우리가 수행하고 공부하여 진정으로 득력하고 싶다면 과거 고승대덕과 보살들을 따라 배워야 하는데, 바로 이 세 문구가 기본입니다.

「주住」는 안온히 머무는 것입니다. 마음속에 지혜가 충만해야 비로소 행行입니다. 이것이 첫 번째 조건입니다. 《육조단경》을 보면, 혜능 대사께서 맨 처음 오조 홍인 화상을 만나 뵙고, "제자의 마음속에서 항상 지혜가 일어납니다."고 말하였습니다. 이는 바로 진정한 수행인을 설명합니다. 그의 마음은 진실의 지혜에 안온히 머물러 있지만, 우리는 망상번뇌 가운데 항상 머물러 있으니, 완전히 다릅니다.

착실히 염불하고 날마다 예불하며 승가에 공양하면서 이렇게 몇 십 년을 수행하여도 여전히 소식이 없고 여전히 괴로움에 시달리고 있다면 반드시 원인을 찾아야 합니다. 병에 걸렸다면 병의 원인을 찾아서 증상에 맞게 약을 복용하고 병을 치료하여야 비로소 건강한 하루가 찾아옵니다. 만약 우리가 대충대충 두루뭉술하게 불법을 배운다면 몇십 년이 지나도 자신에게 병이 있는지, 그 병이 얼마나 중한지, 어떻게 병에 걸렸는지 알지 못합니다. 병의 원인이 어디에 있는지 알지 못하는데, 어떻게 치료할 수 있겠습니까?

그 원인은 바로 우리들 마음속에 지혜가 없기 때문입니다. 이를 가볍게 보고 넘겨서는 안 됩니다. 우리는 진실의 지혜에 머물러야 합니다. 이 진실의 지혜에 머물고 싶다면 어떻게 해야 할까요? 꼼꼼히 잘 듣고 확실히 기억해두었다가 생활상에서 활용해야 비로소 행行입니다. 일을 처리하고, 사람을 상대하며, 물건과 접할 때 감정에 맡기지 말고 이성과 지혜가 주관하도록 하면 곧 진실의 지혜에 가까워집니다.

이성과 지혜가 생기면 다음으로 중요한 것은 바로 자신의 양심을 속이지 말고 부지런히 실천하는 것입니다. 《무량수경》에서 설하신 이치에 따라, 경전에서 설하신 방법에 따라 착실히 노력하면서 반성하고, 하나하나 잘못을 고쳐나가며, 실천에 옮기는 것을 「용맹정진」이라 합니다. 「일향一向」은 바로 **전심專心** 입니다. 한마음 한뜻으로 오직 하나의 일, 곧 미묘한 국토를 장엄할 뿐입니다. 회향게回向偈에서 "원하옵건대 이 공덕으로 불국정토를 장엄하여지이다"라고 말합니다. 무엇이 공덕입니까? 지혜가 충만한 행을 지키는 것이 공덕이고, 아주 조그만 선심, 선행이라도 극락세계로 회향하는 것이 공덕입니다.

이 세 문구는 보현보살 묘행妙行의 강령이자 종지宗旨이고, 법장 비구께서 서방극락세계를 창건하신 진실한 인(眞因)입니다. 이는 아미타부처님의 일이고, 우리와 아무 상관없다고 여기면 잘못입니다. 아미타부처님의 일은 우리와 밀접한 관계가 있습니다. 그것은 바로 우리 자신의 일입니다.

[제15 청화법문]

진실한 수행의 표준

(제8품 '무량공덕을 쌓아나가다'에서 발췌)

"덕행을 쌓고 심으려면 (안으로) **탐진치 · 욕망, 온갖 망상을 일으키지 말고,** (밖으로) **색성향미촉법에 집착하지 말아야 한다."**

積植德行。不起貪瞋痴欲諸想。不著色聲香味觸法。

불교에서 수행을 말함에 있어 맨 먼저 「수행」이란 명사의 정의를 또렷하게 해야 합니다. 「행行」은 행위이고, 「수修」는 수정입니다. 우리의 행위가 바르지 않아야 비로소 수정을 가하려 하고, 행위가 바르면 닦지 않는 것이 당연합니다. 그르다, 바르다는 표준은 무엇일까요? 이 문구에서는 우리에게 강요綱要를 제시합니다. 이는 우리가 수행하는 표준입니다.

우리들 마음속에는 언제나 「탐진치 · 욕망, 온갖 망상」이 일어납니다. 이러면 바르지 않습니다. 이러면 수정을 가할 필요가 있습니다. 진심에는 이러한 것들이 없습니다. 육조대사께서 “본래 한 물건도 없다”고 잘 말씀하셨습니다. 진심에 어찌 탐진치 · 교만이 있겠습니까? 이러한 것들은 망심입니다. 이러한 것들을 제거하여야 당신의 마음이 청정합니다.

「색성향미촉법」은 바깥 경계로 당신을 유혹합니다. 밖으로는 유혹이 있고, 안으로는 탐진치가 일어납니다. 부처님께서는 《화엄경》에서 “일체중생은 본래 부처를 이루었다.” 하셨습니다. 우리는 본래 부처인데 현재 이런 모습으로 떨어져 변했는데 그 원인이 무엇입니까? 원인은 바깥으로 유혹당하고 안으로 번뇌가 일어나기 때문입니다. 《화엄경》에서는 「망상, 집착」이라 잘 말씀하셨습니다. 번뇌가 일어나는 까닭은 망상이 있고 집착이 있어서입니다. 집착은 탐욕과 성냄으로 바뀌고, 망상은 어리석음입니다. 이것이 중생의 고질병(病根)입니다.

우리는 「공덕의 행을 쌓고 심으려면」 「탐진치 · 욕망, 온갖 망상」을 일으키지 말고, 「색성향미촉법」 에 집착하지 말아야 합니다. 다시 말해 밖으로 바깥경계의 유혹에 빠지지 말아야 하고 안으로 망념을 일으키지 말아야 합니다. 그것을 「공덕」이라 합니다. 당신이 이렇게 할 수 있으면 이것이 공부입니다. 이를 통해서 얻는 것이 바로 청정심입니다.

[법보] 세상의 법이나 불법이나 모두 내려놓을 수 있어야 신심이 청정합니다. 이것이 바로 염불삼매입니다. 「삼매」는 여여부동하다는 뜻입니다. 물질생활이든 정신생활이든 일상

생활에서 탐진치와 욕망, 온갖 망상을 내려놓아야 합니다. 제멋대로 하고 싶은 대로 내버려 두면 그것은 기어코 일어납니다. 이것이 바로 업장이고 습기입니다.

어떤 방법으로 그것에 대치할 수 있을까요? 생각이 일어나면 바로 아미타불! 염하십시오. 한마디 「아미타불」 한마디 부처님 명호로 빨리 바꾸십시오. 언제 어디서나 바꾸십시오. 이렇게 오래 세월 공부하면 득력합니다. 「아미타불」 염불로 힘이 생기면 탐진치 · 욕망, 온갖 망상이 점차 감소하고 사라집니다. 이것이 바로 **염불득력**입니다.

또한 결코 바깥 경계에 유혹당해서는 안된다고 말합니다. "안으로 산란하지 않고, 밖으로 상을 여읜다." 이러한 본사本事가 있으면 이것이 바로 진실의 지혜로 우리가 수행하는 밑천입니다. 이 조건을 갖추지 않으면 수행은 말 뿐이고, 진짜가 아닙니다. 진정한 불법의 이익을 어떻게 누릴 수 있습니까? 안으로 산란하지 않음이 바로 **정定**이고, 바깥으로 상을 여읨이 바로 **선禪**입니다. 이 두 마디 말은 선종의 총강령입니다. 선종의 으뜸 종지는 바로 "상에 집착하지 말고 여여부동하라(不取于相如如不動)."는 금강경의 말씀입니다. 탐진치와 욕망, 온갖 망상을 일으키지 않음이 바로 여여부동이고, 색성향미촉법에 집착하지 않음이 바로 상에 집착하지 않음입니다. 이는 《금강경》의 말씀과 꼭 같습니다.

[제16 청화법문]

법장 비구의 보살행

(제8품 '무량공덕을 쌓아나가다'에서 발췌)

"온갖 덕의 근본을 심으면서 온갖 괴로움을 헤아리지 않고, 작은 욕망에 만족할 줄 알며, 선법을 전일하게 구하며, 모든 중생에게 이익을 베풀었고, 뜻을 두어 발원함에 싫증내는 마음이 없이 인욕바라밀을 성취하였느니라."

植衆德本。不計衆苦。少欲知足。專求白法。惠利群生。志願無倦。忍力成就。

「식중덕본植衆德本」은 바로 공덕을 쌓음입니다. 「본本」은 근본으로 만덕을 생기게 할 수 있습니다. 생기게 할 수 있어야 근본입니다. 정토종의 덕본은 바로 한마디 「나무아미타불」 명호입니다. 정토를 전수專修함은 12시간 동안 명호를 집지하여 이 한마디 명호로 우리가 진정으로 안으로 마음을 움직이지 않고(번뇌를 일으키지 않고), 밖으로 상에 집착하지 않도록 돕습니다. 실제로 팔만사천 법문은 모두 안으로 마음을 움직이지 않고 밖으로 상에 집착하지 않도록 함에 있다 말할 수 있습니다.

그러나 일체법문 가운데 최상의 방편, 가장 성취하기 쉬운 것은 염불법문입니다. 「나무아미타불」, 이 한마디 명호를 염하면 아미타부처님 및 시방 모든 일체 제불 여래의 위신력 가지가 있습니다. 이는 기타 일체 법문을 이 명호공덕에 견줄 수 없는 점입니다.

일체 고난을 헤아리지 말고 역경이 들이닥칠 때 수순하며 받아들여야 합니다. 고난은 모두 과거와 금생에 지은 불선업不善業의 감득입니다. 우리는 인연을 또렷이 이해하면 달갑게 여기고 참고 견디어 내거늘 어떻게 남을 책망하겠습니까! 우리가 만약 어떻게 현실과 마주하여야 할까요? 역경과 순경, 선연과 악연 모두 헤아리지 말고 전심으로 염불하면 좋습니다.

욕망이 매우 적고 만족할 수 있으면 번뇌가 가벼워질 것입니다. 날마다 하루 세끼 식사를 배부르게 먹을 수 있고, 옷을 따뜻하게 입을 수 있으며, 적은 방이 있어 비·바람을 가릴 수 있으면 족합니다! 만족할 줄 알면 늘 즐겁습니다. 당신이 만족할 줄 알면 모름지기 구하는 것이 적습니다. 구하는 것이 적을수록 자재하고 즐겁습니다. 진정으로 사람에 다툼이 없도록, 세간에 구함이 없도록 할 수 있어 신선에 비해 훨씬 즐겁습니다. 마음으로 선정을 얻어야 비로소 바깥으로 상에 집착하지 않고, 안으로 마음을 움직이지 않는 경계에 도달할 수 있습니다.

의식주를 행함에 있어 모두 간단해야 합니다. 간단함이 장수의 도입니다! 고인께서 말씀하시길, “병은 입으로부터 들어온다.” 하셨습니다. 현재 매우 많은 사람들이 기괴한 병을 얻는데 이들 병은 모두 음식으로부터 옵니다. 과거 대륙에 한 농촌 시골 사람이 변변치 않은 음식을 먹었습니다. 그들은 우리를 위해 단순한 음식일 수록 건강·장수하는 도임을 증명하셨습니다. 그래서 마음이 청정하여 어떠한 망상도 없습니다. 생활을 규율하여 간단이 먹고 욕심을 줄여 만족할 줄 앎이 바로 건강·양생의 도입니다.

흑黑은 바로 악을 뜻하고 백白은 바로 선을 뜻합니다. 옛날 인도인은 흑백을 말하였고, 중국인은 습관적으로 선악을 말하였습니다. 「백법을 구함」은 바로 선법을 구함이니, 한 마음 한 뜻으로 선을 향함을 말합니다. 무엇을 선법이라 하고 무엇을 악법이라 할까요? 부처님께서는 무릇 스스로 이롭게 함은 모두 악이고, 무릇 중생을 이롭게 함은 모두 선이라 말씀하셨습니다. 왜 자신을 위함이 악일까요? 삼계 육도에 윤회함은 「아집我執」으로 말미암기 때문입니다. 바꾸어 말하면 염념마다 자신을 위하면 육도윤회로 바뀝니다. 아라한은 육도윤회를 벗어나는데, 바로 「아집」을 깨뜨렸기 때문입니다. 그래서 「아집」을 깨뜨리면 윤회는 사라집니다. 「법집法執」을 깨뜨리면 십법계가 사라지는데, 이것이 바로 마음을 밝혀 견성함입니다. 법집은 바로 소지장所知障이고, 아집은 바로 번뇌장입니다. 즉 「아집」이 있으면 번뇌가 있고, 「법집」이 있으면 무명이 있습니다. 그래서 아집을 깨뜨리면 생사윤회를 뛰어넘습니다.

만약 염념마다 자신을 생각한다면 「아집」은 날마다 무거워지니 어떻게 삼계를 벗어날 수 있겠습니까? 그래서 부처님께서는 우리에게 **마음을 일으키고 생각을 움직일 때마다 일체중생을 생각하고 대중을 이롭게 하여 점차 자신을 잊어버리라**고 가르치십니다. 마음을 일으키고 생각을 움직이며 하고자 하는 일이 중생을 위할 뿐, 자신을 생각해서는 안 됩니다. 중생에게 복이 있으면 나도 이번 생에 복이 있습니다. 왜냐하면 나도 중생의 한 사람이기 때문입니다. 마찬가지 이치로 중생에게 어려움이 있으면 나도 면할 수 없습니다. 그래서 마음을 일으키고 생각을 움직일 때마다 중생을 생각하고 최선을 다해 중생을 돕는 것이 바로 「선법을 전일하게 구함」이자 「군생에게 이익을 베풂」이라 합니다. 혜惠는 베풂이고, 이利는 중생을 이롭게 하고 자신을 버리고 남을 위함입니다.

선법을 추구하며 자신을 버리고 남을 위함에 지치거나 싫증 내지 않고 착실히 노력하여 중생을 대신하여 복무합니다. 나의 몸이 건강하고 장수하면 중생에게 복이 있고, 내가 요절 단명하고 죽으면 중생에게 복이 없습니다. **몸은 자신과 상관하지 않고, 자신과 이익득실이 없으며, 몸을 중생을 이롭게 하는 수단으로 쓸 뿐이면 대자재를 얻습니다!** 좋은 일을 원만하게 하여도 자신에게 공이 없고, 실패를 하여도 자신에게 허물이 없습니다. 자신에게는 공과 허물이 없고 이익은 대중에게 속하므로 뜻을 두어 발원함에 싫증내는 마음이 없습니다.

보살육도六度 가운데 인욕바라밀을 성취하여 참기 어려운 것을 능히 참을 수 있습니다. 당연히 진실의 지혜가 있어야 합니다. 진실의 지혜가 있어야 중생을 이롭게 할 줄 압니다. 비록 선한 일일지라도 기연·순서·선후차제가 있어 반드시 인내심이 있어야 성취할 수 있습니다. 이는 《금강경》에서 "일체 제법은 인욕으로 이루어지느니라(一切法得成於忍)." 하신 말씀과 꼭 같습니다.

그래서 보살의 「육도六度」 가운데 인욕바라밀(忍辱度)이 성패의 관건입니다.

"일체 유정에게 늘 자비심과 참고 용서하는 마음을 품고, 온화한 얼굴과 따뜻한 말로 권유하고 격려하며, 삼보를 공경하고 스승과 부모를 받들어 모심에 허위와 아첨의 마음이 없었느니라."

於諸有情。常懷慈忍。和顏愛語。勸谕策進。恭敬三寶。奉事師長。無有虛僞谄曲之心。

제유정諸有情은 일체중생을 가리키는데, 특별히 고난을 겪고 있는 중생, 악업을 짓고 있는 중생, 미혹전도된 중생으로 언제나 자비의 마음가짐으로 그들을 대대對待합니다. 이는 우리가 일을 처리하고 사람을 대하며 물건을 접하는 마음가짐을 가르치는데, 자비심과 참고 용인하는 마음가짐으로 사람을 대해야 합니다.

바깥으로 표현하는 태도는 온화하여 환하고 웃음 띤 얼굴입니다. 「따뜻한 말(愛語)」은 듣기 좋은 말을 하는 것이 아니라 진정으로 그를 소중히 여기고 그에게 이로운 말을 담아 그가 미혹을 깨뜨리고 개오하도록 도울 수 있습니다. 부처님께서는 경전에서 말씀하신 것은 한 마디 한 마디 모두 따뜻한 말입니다. 그래서 진정으로 그를 이롭게 하고 그를 꾸짖고 가르침을 주는 모든 것이 애어愛語입니다. 그를 정말 사랑하지 않는데 어떻게 꾸짖고 간섭하겠습니까?

권勸은 권면이고, 유諭는 알려주고 이끌어줌이며, 책진策進은 격려입니다. 선교방편으로써 대중을 권면하여 그가 진보를 구하도록 돕습니다.

아래 열거하는 것은 모두 일체 선법, 일체 행복의 진정한 근원입니다.

여기서 말하는 삼보는 「주지삼보住持三寶」를 가리키는데, 「삼귀의三皈依」에서 말한 삼보와 다릅니다. 삼귀의에서는 말하는 중점은 「자성삼보自性三寶」로 「각覺 · 정正 · 정淨」이 우리들의 진정한 귀의처입니다. 자성삼보는 「각정정」입니다. 불은 자성각自性覺이고, 법은 자성정自性正이며, 승은 자성청정심으로 모두 공경해야 합니다. 일상생활 가운데 염념마다 나는 각오覺悟인지 아닌지? 나는 정지정견正知正見인지 아닌지? 나의 사상과 견해는 순정인지 아닌지? 나의 마음은 청정인지 아닌지? 생각해야 합니다. 주지삼보의 작용은 바로 때때로 자성삼보를 일깨우는 것입니다.

우리는 부처님의 교육을 받아들이고 부처님을 스승으로 삼습니다. 그래서 우리가 불상에 공양하는 것은 두 가지 뜻이 있습니다. 첫째는 근본을 잊지 않고 기념한다는 뜻이 있고, 둘째 자성각을 일깨운다는 뜻이 있습니다. 부처는 무엇입니까? 깨달아 미혹하지 않음입니다. 내가 오늘 하루종일 사람을 대하고 일을 대하며 물건을 대함에 미혹이 있는지 없는지? 불상은 시시각각 나를 일깨웁니다. 나는 언제 어디서든지 일체 순역의 경계 한가운데 모두 깨달음을 잘 지켜서 미혹하지 않고, 심지를 청정하게 하여 물들지 않도록 지키며, 순정한 사상·견해를 잘 지켜야 합니다. 이것이 바로 「삼보를 공경함」입니다.

「봉사사장奉事師長」은 바로 「스승을 존경하고 도를 중시함」입니다. 불법과 유교는 마찬가지로 「효친존사孝親尊師」의 기초 위에 있습니다. 유가교육은 이로써 더욱 널리 떨치게 하고 불타교육도 이를 통해 더욱 널리 떨치게 합니다. 그래서 효친이 대단히 중요합니다. 효친이 있어야 스승을 존경할 수 있습니다. 진정으로 스승을 존경할 수 있어야 스승님이 전하신 「도道」를 얻을 수 있습니다. 만약 스승에 대해 존경심이 없다면 스승이 아무리 고명하여도 당신에게 전수하여 줄 수 없습니다. 왜냐하면 당신이 믿지 않고 배우려는 뜻이 없기 때문입니다. 스승님을 존경하면 스승님의 말씀을 경청하여 진보를 얻고, 착실히 가르침대로 봉행하여 공덕·이익을 얻게 됩니다. 그래서 스승을 존경하는 것은 도를 중시하고 도를 얻기 위한 것입니다.

삼보에 대해서, 스승님에 대해서, 일체 대중에 대해서 우리는 모두 진성眞誠의 마음을 가져야 하고, 일상생활에서 이러한 습관을 길러야 합니다.

"지혜와 복덕으로 (육도만행 등) **온갖 행동을 장엄하여 흠결없이 모범을 보일 수 있었으니,** (안으로는) **일체제법이 환화幻化 같다 조견하여 상적常寂의 깊은 삼매에 머물렀고** (밖으로는) **구업을 잘 지켜서 남의 허물을 비난하지 않았으며, 신업을 잘 지켜서 계율과 위의를 잃지 않았으며, 의업을 잘 지켜서 청정하고 물들지 않았느니라."**

莊嚴衆行。軌範具足。觀法如化。三昧常寂。善護口業。不譏他過。善護身業。不失律儀。善護意業。淸淨無染。

장엄은 바로 세상 사람이 늘 말하는 「진眞·선善·미美」입니다. 그러나 세상 사람이 말하는 「진선미」는 실제로 유명무실하고, 극락세계가 진실로 「진선미 · 혜慧」입니다. 우리는 부처님의 가르침을 좇아 진성심 · 공경심 · 청정심 · 대자비심으로 일을 처리하여 사람을 대하며 물건을 접하며 우리의 심행으로 장엄합니다. 그래서 우리가 아미타불을 염함에 반드시 아미타 부처님의 본원을 자신의 본원으로 삼아야 합니다.

궤범은 모범이고, 구족은 흠결이 없다는 뜻입니다. 어느 방면에서든 관계없이 모두 대중의 본보기가 될 수 있습니다. 수행인의 본보기가 될 뿐만 아니라 일반 사회대중의 본보기가 됩니다. 이 한마디 말의 뜻은 깊고 넓어 다함이 없습니다. 우리는 사회에서 어떤 신분과 지위에 속하거나 어떠한 직업에 종사하거나 동행자 가운데 사람들의 본보기가 되어야 합니다. 《화엄경》 선재동자 53참에서 53분의 보살이 시현하신 것은 출가 신본이 단지 다섯 분이고 다른 분은 모두 재가신분이고 갖가지 직업에 남녀노소로 표현하는 것은 모두 사회대중의 본보기 전형입니다.

그래서 말씀의 가르침뿐만 아니라 몸으로 가르치시는 일거일동이 모두 사람들의 본보기입니다. 이는 보살의 대자대비로 이러 해야 풍속을 바꿀 수 있도록 대중을 권유 · 교화할 수 있습니다. 권유 · 교화는 입으로 말할 뿐만 아니라 마음을 일으키고 생각을 움직이는 모든 행위가 중생을 위해야 합니다. 재가인이 어떤 직업에 종사하든지 상관없이 단지 사회를 위하고, 중생을 위하면 보살의 궤범입니다.

「관법여화觀法如化 삼매상적三昧常寂」, 이 두 마디는 경계에 속합니다. 세간법이든 출세간법이든 모두 환幻 같고 화化 같으니, 《금강경》에서 "일체 유위법은 꿈 같고 환 같고 그림자 같으니라." 하신 말씀과 꼭 같습니다. 「삼매」는 범어로 번역하면 「정수正受」[7]입니다. 보살의 정수는 바로 청정적멸입니다. 청정적멸은 부처님과 대보살의 향수로 재가보살도 얻을 수 있습니다.

어떤 동수께서는 장사를 크게 하고 있는 분이신데, 저에게 말했습니다. "스님, 저는 너무 힘듭니다! 직원들이 말을 잘 듣지 않고 장사가 잘 되지 않아 날마다 애가 탑니다." 실제로 뭐가 그리 걱정입니까? 부처님께서는 우리에게 "일체제법이 환화 같다 조견하여 상적의 깊은 삼매에 머물지니라(觀法如化三昧常寂)." 가르치십니다. 진정으로 가르침대로 봉행하기만 하면 대단한 즐거움을 얻을 수 있고 대단히 자재합니다! 어디에 괴로움이 있겠습니까? 기업가도 학불하는 사람이 적지 않지만, 배움이 철저하지 못해 부처님께서 말씀하신 원리원칙에 대해 깨달음이 없습니다. 진실로 깨닫기만 하면 상황은 달라집니다.

중국역사상 만청滿淸 초기의 번창은 과거에는 없었던 일입니다. 강희康熙, 옹정雍正, 건륭乾隆의 태평성세는 근 1백50여년에 이르렀는데, 이 기간 동안 궁정에서 황제는 문무백관을 거느리

---

7) "「정수」라 말함은 생각하는 마음이 모두 그치고 연려緣慮가 모두 사라져 삼매가 상응함을 정수라 이름한다." 《관경사첩소현의 강기》(비움과소통)

고 날마다 《무량수경》을 독송하였고, 사람들은 모두 부처님의 가르침을 듣고 부처님의 가르침대로 행하였습니다. 만약 우리가 이렇게 수승한 이익을 알아 회사나 가게의 사장과 종업원이 날마다 아침 출근할 때 15분 내지 20분을 이용하여 독경하고 모두 부처님의 말씀을 듣고, 모두 불제자로서 부처님의 가르침대로 일을 행한다면 회사가 번창하지 못할 이유가 어디에 있겠습니까! 이것이 「공통 인식을 건립함」입니다. 우리의 공통인식은 모두 부처님의 가르침에 의거하여 건립됩니다.

그래서 「관법여화觀法如化」는 지혜로 일체법의 진상을 또렷이 이해하면 일을 처리함이 저절로 쉽고, 잘못도 생기지 않을 것입니다. 일체 잘못된 조치는 모두 사실의 진상을 이해하지 못해 일을 잘못하였기 때문입니다.

「업을 잘 지켜서 남의 허물을 비난하지 않음」은 표현이 바깥에 있고, 「일체제법이 환화 같다 조견하여 상적의 깊은 삼매에 머묾」은 안의 공부 지혜입니다. 「관법여화觀法如化」는 지혜이고, 「삼매상적三昧常寂」은 선정입니다. 당신에게 선정이 있고 지혜가 있어 바깥 행위상에 표현되면 저절로 「업을 잘 지켜서 남의 허물을 비난하지 않아」, 일체인의 과실을 보아도 말하지 않을 것입니다.

《육조단경》에 이르시길, "진실한 수도인이라면 세간의 허물을 보지 않는다." 하셨습니다. 왜 세간의 허물을 보지 않을까요?

일체제법이 환화 같다 조견하기 때문입니다! 허물도 없고 공도 없으며, 악도 없고 선도 없습니다. 마음의 경계는 평등합니다. 왜냐하면 분별과 집착이 없고, 선과 악, 옳고 그름, 참과 거짓이 없으면 당연히 다른 사람의 과실을 말하지 않을 것입니다. 그래서 일체 선과 악, 옳고 그름, 참과 거짓은 모두 세간인의 허망한 분별입니다.

몸은 동작이고, 율은 계율이며, 의는 위의입니다. 요즘 말로 하면 바로 품격과 예절이 저절로 규칙에 일치하여 예를 잃지 않고 허물을 범하지 않습니다.

삼업 가운데 가장 어려운 것은 의업意業이고, 가장 쉽게 악업을 짓는 것은 구업입니다. 그래서 구업을 첫 번째로 둡니다. 《무량수경》의 경전 제목은 「청정평등각」입니다. 청정 · 평등 · 각은 하나이되 셋이고, 셋이되 하나입니다. 마음이 청정하면 반드시 평등하고, 이미 청정한 이상 반드시 각입니다. 청정심이 작용을 일으키면 바로 각이고. 각심覺心은 반드시 청정 · 평등합니다.

우리가 학불하여 청정심만 닦으면 평등과 정각은 저절로 그 가운데 있습니다. 언제 어디서든지 순경이든 역경이든 관계없이 마음 본바탕이 청정하여 물들지 않도록 지키면 됩니다. 안으로 탐진치 · 교만을 일으키지 않고 밖으로 선악경계에 집착하지 않으면 마음은 저절로 청정합니다. 청정심은 진심이고 진실의 지혜입니다. 당신이 일체 일을 처리할 때 결코 잘못이 생기지 않을 것이고, 꼭 알맞게 처리할 것이며, 대단히 원만할 것입니다. 왜냐하면 일체 잘못은 모두 욕망과 이해로부터 생성되기 때문입니다.

[제17 청화법문]

육바라밀 행으로 중생을 교화하라!

(제8품 '무량공덕을 쌓아나가다'에서 발췌)

"항상 보시 · 지계 · 인욕 · 정진 · 선정 · 지혜의 육바라밀 행으로 중생을 교화한다."

恒以布施, 持戒, 忍辱, 精進, 禪定, 智慧, 六度之行。

다른 사람과 상대할 때 우리 자신은 보살의 육대 강령을 수행하고, 다른 사람에게 권유할 때 반드시 스스로 모범을 보여야 합니다. 자신이 보시하지 않으면서 남에게 보시하라고 권하면 그것은 가짜로 다른 사람이 믿지 않을 것입니다. 우리 자신이 이렇게 실천하면 매우 좋은 수용을 얻을 것이고, 다른 사람이 이를 보고서 부러워할 것입니다. 우리가 이렇게 권하고 이끌면 그도 기쁜 마음으로 받아들이고 기꺼이 배울 것입니다.

「항恒」은 항상, 영원불변으로 매순간 여섯 가지 원칙을 준수해야 합니다.

첫째는 보시布施입니다. 자신에 대해 말하면 내려놓음 · 버림이고 다른 사람을 돕습니다. 보시에는 세 가지 범주가 있으니, 즉 재보시財布施 · 법보시法布施 · 무외보시無畏布施입니다. 보시는 인因으로 재산이 많길 바라면 재보시를 닦아야 하고, 총명하고 지혜가 있길 바라면 법보시를 닦아야 하며, 건강하고 오래 살길 바라면 무외보시를 닦아야 합니다.

무외보시 중에서 제일은 일체중생을 괴롭히고 해치지 않는 것입니다. 살생하지 않을 뿐만 아니라 중생에게 근심 걱정이 생기도록 해서는 안 됩니다. 채식은 중생의 고기를 먹지 않는 것으로 무외보시에 속합니다. 더욱 적극적인 것은 방생입니다. 저는 복보가 없고 단명할 사람이었지만, 현재까지 살고 있고 복보는 매년 커지고 있습니다. 이는 모두 이번 생에 불법에 따라 수학해온 과보입니다. 총명 · 지혜도 늘어나 일체 사리가 이전보다 훨씬 또렷해집니다. 그래서 중생을 이롭게 하는 일도 더욱더 알맞고, 원만해집니다.

둘째는 지계持戒입니다. 부처님께서 우리를 위해 제정하신 계율과 법을 준수해야 합니다. 그리고 세간의 법률과 풍속습관도 준수해야 합니다. 만약 계율을 폐기하면 불법의 수행은 사라질 것입니다. 설사 날마다 경전을 강설하고 연구 · 토론하여도 모두 허사가 되고 맙니다. 왜냐하면 생활과 어긋나면 배운 것은 아무 소용이 없기 때문입니다. 그래서 불법은 처음부터 끝까지 "행"을 중시합니다.

부처님께서는 **세 가지 부류의 청정한 계**(三聚淨戒)를 말씀하셨습니다. 먼저 **섭율의계**攝律儀戒로 이는 부처님께서 경전에서 노파심에 거듭 충고하신 일체의 훈계말씀입니다. 우리에게 하라고 하신 것은 결정코 해야 하고, 해서는 안 된다고 하신 것은 어겨서는 안 됩니다.

다음은 **섭선법계**攝善法戒로 무릇 선은 응당 해야 하고, 악은 해서는 안 됩니다. 잘못을 막고 악을 그치며, 악을 끊고 선을 닦음이 지계의 정신임을 알아야 합니다. 부처님께서 비록 말씀을 하시지 않아도 부처님의 뜻과 상응하는 것은 모두 준수해야 합니다. 불경에 담배를 피우지 말라는 말씀은 없지만, 담배를 피우면 자신과 타인에게 모두 좋은 점이 없으므로 금해야 합니다.

끝으로 **요익유정계**饒益有情戒입니다. 중생에게 이익이 있는 일을 해야 합니다. 눈앞에 이익은 있지만, 장래에 폐해가 있는 것은 해서는 안 됩니다. 현재 잇점이 있고, 장래에도 잇점이 있다면 진정한 선입니다. 또한 눈앞에 아무런 이익이 없지만, 장래에 큰 이익이 있다면 이것도 선입니다.

셋째는 인욕忍辱입니다. 어떤 일을 하던지 인내하여야 성취가 있습니다. **수행을 하는 과정에는 반드시 좌절이 있습니다. 용맹정진할 수록 좌절도 커집니다. 무시이래로 지은 악업의 업력으로 인한 장애는 피할 방법이 없습니다. 유일한 방법은 바로 인내심입니**

다. 인내심이 있어야 업장을 없앨 수 있고 수행에 진보가 있습니다.

넷째는 정진精進입니다. 정精은 순수하고 뒤섞지 않음이고, 진進은 진보입니다. 정진은 보살의 유일한 선근입니다. 요즘 불법을 배우는 사람들이 대부분 범하는 잘못은 이것저것 뒤섞어서 많은 것을 배우려 한다는 점입니다. 비록 날마다 진보하더라도 뒤섞고 산란한 진보가 있을 뿐입니다.

저는 이번 일생에 조금 성취하였는데, 훌륭한 스승님들에게 입은 은혜입니다. 이병남 선생님께서는 저에게 뒤섞고 산란한 진보를 금하였습니다. 선생님의 교학법은 이렇습니다. "아무리 총명하고 능력이 뛰어나도 고작해야 두 가지만 배울 수 있다. 만약 세 가지를 배우면 결코 가르치지 않겠다. 자질이 모자라면 한 가지면 충분하다. 일문에 들어가 배우고 깨쳐, 야 일문을 더 공부할 수 있다. 그렇지 않으면 결코 허락하지 않을 것이다."

이병남 선생님 아래에서 저는 10년간 《아난문사불길흉경阿難問事佛吉凶經》·《아미타경》·《보현보살행원품》·《금강경》·《능엄경》 다섯 경전을 배웠습니다. 이병남 선생님의 표준에 따르면 경전 한 권을 배우고 깨친 후에야 두 번째 경전을 배울 수 있습니다. 깨쳤는가의 표준은 강단에서 대중에게 아주 확실하게 강의할 수 있느냐 여부입니다. 강연을 하면 이병남 선생님께서는 마지막 줄에 앉아 계셨는데, 마이크를 사용하지 않고서 목소리를 들을 수 있어야 합니다. 이렇게 하나의 방향, 하나의 목표로 기초를 잘 다지면 다른 경전이나 논서도 저절로 통달할 수 있습니다. 문제는 진정으로 경전의 뜻을 새기고 경계에 들어갈 수 있느냐 입니다.

다섯째는 선정禪定입니다. 선정은 마음에 주재함이 있어 안으로 마음이 움직이지 않고, 밖으로 상에 집착하지 않아 바깥 경계에 쉽게 동요되지 않는 경계입니다. 예컨대 저는 경전 한 권을 배우면 온 마음을 이 경전 한 권에 쏟아야 마음에 비로소 주재함이 있습니다.

여섯째는 지혜입니다. 간단히 말하면 이는 바로 이성입니다. 일을 처리하고 사람을 상대하고 물건을 접할 때 이성과 지혜가 있어야 하고 감정을 써서는 안 됩니다.

이는 우리가 일상생활에서 지켜야할 여섯 가지 원칙으로 보살이 중생을 교화하여 안온히 건립하는 교학강령입니다

[제18 청화법문]

발보리심과 그 실천

(제25품 '삼배왕생의 정인'에서 발췌)

"보리심을 발하여, 여러 금계를 지니고 견고히 지켜서 범하지 않고, 유정을 널리 풍요롭게 하며, 자신이 지은 선근을 빠짐없이 다 베풀어서 안락을 얻도록 한다."

發菩提心。持諸禁戒。堅守不犯。饒益有情。所作善根。悉施與之令得安樂。

이 경문은 우리가 한평생 일을 처리하고 사람을 대하며 물건을 접하는 준칙입니다. 보리심을 발함은 미혹되지 않고 전도되지 않겠다고 깨달음의 마음을 내는 것입니다. 이는 또한 사람을 대하거나 일을 대하거나 물건을 대할 때 반드시 **진성심**眞性心을 다해야 하고 결코 속이지 말고 허위로 대해서는 안 된다고 가르칩니다. 진성심이 바로 보리심입니다. 《관무량수경》에서는 **지성심**至誠心을 말합니다. 이는 바로 진성심이 절정에 이른 것으로 이것이 보리심의 본체입니다.

어떻게 해야 진정으로 미혹되지 않고 전도되지 않을까요?

형상을 따라 관찰하면서 진정으로 깨달은 사람은 자신과 자신의 생활환경에 대해 모두 또렷하게 인식할 수 있습니다. 이 인식이 바로 깨달음입니다. 그 인식의 표준은 어디에 있습니까? 부처님께서는 진정 깨달은 사람으로 우리의 표준입니다.

부처님께서는 이 세간의 진상은 고苦·공空·무상無常이라고 말씀하셨습니다. 이것이 세간법의 진실상입니다. 그 누구도 이를 피할 수 없습니다. 이를 또렷하게 인식한 후 **고·공·무아의 세상을 버리고, 상常·락樂·아我·정淨의 경계를 취하는 것이 진정으로 깨달은 사람이다. 상락아정은 제불보살의 경계입니다.**

불법에서는 생사를 명료하게 깨달아 삼계를 벗어나라고 말합니다. 육도를 윤회하는 생사의 상황에 대하여 또렷하게 이해함이 깨달음입니다. 사실진상을 또렷이 깨닫고서 두 번째 발걸음은 육도를 뛰어넘어 윤회를 벗어나는 것입니다. 이것이 불보살의 사업입니다.

사실진상을 또렷이 깨닫고서 어떻게 수행해야 할까요? 부처님께서 계셨던 **「정법시대」**에 사람의 근성은 매우 예리하여 일체 법문을 수학하였고, 수많은 사람이 모두 성취하였습니다! **「상법시대」**에 이르러 부처님과 거리가 멀어지면서 사람의 근성은 한 두 등급 차이가 생기고, 전해진 불법도 천천히 변질되었습니다. 불법이 변질된 것이 아니라 경전을 강설하는 사람이 경전을 그릇되게 강설하였고, 전해진 시간이 오랠수록 그릇

전해졌습니다. 말법시대에 이르러 부처님께서 멸도하신 후 3천년이 지나면서 변질의 상황은 갈수록 심각해졌습니다. 불법의 수행을 통해 결과를 얻고 싶지만 갈수록 곤란해졌습니다.

진정으로 삼계를 벗어나길 구하고 불법에서 결과를 증득하길 구하는 마음이 있다면 세존께서는 우리를 저버리지 않습니다. 그래서 《대집경大集經》에서 정법시대에는 계율로 성취하고, 상법시대에는 선정으로 성취하며, 말법시대에는 정토로 성취한다고 말씀하셨습니다. 이 한마디 말씀은 실제로 세존께서 지금 우리들에게 하신 말씀입니다. 정토법문에 따라 수학하면 반드시 성취합니다.

말법 1만년 중에서 현재는 1천년이 지났고, 앞으로 9천년이 남았습니다. 바로 《무량수경》에서 말씀하신 것처럼 9천년 후 불법이 세간에서 사라지더라도 《무량수경》은 여전히 세간에서 1백년 더 남아 있을 것입니다. 《무량수경》까지 사라지더라도 한마디 「나무아미타불」 명호는 그대로 머물러 있을 것입니다. 이로써 우리는 육자명호의 공덕이 얼마나 불가사의한지 알 수 있습니다. 그 시기의 사람도 이 한마디 명호에 의지해 모두 제도를 받을 수 있는데, 하물며 지금 우리들이겠습니까?

당신이 생사를 명료하게 깨닫고 싶다면 첫째 진정으로 인생은 괴로움의 바다이고, 내생은 반드시 이번 생보다 더욱 괴롭다는 사실을 알아야 합니다. 염불하여 정토에 태어나길 구하는 것을 제외하고 당신이 세운 발원을 반드시 달성할 수 있다고 생각되지 않습니다. 그래서 우리는 이번 생에 반드시 정토에 태어나길 구하겠다고 결심해야 합니다. 이것이 바로 진정한 보리심입니다.

깨달음의 마음이 있다면 깨달음의 행위가 있어야 합니다. 우리는 일상생활에서 매순간 깨어있되 미혹되지 말아야 합니다. 부처님께서는 우리들에게 세간에 머물면서 다음 사항을 실천하라고 가르치셨습니다.

첫째, 여러 금계를 지니고 견고히 지켜서 범하지 않아야 합니다. 계율의 정신은 모든 악을 짓지 않고, 온갖 선을 받들어 행하는 것입니다. 그러나 선악의 표준은 그 깊이에 따라 단계가 다릅니다. 오승불법五乘佛法은 불법을 인승人乘과 천승天乘, 성문·연각·보살승의 다섯 단계로 나눕니다. 인승과 천승은 삼계를 벗어나지 못하고, 성문과 연각이어야 육도윤회를 벗어납니다. 그러나 원만한 불법은 사람 노릇의 기초 위에서 건립됩니다. 《관무량수경》에서는 우리에게 「**정업삼복**淨業三福」을 가르치십니다. 그 첫째가 부모님께 효로 봉양하고 스승과 어른을 받들어 모시면서 십선업을 닦는 것입니다. 이것이 사람 노릇을 하는 기초입니다.

둘째, 유정중생을 널리 풍요롭게 해야 합니다. 이는 대승보살계에 속합니다. 유정중생은 광대하여 사람 및 일체 동식물도 포함됩니다. 「요饒」는 가장 풍요한 이익이자 최고의 이익이고,

진심진력을 다해 남을 이롭게 하는 일입니다. 우리들의 역량은 한계가 있지만, 진성심·공경심·청정심·인내심으로 한다면 제불보살의 위신력 가지加持를 얻어 소원한 바를 성취할 수 있습니다.

부처님께서는 "일체법은 심상을 따라 생겨난다." 말씀하셨습니다. 우리가 날마다 매순간 마음속에 잊지 않으면 이 일은 성공합니다. 그러나 남을 이롭게 하려는 생각이 중단되면 그 역량이 생길 수 없습니다. 그래서 진정으로 **불가사의한 역량이 생기려면 남을 이롭게 하려는 마음이 끊어지지 않아야 합니다.** 중생에게 광대한 이익이 있는 일을 진심전력을 다해야 하고 이 생각이 반드시 중단되지 않도록 해야 합니다.

셋째, 자신이 지은 선근을 모두 다 베풀어서 안락을 얻도록 해야 합니다. 이는 자신의 심량을 넓혀야 한다는 말입니다. 매순간 자신만 생각하고 자신의 행복과 가정의 행복만 생각한다면 이 사람은 심량이 작습니다! 부처님 공부를 한 후 특히 아미타부처님의 대원을 깊이 살펴보면 자신의 경계가 허공법계를 포괄하고 자신의 진심이 원만히 드러납니다.

그래서 보살은 무슨 일을 하든지 조그만 일이라도 그 공덕을 일체중생에게 회향하고 일체 고난 중생이 모두 행복하기를 희망합니다. 자신이 닦은 복덕을 홀로 누리지 않고 일체중생과 함께 누리는 것이 바로 회향의 뜻입니다. **나의 지혜와 복덕,**

재능과 능력을 일체중생과 함께 누리며 일체중생이 모두 안락정토에 이를 수 있도록 희망합니다. 이것이 **보살행**입니다. 실천할 수 있습니까? 할 수 있습니다. 어떤 한 사람이 수지하면 대중은 모두 그의 덕을 입습니다. 만약 대중이 재난을 만날 때 큰 복덕을 지닌 사람이 이곳에 있으면 그들은 재난을 만나지 않거나 재난이 줄어들 것입니다.

그래서 반드시 자신이 착실히 수학하여야 세계의 수많은 재난을 소멸시킬 수 있습니다. 진심으로 노력하여 염념마다 고난중생을 위하고 실천한 공덕을 자신이 결코 취하지 않고 일체중생에게 널리 베풀기만 하면 됩니다.

보살이 용맹정진하는 힘은 어디에서 나옵니까? 바로 일념 대자대비로 절대 자신을 위하지 않고 일체중생을 위하는데서 나옵니다. 깨달은 사람은 반드시 이렇게 행위합니다. 만약 이러한 행위가 아니고 염념마다 자신을 위하고 가족을 위하며 심지어 자기 단체를 위한다면 그는 깨달은 것이 아니고 그의 심량은 여전히 매우 좁습니다. 깨달은 사람은 분명코 심량이 매우 큽니다.

[제19 청화법문]

십선업도, 선악의 표준

(제25품 '삼배왕생의 정인'에서 발췌)

"선업을 지어야 하나니, 이른바 첫째 살생을 하지 말며, 둘째 도둑질을 하지 말며, 셋째 삿된 음행을 하지 말며, 넷째 거짓말을 하지 말며, 다섯째 꾸미는 말을 하지 말며, 여섯째 험한 말을 하지 말며, 일곱째 이간질하는 말을 하지 말며, 여덟째 탐내는 마음을 품지 말며, 아홉째 성내는 마음을 품지 말며, 열째 어리석은 생각을 품지 말지니라."

要當作善。所謂一不殺生。二不偷盜。三不淫欲。四不妄言。五不綺語。六不惡口。七不兩舌。八不貪。九不瞋。十不痴。

「선업을 지어야 한다」는 십선업도十善業道를 가리킵니다. 이는 우리들이 마음을 일으키고 생각을 움직여서 일을 처리하고 사람을 대하며 물건과 접하는 표준입니다. 한 평생 십선에 따라 행동할 수 있는 사람은 선인입니다. 이는 선악의 가장 간단한 표준입니다.

《관경》에서는 삼복을 말하는데 첫 번째 복은 부모님께 효도로 봉양하고, 스승과 어른을 받들어 모시며, 자애로운 마음으로 살생을 하지 않으며, 열 가지 선업을 닦음입니다. 이는 우리가 학불學佛하는 대근본입니다. 효친孝親 · 존사尊師 · 자심慈心은 전부 십선을 갖추어야 실행가능합니다.

첫째, 살생을 하지 말아야 합니다. 살생의 범위는 매우 폭넓어서 손으로 죽이고, 입으로 죽이며, 살생을 보며 좋아하거나 분노로 인해 살심을 일으키는 것이 모두 살생에 포함됩니다. 다시 말해 「불살생」은 중생을 해치려는 생각이 전혀 없고, 이로부터 자비심을 배양해야 합니다.

둘째, 도둑질을 하지 말아야 합니다. 도둑질의 범위는 대단히 광대하여 불법에서는 베풀지 않고 취하는 것을 도둑질이라 합니다. 주인이 있는 물건이면 주인이 승낙하지 않는데 물건을 움직이면 도둑질을 금하는 계를 범하는 것입니다. 도둑질하면 장래에 반드시 갚아야 합니다. 목숨을 빚지면 목숨으로 갚고 돈을 빚지면 돈으로 갚아야 합니다. 인과응보는 털끝만큼의 차이도 없습니다.

한 사람의 물건을 도둑질하면 죄에 얽힘(結罪)이 비교적 가볍습니다. 어떤 물건의 주인은 매우 많습니다. 예컨대 도시의 공공시설을 훔치면 시민이 납세하였기에 그들이 모두 주인이므로 그들에게 갚아야 합니다. 정부 시설은 국민에게 갚아야 합니다.

죄에 얽힘에서 가장 무거운 것은 삼보의 물건, 즉 사찰 물건을 훔치는 것입니다. 불법은 진허공·변법계에서 공유하는 것입니다. 법계는 무량무변하여 모든 출가인이 다 주인입니다. 당신이 절에서 물건을 조금이라도 훔치면 죄에 얽힘이 매우 심합니다. 그래서 삼보의 물건을 훔치면 반드시 지옥에 떨어진다고 합니다.

도둑질을 금하는 계는 가장 쉽게 범하고 가장 많이 범합니다. 예컨대 장사를 하면서 항상 방법을 생각해 세금을 조금이라도 적게 내는 것도 도둑질입니다. 이 죄업은 매우 무거워서 반드시 참회할 줄 알고, 선을 닦아 잘못을 씻어야 합니다.

중국불교에서 공금을 횡령하여 좋은 일에 사용한 최초의 사람은 영명연수 대사입니다. 그는 출가하기 전에 재산을 관리하고 세금을 거두어들이는 공무원이었습니다. 그는 항상 관가의 돈을 가지고 방생放生을 하였는데, 이 일로 고발을 당해 사형판결을 받았습니다. 국왕은 그가 공금을 횡령하여 자신에게 쓴 것이 전혀 없다는 말을 듣고, 참형 관리관에게 "그가 죽을 때 두려워하면 죽여라. 만약 조금도 두려워하지 않으면 나에게 데려오라."고 분부하였습니다. 마침내 처형장에 이르러 목을 치려고 하자, 그는 조금도 두려움이 없었습니다. 관리관이 그에게 "너는 왜 두렵지 않은가?" 하고 물었습니다. 그는 "나의 이 한 목숨, 천만 명의 목숨으로 바꿀만한 가치가 있으니, 기쁘오!" 하였습니다. 관리관은 바로 국왕에게 보고하였습니다. 국왕이 "너의 소원이 무엇이냐?"하고 묻자, "저는 출가하고 싶습니다."라고 답했습니다. 국왕은 그가 출가를 이루도록 허락하였고 그를 호법하였습니다. 대사께서는 참선을 닦아 확철대오하신 후 정토로 귀의하여 전심으로 염불하셨습니다. 전기에 따르면 대사께서는 아미타부처님의 화신입니다. 그가 도둑질한 것은 보통사람과 다릅니다. 보통사람은 도둑질하여 자신이 누리지만, 그는 중생을 이롭게 하였습니다. 불법은 진실로 정해진 것이 아니라 상황에 맞게 융통성 있게 변화합니다. 단지 중생을 이롭게 하고 행복한 사회를 만드는 목표가 있을 뿐입니다. 만약 자신이 누린다면 죄과는 한량이 없습니다.

셋째, 삿된 음행을 짓지 말아야 합니다. 재가자이든 출가자이든 음욕은 탐심과 삿된 생각을 늘리고 출세간에 대해 장애가 생깁니다. 그래서 반드시 음욕을 끊어야 심지가 진정한 청정에 도달하고 왕생의 품위가 높아질 수 있습니다. 만약 완전히 음욕을 끊지 못한다면 최소한 삿된 음행은 짓지 말아야 합니다. 삿된 음행은 부부 이외에 하는 음행으로 이는 결코 해서는 안 됩니다.

입으로 하는 선업에는 네 가지가 있습니다. 첫째 거짓말을 하지 말아야 합니다. 학불하여 보리심을 발한 후 거짓말을 하지 않는 것부터 시작하십시오. 만약 거짓말한다면 진심이 어떻게 드러나겠습니까? 참 정성을 간직하려면 반드시 자신을 속이지 말고 남도 속이지 말아야 합니다. 이것은 불법의 근본법입니다.

부처님께서 제정하신 계율의 의도를 진정으로 이해하고 계율의 정신을 잘 알아야 우리는 일상생활에서 이를 어떻게 활용할 수 있을지 알 수 있습니다. 이것이 매우 중요합니다. 경전에서 이르시길, "사냥꾼이 토끼를 좇다가 갈림길을 만났다. 길 위에서 지나가던 행인을 보고서 사냥꾼은 토끼를 보지 않았는가? 물었다. 행인은, 이쪽으로 갔소! 답하였다. 토끼는 명백히 저쪽으로 갔는데, 그가 거짓말을 한 것이었다. 이렇게 행인은 사냥꾼을 따돌려 토끼 한 마리의 목숨을 구했다." 이는 거짓말로 계율을 깨뜨린 것이 아닙니다. 중생을 구한 것이고, 사냥꾼을 구한 것입니다. 사냥꾼은 비록 살심이 있었지만, 살생을 하지 못하는 바람에 죄가 가벼워진 것입니다.

우리에게 일체 계율은 단지 중생을 이롭게 하는 것으로 이것은 모두 계를 여는 인연에 속합니다. **무릇 자신을 이롭게 하는 것은 모든 파계이고, 죄가 있습니다. 자신에게 손해가 있더라도 남을 이롭게 하는 것이 보살의 발심입니다.**

둘째, 꾸미는 말을 하지 말아야 합니다. 꾸미는 말은 언어는 매우 아름답지만, 그 목적은 다른 사람을 속이고 죄를 짓도록 유도하는 말입니다. **오늘날의 춤과 연극, 영화와 소설 내지 문학작품들은 이른바 다른 사람을 살인과 도둑질, 음행으로 이끄는 예술로**

서, 바로 꾸미는 말입니다.

강경설법과 선을 행을 것을 권하면 사람들은 들으려고 오지 않습니다. 춤추는 장소를 들어가려면 표를 사야 합니다. 아무리 요금이 비쌀지라도 많은 사람들이 선뜻 가서 듣습니다. 현재 사회는 이처럼 속이는 말은 잘 듣지만, 선을 권하는 말은 잘 들으려 하지 않습니다.

셋째 험한 말을 하지 말아야 합니다. 험한 말은 말이 거칠고, 사람의 존엄을 해칩니다.

넷째 이간질하는 말을 말아야 합니다. 이간질하는 말은 고의든 고의가 아니든 시비를 충동질 합니다. 고의가 있으면 죄는 무겁고, 고의가 없으면 과실로 결과를 보고서 죄업의 깊이를 판단해야 합니다. 작으면 두 사람이나 두 단체를 불화하게 만듭니다. 이는 일의 크기를 보아 죄가 됩니다. 만약 국가전쟁을 충동질하면 수많은 생명과 재산을 해치어 그 죄과는 매우 무겁습니다. 이로써 시비를 충동질하여 손해가 크고 시간이 오래가면 그의 죄업을 발설지옥이나 무간지옥에 떨어집니다. 말은 신중히 해야 합니다.

뜻으로 짓는 업은 세 가지가 있습니다. 즉 탐내는 마음을 품지 말고, 성내는 마음을 품지 말며, 어리석은 생각을 품지 않으면 삼선근으로, 세간의 일체 선법은 모두 이로부터 나옵니다. 만약 마음을 일으키고 생각을 움직이면 탐진치에 떨어지니 바로 삼독번뇌입니다. 세간의 모든 일체 악업이 이로부터 나옵니다. 그래서 뜻으로 짓는 삼업은 진정으로 고락의 주재자이자 근원으로 신중히 하지 않으면 안 됩니다.

세상사람은 명성과 이욕, 오욕육진을 구하지만, 실제로는 탐심을 일으켜서 얻는 것이고, 자신의 운명에 달려있는 것입니다. 운명에 없으면 아무리 탐하여도 구할 수 없습니다. 《요범사훈了凡四訓》을 읽으시면 진정으로 이러한 도리를 잘 이해할 수 있습니다. 운명에 있는 것은 던져버려도 잃지 않고, 운명에 없는 것은 갖고 싶어도 가질 수 없습니다. 요범 거사는 좋은 모범사례입니다. 그의 장점은 명운을 안 것입니다. 명운을 알면 천명을 즐깁니다. 이로써 자연의 과보를 받아들입니다. 그래서 그는 망상이 없고 심지가 청정하였습니다.

자신의 현재 상황이 편안하고 사람마다 모두 인과를 분명히 이해하면 천하가 태평하고 자기를 고집하여 싸우는 일이 없습니다. 마음이 안정되면 일평생 진정으로 행복합니다. 부귀하여도 복이 있고, 빈천하여도 복이 있어 매우 즐겁게 지낼 수 있습니다. 가장 두려운 것은 자신의 명운을 모르고, 인과를 알지 못하는 것입니다. 인과를 믿지 않으면 멋대로 망녕되이 행하고 날마다 죄업을 짓습니다.

비록 명운이 정해진 것일지라도 일평생의 행위 조작이 날마다 모두 가감승제加減乘除입니다. 바꾸어 말하면 명운을 바꿀 수 있습니다. 자신이 매일 짓는 행업이 가감승제의 빈도가 높지 않아 작은 선을 짓고 작은 악을 지으면 일평생 명운대로 지내고 변화가 없습니다. 만약 큰 악을 짓고 큰 선을 지으면 명운이 바뀝니다.

그래서 사람은 40세 이후 명운은 후천의 영향이 가장 큽니다. 40세 이전은 선천으로 숙세에 지은 선악의 영향이 큽니다. 진정으로 깨달아서 착실히 악을 끊고 선을 닦으면 40세 이후 반드시 좋게 바뀝니다. 이것이 대단히 중요합니다. 그래서 불법에서는 우리들이 한 평생 복을 누릴 수 있게 합니다. 이를 진실로 믿고 진실로 잘 살면, 만년이 될 수록 행복하고 즐겁습니다. 이는 자신에 의지해 닦아야 합니다. 부처님께서는 우리들에게 십선업을 닦으라고 가르치셨습니다. 우리들이 착실히 십선업을 닦으면 세상의 복보를 구하지 않아도 저절로 복이 찾아옵니다.

첫째 탐내는 마음을 품지 않음은 세간법을 탐내지 않고, 출세간법을 탐내지 않음을 가리킵니다. 이들을 철저하게 내려놓아야 마음이 청정해집니다. 있어도 탐내지 않고, 없어도 탐내지 않습니다. 가장 중요한 것은 청정심입니다. 재산이 있으나 없으나 마찬가지입니다. 세상 사람은 모두 "빈손으로 와서 빈손으로 간다."고 말합니다. 사람은 죽음에 임해서 한평생 소유한 것을 아무것도 가지고 가지 못합니다. 반드시 사실진상을 똑똑히 알아야 합니다. 눈앞에 우리들이 소유한 일체는 나의 것이 아닙니다. 만약 내 것이라 여기면 이는 어리석습니다! 잠시 누리다가 가는 여인숙으로 절대 자신의 것이 아닙니다.

이 사실을 간파할 수 있으면 탐심은 사라지고, 생활에서 일체 누리는 것에 대해 헤아리지도 정색하지도 않고 자재합니다. 이치에 명료하고 도리에 어긋나지 않으면 마음이 편안합니다. 마음이 편안하여 사실진상을 봅니다. 이른바 "세상을 살면서 도리에 어긋나지 않아 편안한 마음을 가질 수 있다면 그것으로 충분합니다."

그래서 일체와 자신을 모두 상관하지 말고, 내려놓고 탐심을 일으키지 말아야 합니다. 응당 중생을 위해, 사회를 위해 적극적으로 좋은 일을 많이 해야 합니다.

둘째, 성내는 마음을 품지 않는 것입니다. 무릇 뜻대로 되지 않은 일을 만나면 사람들은 모두 화를 내고 기분이 좋지 않습니다. 이는 나와 남을 매우 크게 해칩니다! 우리가 아무리 많은 공덕을 닦아도 한번 화를 내면 이른바 공덕의 숲을 태워버립니다.

자신에게 물어보십시오. "나는 쌓은 공덕이 도대체 얼마나 되나?" 만약 아침에 화를 내면 공덕은 단지 몇 시간 있을 뿐입니다. **임종시 화를 내면 한평생 공덕이 남김없이 다 타버립니다.**

그래서 무릇 당신을 화내게 하는 것은 모두 마구니가 현전한 것입니다. 마구니가 공덕을 이렇게 많이 닦았음을 보면 파괴할 방법이 없어 당신에게 공덕의 숲을 태우라고 권합니다.

이로써 진정으로 지혜있는 사람은 역경이 현전하면 쉽게 자신의 공덕을 태우지 않아, 화를 내지 않고 인욕을 닦습니다. 참을 수 있으면 나중에 안정될 수 있고, 안정되면 지혜가 생깁니다. 그래서 육바라밀의 보시 지계는 공덕을 닦는 것이고, 인욕은 공덕을 지키는 것으로 인욕할 수 없으면 공덕은 저절로 사라져 버립니다.

공덕은 계정혜로서, 한번 화를 내면 계정혜는 모두 사라집니다. 복을 닦는 사람은 언제나 화를 내고 성내는 마음, 시기하는 마음, 자신이 잘났다고 하는 마음이 있어도, 비록 공덕이 없을지라도 복보는 매우 큽니다. 왜냐하면 복보는 태워서 사라지는 것이 아니기 때문입니다. 이러한 사람은 장래 어느 세상에 환생할까요? 부처님께서는 아수라도에 태어난다고 하셨습니다. 아수라는 복이 있으나, 덕은 없습니다. 성내는 마음이 매우 무거워 쉽게 화를 내고 사람을 해치지만 복보를 다 누리면 삼악도에 떨어집니다. 불법은 삼세의 원한을 말합니다. 첫째 세상에서 복을 닦고, 둘째 세상에서 복을 누리다, 셋째 세상에서 삼악도에 떨어집니다. 성을 내면 다른 사람에 대한 손해는 3할이지만, 자신에 대한 손해는 7할임을 반드시 알아야 합니다.

셋째 어리석은 생각을 품지 않는 것입니다. 이는 지혜가 없음을 가리킵니다. 세상에는 총명한 사람들이 매우 많습니다. 그들은 변재가 있어 말을 잘 하고 글을 잘 쓰지만, 지혜가 없습니다. 진정으로 진실인지 거짓인지, 삿된지 바른지, 옳은지 그른지, 이로운지 해로운지 판별할 수 있음이 지혜입니다. 시골 할머니는 책을 읽은 적도 없고 글자도 모르지만, 그녀에게 아미타불 염불을 가르치면 한평생 착실히 염합니다. 이것이 지혜입니다. 그녀는 염불하여 정토에 태어나길 구하는 선택을 하였습니다. 이는 진실이지 거짓이 아니고, 바르고 삿되지 않으며, 이롭고 해롭지 않으며, 선하고 악하지 않습니다. 그녀는 전부 옳게 선택하였습니다. 이것이 진실한 지혜입니다!

세상에는 총명하고 재주있는 사람이 많지만, 그들은 염불법문은 의심하고 심지어 비방까지 합니다. 이는 완전히 지혜가 없고 어리석습니다! 자신을 이롭게 할 수 없을 뿐만 아니라 다른 사람이 불법을 수학하는 것에 장애가 되고 나아가 물러나게 합니다. 그 죄과는 무겁고 그 과보는 상상조차 할 수 없습니다. 그래서 탐내는 마음을 품지 않고, 성내는 마음을 품지 않으며, 어리석은 생각을 품지 않음이 세상 일체선법의 뿌리입니다. 진정으로 선을 닦고, 근본으로부터 닦아야 참으로 총명한 사람입니다.

[제20 청화법문]

일심청정을 닦으라!

(제25품 '삼배왕생의 정인'에서 발췌)

"일심청정을 닦을지니, 몸과 마음을 단정히 하여 욕망을 끊고 근심을 제거하며, 자심慈心으로 정진할지니라."

一心清淨。端正身心。絕欲去憂。慈心精進。

이 경문은 몸과 마음의 수양 · 건강 · 장수 · 행복 · 즐거움에 대해 매우 큰 관계가 있습니다. 장수는 건강해야 하고 늙지 않아야 진정한 행복입니다. 어떻게 해야 해낼 수 있을까요? 일심이 청정해야 합니다.

부처님께서는 말씀하시길, "의보는 정보를 따라 바뀐다(依報隨著正報轉)." 하셨습니다. 정보正報는 마음 · 생각을 가리킵니다. 생각은 진심이 아니라 망심입니다. 진심은 불생불멸不生不滅, 청정무위清淨無爲입니다. 일체「오직 마음이 나타난 바(唯心所現)」의 경계도 불생불멸이면「일진법계一眞法界」라 부릅니다.

만약 자성에 미혹하면 불생불멸인「진심」은「생멸심」으로

변합니다. 우리가 오늘 지은 망상의 생각은 한 생각이 생겨나고 한 생각이 멸하니, 이런 생멸을 「식識」이라 부릅니다. 이로 인해 「일진법계」가 「십법계」로 변합니다. 어떻게 변한 것인가? 하면 「오직 식이 변한 것(唯識所變)」이고, 바로 "일체법은 심상心想에서 생겨납니다." 심상은 식識입니다. 진심은 심상이 아닙니다. 십법계는 심상에서 생겨납니다. 요컨대 심상(心想)은 능변能變(변화의 주체)·능생能生(생성의 주체)이고, 「십법계十法界의정장엄依正莊嚴」은 소변所變(변화의 대상)·소생所生(생성의 대상)입니다.

예를 들면 내가 건강하고 늙지 않고 싶어서 이런 이론과 방법을 알면 바뀔 것입니다. 알지 못하면 기분과 바깥환경에 따라 바뀌고, 자신이 주재하지 못합니다. 이러면 괴로움이 생깁니다. 그래서 우리는 어떤 마음을 가져야 할까요? 「일심」·「청정심」을 가져야 합니다. 마음이 청정할수록 마음도 건강하고, 마음이 건강하면 몸도 건강합니다. 몸과 마음이 청정하면 어찌 건강하지 않을 리가 있겠습니까! 생리는 심리를 따라 바뀌는 것으로 여전히 조정은 심리에 있습니다.

염불의 표준은 바로 「일심불란一心不亂」입니다. 시시각각 「마음」이 반드시 아미타부처님 상에 있어야 하고 아미타부처님께 귀의해야 합니다. 모든 일 모든 법에서 머리를 돌려 일심으로 아미타부처님께 귀의해야 합니다. 진실로 머리를 돌려 모든 일체 오염을 여의면 청정할 수 있습니다. 그래서 「일심청정」이 매우 중요합니다!

「일심청정一心淸淨」은 바로 마음을 단정히 함입니다. 우리가 행동거지 하나하나, 말과 미소 하나하나 불보살의 가르침에 어긋나지 않으면 이는 몸을 단정히 함입니다. 몸과 마음을 단정히 함은 바로 위의를 갖추는 것입니다. 위의는 바로 공경, 즉 예절입니다. 예절을 갖추면 부처님과 불법에 대한 공경을 표시합니다.

몸과 마음이 단정하지 않으면 매우 큰 장애가 생기는데, 모두 욕망이고 모두 근심입니다. 반드시 이런 장애를 제거하여야 몸과 마음이 단정합니다. 몸에 대한 장애는 욕망으로 그것은 당신의 몸이 단정하지 못하도록 유혹하여 마음에 근심이 생깁니다! 진정으로 몸과 마음을 단정히 하려면 반드시 욕망을 끊고 근심을 제거해야 합니다. 명예와 이익, 오욕과 육진에 대한 욕망도 없을 뿐만 아니라 「유정을 풍요롭게 하는」, 다른 사람을 돕는 욕망도 없습니다. 《금강경》에서는 "부처님께서는 무량무변 중생을 제도할 지라도 실로 중생을 제도한 바가 없다(佛度無量無邊衆生 實無衆生得度者)"고 잘 말씀하셨습니다. 왜 부처님께서는 한 중생도 제도함이 없다 말씀하셨을까요? 일체 일에 있어 인연에 수순(隨緣)하는 것이 좋습니다. 인연에 수순한다 함은 일체 그 자성본연에 수순한다는 뜻입니다. 연이 있으면 최선을 다해야 하고, 해내었으면 공로가 있다고 자처해서도 안 됩니다.

자심慈心은 자비심입니다. 자신의 마음에 대해서는 청정하여야 하고, 중생심에 대해서는 자비로워야 합니다. 정진精進에서 진進은 물러나지 않고 줄곧 앞으로 나아간다는 뜻이고, 정精은 순수하여 뒤섞지 않음으로 하나의 목표, 하나의 방향으로 용맹정진한다는 뜻입니다. **진정한 수행은 일체에 자비를 베푸는 것입니다.** 왜냐하면 수행하면서 일체중생의 좋은 본보기가 되어야 하고, 성취한 후에는 반드시 일체중생을 도와야 합니다.

"진노하지도 질투하지도 말며, (일체 물건을 탐내지도) **음식을 탐내지도** (베풂에) **인색하지도 말며, 도중에 후회하지도 말며, 여우처럼 의심하지도 말지니라.** (부모님께) **효순을 다하고,** (삼보님께) **진성眞誠의 마음을 다하며,** (국가와 인민에게) **충성과** (사업동반자에게) **신의를 다할지니라. 불경**(정토삼부경)**의 말씀이 깊다고 믿어야 하고, 선을 지으면 복을 얻는다고 믿어야 하느니라."**

不當瞋怒嫉妒。不得貪饕慳惜。不得中悔。不得狐疑。要當孝順。至誠忠信。當信佛經語深。當信作善得福。

성내고 원망하는 마음(瞋恚心)은 큰 장애입니다. "일념이라도 성내는 마음이 일어나면 백만 가지 장애의 문이 열린다(一念瞋心起 百萬障門開)." 하셨습니다. 왜 성내고 원망하는 마음을 낼까요? 세간의 수많은 사물을 모두 진실로 깨달아야 합니다. 부처님께서는 우리에게 말씀하시길, "무릇 모든 상은 다 허망하나니,

일체유위법은 꿈같고 환 같고 그림자 같으니라(凡所有相 皆是虛妄 ; 一切有爲法 , 如夢幻泡影).” 하였습니다. 모두 진실하지 않습니다! 사람과 사람 사이, 사람과 만물 사이는 모두 인연과보입니다. 연에는 선연과 악연이 있는데 악연을 만나 현전할 때 이는 과거의 악인惡因임을 깨달아야 합니다. 다른 사람이 나에게 불쾌하고 거역하는 일을 저질러도 웃어넘기면 과거의 장부에서 지워지지만, 만약 다시 성내고 원망하는 마음을 일으킨다면 장부에 장부를 더 붙이는 것이니, 그것은 사라지지 않을 뿐만 아니라 번거로움이 더 커질 것입니다. 이른바 “재물을 빚졌으면 돈으로 갚고, 목숨을 빚졌으면 목숨으로 갚을지니, 원한을 원수로 갚으면 한도 끝도 없다.” 하였습니다.

진정으로 깨달은 사람은 마음이 매우 청정하고 수수하여 선연善緣이 와도 기뻐하는 마음이 없고, 역연逆緣이 와도 성내고 원망하는 마음이 없으며, 영원히 심지의 청정 광명을 잘 보임합니다. 마음이 청정하면 일의 전인前因과 후과後果를 아주 또렷하게 볼 수 있어 성내고 원망하는 마음이 생기지 않습니다.

「질투」는 다른 사람의 좋은 점을 볼 수 없는 것입니다. 다른 사람에게 좋은 점이 있음은 그가 선인을 닦아 얻은 선한 과보인데 어떻게 질투가 있겠습니까! 좋은 과보를 얻고 싶으면 좋은 인을 심으면 됩니다. 그래서 공덕을 수희찬탄할 줄 알아서 “사람의 좋은 점을 완성해 주려하고 사람의 나쁜 점을 완성해주려 하지 않습니다.”

「탐철貪饕」은 좁은 뜻으로 말하면 음식을 가리키는 것이고 넓은 뜻으로 말하면 일체 물건을 누리는 것입니다. 간석慳惜은 인색함으로, 자신에게 있는 것을 베풀려고 하지 않는 것입니다. **보시의 공덕은 대단히 큽니다. 자기의 현전에서 말하면 번뇌를 끊고 업장을 없앱니다. 수학에서 말하면 무명을 깨뜨리고 본성을 볼 수 있습니다. 그래서 보살수행은 바로 보시를 닦음입니다.**

보시는 세 가지 범주가 있으니, 즉 재보시財布施·법보시法布施·무외보시無畏布施입니다. 육바라밀은 모두 보시로 귀납됩니다. **지계·인욕은 무외보시에 속합니다.** 예를 들면 당신이 도둑질 하지 말라는 계를 지키면 다른 사람이 당신을 조심하지 않을 것이고 공포심도 생기지 않을 것입니다. 이것이 바로 무외보시입니다. 당신이 인욕을 닦으면 다른 사람이 말을 조심하지 않아 당신을 기분 나쁘게 하여도 당신은 따지지 않을 것입니다. **정진·선정·지혜는 법보시에 속합니다.** 육바라밀은 만행을 총섭統攝합니다. 보살이 닦은 바 무량무변한 법문은 모두 육바라밀을 벗어나지 않고 육바라밀을 귀납하면 바로 보시입니다. 이래야 보시공덕이 진정으로 불가사의함을 알 수 있습니다. 일심청정을 닦고, 몸과 마음을 단정히 하며, 보시를 닦기만 하면 불가사의한 공덕을 얻을 수 있습니다.

탐냄·탐식과 인색은 무시겁 이래의 습기로서, 이는 보시를 닦음에 가장 큰 장애로 반드시 극복해야 합니다. 생활이 검소해야 하고, 또 유지할 수 있어야 합니다. 비록 장래 발전하여 큰 부를 가질지라도 생활이 여전히 검소하다면 이는 진정으로 복보가 있습니다.

중국 역사상 송나라 재상 범중엄范仲淹이 이러한 사람이었습니다. 그는 청빈한 출신으로 수재였을 때 집안형편이 매우 가난하여 매일 죽을 한 솥씩 끓여 네 덩이로 나누어 한 끼에 한 덩이를 먹었습니다. 재상이 될 때까지 줄곧 가정생활은 가장 청빈한 삶의 표준을 유지했습니다. 그는 수입이 매우 풍부해지자 모두 사회 자선사업을 하여 가난한 사람들을 도왔습니다. 그는 재상을 지낼 때 한 사람의 수입으로 삼백여 집을 부양하였습니다. 그래서 자신의 생활은 매우 청빈하였습니다. 인광 대사께서는 그에게 매우 감탄하여 중국에서 공자를 제외하고 그 밖에 범중엄이 두 번째로 사람들에게 존경받고 본받을 만한 인물이라고 인정하였습니다.

현재 연세가 많이 드신 수많은 분들은 모두 자신의 병원비를 위해 한몫의 돈을 남겨 두십니다. 부처님께서 말씀하시길, "모든 법은 심상에서 생겨난다." 하셨는데, 매일 늙는다 생각하고 병든다 생각하니, 어찌 늙지 않을 수가 있고 어찌 병에 걸리지 않을 수 있겠습니까? 생각을 바꾸고 바꾸어서 **의료비를 모두 가지고 가서 가난한 환자를 구제하면 당신은 병에 걸리지 않을 것입니다. 왜 병에 걸리지 않을까요? 의료비가 없기 때문입니**

다! 학불學佛하면 이런 지혜를 배워야 합니다.

제가 병에 걸리지 않는 것은 인과응보를 알아서 의료비를 모두 기부하는데 사용했기 때문이니, 이 얼마나 자재합니까! 결코 인색해서는 안 됩니다. 진정으로 다른 사람을 돕는 것이 자신을 돕는 것입니다. 날마다 자신이 늙고 병든다 생각하면 이는 정말 자신을 망치는 일입니다.

「중회中悔」는 중도에 후회하는 것입니다. 선한 일을 하다가 중도에 후회하면 앞서 쌓은 공은 다 버리게 됩니다. 예를 들면 정토법문을 수학함에 있어 일정 기간 닦고서 다른 법문이 더 좋다는 말을 듣고 후회하여 다시 다른 법문을 닦으면 잘못입니다. 남이 뭐라고 말하든 결코 후회하지 말고 줄곧 닦아나가야 합니다.

여우는 의심이 많습니다. 그래서 일반적으로 의심은 모두 「여우」로 비유합니다. 성인과 현인의 가르침과 불보살의 경전 가르침에 대해 의심을 품지 말아야 진정으로 정진할 수 있습니다.

「효순孝順」은 불법의 대근본입니다. 실제로 효순을 원만히 실천한 것이 성불인데, 오직 부처님만이 효를 다할 수 있습니다. 우리가 효순을 원만히 실천하고 싶다면, 단지 일심으로 염불하여 정토에 왕생하고 부처님을 친견하면 효순은 원만합니다. 왜냐하면 이번 생의 부모님뿐만 아니라 세세생생 부모님 모두 알 수 있어 그들이 현재 육도 중 어느 세계에 있는지 모두 똑똑히 알 수 있기 때문입니다. 연이 무르익어서 당신이 그들에게 염불을 권하고 그들이 기꺼이 듣고 받아들이기만 하면 그들을 도울 수 있는 능력이 생깁니다. 그래서 **세세생생 가족 육친권속과 자신과 연이 있는 사람들을 도와서 그들이 모두 육도를 벗어나고 왕생불퇴로 성불할 수 있게 할 수 있습니다. 이는 큰 효도이자 진정한 효도입니다!**

눈앞에서 부모님의 생활 특히 만년의 정신생활에 대해서 우리가 모두 돌볼 수 있으면 좋습니다. **가장 중요한 것은 부모님께 염불하도록 권유하여야 진정한 효순입니다.** 부모님께서 받아들이지 못함은 자신이 학불하여 충분히 배우지 못하였기 때문입니다. 부처님처럼 배울 수 있다면 저절로 받아들이십니다. 그래서 자신이 착실히 학습하면 부모님께 영향을 미칠 것입니다. 이는 인내심을 가지고 시절인연을 기다려야 합니다.

「지성至誠」은 진성眞誠이 절정에 이름을 뜻합니다. 진성의 마음으로 부처님을 대하고 불법을 대하며 스승님을 대할 때 우리는 비로소 진정으로 이익을 얻을 수 있습니다. 「충신忠信」은 대중에 대한 것으로 평상시 세상에서 살아가며 사람을 대할 때 충신을 표준으로 삼아야 합니다.

「경전에 담긴 부처님 말씀의 깊은 뜻을 믿어야 한다」, 이것이 진실의 지혜입니다. 특히 《아미타경》·《무량수경》·《관무량수경》과 같은 정종의 경전은 부처님께서 「믿기 어려운 법문(難信之

法)」이라 말씀하셨습니다. 왜냐하면 경문이 깊지 않은 것처럼 보이지만 실제로는 의리와 경계가 깊고 넓어 다함이 없습니다. 선도대사께서는 《관경사첩소觀經四帖疏》에서 말씀하시길, 이 정토삼부경의 내용은 일반인이 완전히 철저하게 이해하지 못할 뿐만 아니라 아라한 · 벽지불 · 권교보살 조차도 철저하게 이해할 수 없다 하셨습니다. 그래서 범부는 당연히 이를 믿기가 어렵고, 대보살들조차도 의심을 품는 진정으로 믿기 어려운 법입니다. 비록 믿기 어려울지라도 쉽게 닦을 수 있어서 이른 바 「난신이행難信易行」의 법문으로 진정으로 이해하고 닦으면 성공이 높습니다! 당신은 이것이 보살의 경계가 아니라 여래과지상의 경계임을 믿어야 합니다. 이 부분에 어려움이 있습니다.

「선을 지으면 복을 얻는다고 믿어야 한다」, 앞 일구는 불법을 말하고 이 일구는 세간법을 말합니다. 이는 우리에게 반드시 인과를 깊이 믿어야 함을 말해줍니다. 선한 마음은 결정코 복을 얻고, 악한 생각은 결정코 화를 얻습니다. 선악이 인이고 복과 화는 과입니다.

[제21 청화법문]

아미타부처님 친설법문 (1)

(제26품 '예배공양하고 법을 청하다'에서 발췌)

"일체법이 꿈같고, 환 같고, 메아리 같은 줄 분명히 깨닫고서"

覺了一切法。猶如夢幻響。

「향響」은 메아리를 가리키니, 비유컨대 계곡에서 소리를 내면 메아리가 생깁니다. 이 일구는 《금강경》에서 "일체유위법은 꿈같고 환 같고 거품 같고 그림자 같으니라." 하신 말씀과 그 뜻이 같은데, 모두 우주만법의 진상을 설명합니다. 일체법 · 상은 있지만, 진실로 있는 것이 아닙니다. 영원한 존재가 아니라 찰나에 변화하므로 「무상無常」이라 부릅니다. 일체법에 대해 우리는 수용할 수 있지만, 집착해서는 안 됩니다. 집착하면 괴로움이 생깁니다. 일체 번뇌 · 악업 · 과보는 모두 집착 위에서 발생합니다.

일체법은 우리 자신의 신체를 포괄하는데, 이 또한 무상한 것입니다. 그래서 신체에 대해서도 집착해서 안 됩니다. 몸도 인연에 수순해야 합니다. 만약 병에 걸려서 청정심으로 돌본다면 정상으로 회복할 수 있습니다. 몸은 마음 따라 바뀌니 마음이 청정하면 신체 각 기관의 작동이 저절로 정상화됩니다. 정상화되면 병이 사라집니다.

이는 보살에게 진실의 지혜를 가져야 함을 가르쳐 줍니다. 진정으로 철저히 깨달으면 일체법이 모두 진실하지 않음 없음이 명료합니다. 진실로 완전히 명료하게 깨달으면 일체법에서 저절로 마음이 움직이지 않습니다. 마음을 움직이지 않음이 바로 선정에 듦입니다. 일체법 가운데 깊고 깊은 선정에 들어 마음이 동요하지 않으면 일체법이 진실로 명료합니다. 명료함은 지혜이고, 분별 집착이 없음이 선정이니, 정혜등지定慧等持이고 정혜원만定慧圓滿입니다. 우리가 선정을 닦고 지혜를 닦음은 이 부분에서 닦아야 합니다. 이것이 진실입니다.

《금강경》에 이르시길, "일체 유위법은 꿈같고 환 같고 거품 같고 그림자 같으며 이슬 같고 또한 번개 같나니, 응당 이와 같이 관할지니라(一切有爲法 如夢幻泡影 如露亦如電 應作如是觀)." 하셨습니다. 로露는 아침 이슬이고, 전電은 번개로 시간이 매우 짧습니다. 「응작여시관作如是觀」은 바로 이러한 방법은 정확한 것이고 사실진상입니다. 그래서 일체법에서는 얻고 잃음이 없고 진짜 거짓이 없으며, 선과 악이 없고 옳고 그름이 없으며, 이익과 손해도 없어 완전히 청정합니다.

부처님께서 진짜와 거짓 · 옳고 그름 · 그릇됨과 올바름 · 이익과 손해는 누구를 위해 말한 것입니까? 범부를 위해 말씀하신 것이고 간파할 수 없는 사람에게 말씀하신 것입니다. 간파할 수 없으면 집착이 있습니다. 일념에 분별 집착이 있으면 일체법에 진짜와 거짓 · 옳고 그름 · 그릇됨과 올바름 · 이익과 손해가 있습니다. 부처님께서 이러한 사람에게 어쩔 수 없이 방편법을 설한 목적은 사람들에게 악을 끊고 선을 닦으라 가르치시기 위함입니다. 부처님께서 설하신 것은 상대적인 것으로 이러한 상대는 우리가 삼악도에 떨어지지 않도록 돕습니다. 가장 먼저 우리를 삼선도三善道로 가게 하고, 삼악도에 떨어지는 것을 면하지만, 이것이 부처님께서 중생을 교화하신 진정한 목적은 아닙니다. 그 진정한 목적은 중생을 도와 삼계를 뛰어넘어 일생에 성불할 수 있길 희망합니다. 그러나 중생이 받아들일 수 없기 때문에 방편법을 설하셨습니다. 그리고 진실법이면 말할 수 없습니다. 여기서 아미타부처님께서 보살을 위해 개시한 법문은 방편법이 아니라 문구마다 진실법입니다.

"여러 미묘한 서원을 만족하게 하면 이러한 극락찰토 반드시 성취하리라."

滿足諸妙願。必成如是刹

[법보] 앞의 두 마디 말씀은 「공空」이고, 지금 두 마디 말씀은 「유有」입니다. 이를 합쳐서 보면 곧 중도中道입니다. 일체법이 공함을 밝히고서 서원을 발하여 정토를 닦는 것이 보살법입니다. 따라서 양변에 떨어지지 않고 중도에 미묘하게 계합하는 것이 정토종의 종지宗旨입니다. **정토종은 공空과 유有, 양변에 모두 떨어지지 않고 진실한 수용을 얻습니다.**

여러 미묘한 서원을 간단히 설명하면 바로 사홍서원四弘誓願입니다. 시방세계 보살들의 모든 원을 귀납하면 사홍서원을 여읠 수 없습니다. 이는 아미타부처님의 48원을 가리킨다고 말해도 통합니다. 아미타부처님께서는 가르침대로 봉행하여 내가 서방극락을 장엄한 것처럼 장차 그대의 국토도 장엄하라고 부촉하십니다.

제22 청화법문

아미타부처님 친설법문 (2)

(제26품 '예배공양하고 법을 청하다'에서 발췌)

"일체제법의 체성은 일체 공이고 무아임을 통달하고서"

通達諸法性。一切空無我。

「법法」은 일체법이고, 「성性」은 본질 · 본체입니다. 일체제법의 본체는 공적한 것입니다. 부처님께서는 만법은 모두 공하다 말씀하셨습니다. 이는 체공體空을 말씀하신 것입니다. 일체법에는 자성이 없고, 일체법의 당체는 모두 공합니다.

일체법은 공이고 무아입니다. 「아我」는 주재主宰의 뜻입니다. 「일체공무아一切空無我」는 바로 일체법에는 주재함이 없다는 뜻입니다. 그렇다면 일체법은 어디에는 옵니까?

[법보] 제법은 온갖 인연이 화합하여 생기는 것이고, 무량한 인연이 한곳에 모여 변하여 나타나는 것이므로 그것에는 자성이 없습니다. 이러한 사실진상을 또렷이 인식하여 일체만법에 대해 결코 집착하지 않고, 마음을 일으키고 생각을 움직이지

않으면 마음은 언제나 청정 · 평등 · 각에 머뭅니다. 일체상을 여의면 진여본성의 반야지혜가 현전합니다.

"청정불토 전일하게 구하면 이러한 극락찰토 반드시 성취하리라."

專求淨佛土。必成如是刹。

반드시 자심自心으로부터 구하여 마음이 청정하면 곧 국토가 청정합니다. 부처님 명호를 아무리 염할지라도 망상이 여전히 많고 번뇌를 조복시킬 수 없는 것은 염불하여 득력하지 못하였기 때문입니다. 염불하여 득력하면 망상은 저절로 줄어들 것입니다. 그래서 의심을 품지 말고 착실히 염불해야 합니다.

염불을 너무 적게 하면 번뇌를 억누르지 못합니다. 반드시 염불을 많이 하여 자신의 마음속에 참으로 아미타부처님께서 계시고, 아미타부처님께서 자신의 제일생명이 되어야 진실로 행이 있습니다.

염불하여 득력하려면 염불이 일생에서 가장 큰일이 되어야 합니다. 식사를 하지 않아도 잠자지 않아도 일하지 않아도 상관없지만, 염불은 하지 않으면 결코 안 됩니다. 이렇게 해야 득력하여 왕생할 수 있습니다.

[제23 청화법문]

제불여래의 밀장, 나무아미타불

(제30품 '극락세계 보살의 수행생활'에서 발췌)

"극락세계 보살은 제불여래의 밀장에 구경까지 (계입하여 툭트여) **명료하니, 모든 근이** (저절로) **조복되고 몸과 마음이 부드러워져, 진정한 지혜에 깊이 들어가 더 이상 어떤 습기도 남기지 않느니라."**

諸佛密藏。究竟明了。調伏諸根。身心柔軟。深入正慧無復餘習。

「밀密」은 심밀深密입니다. 비밀은 다른 사람에게 알려서는 안 되는 일로 모두 좋은 일이 아닙니다. 불법에서는 비밀이 없습니다. 불법의 이치는 매우 깊고, 그 뜻은 너무나 광대하여 지혜가 적은 사람은 이해할 수 없습니다. 「장藏」은 함장含藏입니다. 제불여래의 밀장은 바로 「나무아미타불」입니다. 그래서 명호공덕은 불가사의합니다.

부처님의 큰 지혜 · 큰 공덕 · 큰 역량과 중생을 제도하시는 선교방편은 모두 매우 깊어서 오직 아미타부처님과 제불여래만이 알 수 있을 뿐, 등각보살도 부처님의 가피를 입지 않으면 알 수 없습니다. 그러나 우리도 서방극락세계에 왕생하면 아미타부처님과 시방제불여래의 가지加持를 얻어서 명호의 공덕과 《무량수경》을 철저히 잘 알 수 있습니다, 만약 **제불여래의 밀장을 철저히 잘 이해하려면 착실히 염불하고, 의심을 품지 말아야 합니다. 그러면 비록 지금 극락세계에 가지 않아도 당신은 이미 극락세계 보살입니다.**

그러나 제불여래의 밀장을 깨달아 이해하는 사람은 매우 적습니다. 선도대사께서 말씀하신대로 「염불이 성불에 이르는 가장 신속하고, 가장 온당하며, 가장 원만한 방법임」을 아직 잘 알지 못합니다. 불교 역사상 각 종파의 조사 대덕들은 만년에 정토법문을 잘 이해한 후 모두 정토에 귀의하였고, 전심으로 염불하여 정토에 태어나길 구했습니다.

서방극락세계는 구경원만한 경계로서 모든 근성의 사람이 어떤 법문을 배우고 싶으면 바로 듣게 되는 것은 바로 자신의 근성에 맞는 법문이기 때문입니다. 예컨대 소승 근성의 사람은 불보살이 말한 소승 불법을 듣지만, 대승 근성의 사람이 듣는 것은 전부 대승 불법입니다. 중생의 다른 근성에 따라 들으려고 하자마자 듣고, 보려고 하자마자 현전하니, 이것이야말로 「대원만」이고 「진실구경」입니다. 이 때문에 **서방극락세계에서 육근이 접촉하는 것은 모두 불법의 경계이고, 전부 아미타부처님의 성덕이 흘러나온 것입니다.** 이처럼 수승한 환경 하에서 어떻게 미혹하겠습니까? 어떻게 번뇌가 일어나겠습니까? 저절로 육근이 조복됩니다.

「근根」은 신체를 가리킵니다. 우리들은 한 사람 한 사람 모두 건강한 신체를 얻고 싶습니다. 건강한 신체는 어떻게 해야 만들 수 있습니까? 육근을 조복시키는 법을 배우면 신체는 저절로 건강해집니다.

육근을 조복시키는 방법은 매우 많지만, 선정이 그 중 하나입니다. 그밖에 지관·주문지송·염불도 모두 방법입니다. 그러나 어떤 방법도 염불을 넘어설 수 없습니다. 왜 그렇습니까? 염불을 하면 불력佛力의 가피가 있습니다. 또한 주문을 지송해도 불보살의 가피가 있다고 수많은 사람들이 말합니다. 확실히 **주문을 염송하여도 불보살의 가피를 입지만, 「아미타불」 명호만 못합니다.** 왜냐하면 주문 염송은 한 분 두 분 불보살의 가피를 입지만, 셋 넷 다섯 분 불보살의 가피는 입지 못합니다. 그러나 **「아미타불」 명호를 염송하면 시방삼세 제불여래 모두의 가피를 입습니다. 그래서 명호공덕은 불가사의합니다!**

12시간 동안 일심으로 칭명하면 마음속에 일체 망상·잡념·번뇌·걱정·근심이 모두 사라집니다. 한마디 부처님 명호로 육근을 조복시키고 몸과 마음을 부드럽게 하여 몸과 마음이 건강해질 수 있습니다.

극락세계 보살은 어떤 방법으로 육근을 조복시키고 몸과

마음이 부드러워지는 경지에 도달합니까? 「아미타불」 명호를 염합니다. 대세지보살께서는 "나는 52계위의 동륜同倫과 함께 한다." 하셨습니다. 「52」는 바로 십신十信·십주十住·십행十行·십회향十回向·십지十地·등각等覺·묘각妙覺의 계위를 가리킵니다. 「동륜」은 같은 부류로, 생각과 뜻이 일치하여 정토법문을 전수합니다. 처음 발심부터 성불에 이르기까지 줄곧 바로 한마디 부처님명호를 염하여 지금까지 바꾸지 않는 것입니다. 이는 정말 불가사의합니다! 한마디 「아미타불」은 범부로 하여금 원만히 성불할 수 있게 합니다. 성불한 후 중생을 널리 제도할 때에도 여전히 한마디 「아미타불」입니다. 이것이 대세지보살의 법문입니다.

그래서 하련거 거사께서는 《정수첩요淨修捷要》에서 정토종의 초조는 대세지보살이라고 하셨습니다.[8] 대세지보살께서는 허공법계에서 처음으로 정토를 전수할 것을 제창하셨습니다. 그래서 대세지보살은 법계에서 정토종의 초조입니다. 《화엄경》에서는 보현보살께서 "십대원왕으로 (중생을) 극락으로 인도하여 돌아가십니다." 그래서 보현보살께서는 사바세계에서 정토종의 초조입니다. 혜원대사께서는 중국 정토종의 초조로 여산에서 염불당을 건립하여 123명을 이끌고서 염불법문을 전수하셨습니다.

---

8) "대세지보살께서는 정종의 초조이시고, 염불하는 마음으로 무생법인에 들어가며, 육근을 모두 거두어 들여 정념을 이어가서, 방편을 빌리지 않아도 자성본연에서 마음이 열리는 것을 제일로 삼으십니다." 《정토오경일론》, 「정수첩요」(비움과 소통)

이러한 이치를 똑똑히 알아야 의심을 끊고 믿음을 낼 수 있습니다. 《아미타경》이나 《무량수경》 그리고 한마디 「아미타불」이면 충분합니다. 진정으로 정진 수학하여 3년 내지 5년이 지나면 정말 서방극락세계에 왕생할 수 있습니다. 이번 일생을 헛되이 보내지 않고, 경전에서 말씀하신대로 "할 일은 이미 다 하였고, 다시는 몸을 받지 않습니다." 정말로 해낼 수 있습니다! 그러나 뒤섞어 수행하면 왕생은 자신할 수 없습니다. 임종시에 인과 연이 어떠할지 아무도 알 수 없습니다.[9]

마음이 청정하면 지혜가 현전합니다. 청정심이 작용을 일으키면 바로 진정한 지혜에 들어갑니다. 극락세계 보살은 원만할 수 있을 뿐만 아니라 우리들도 이 방법에 따라 수학하면 몸과 마음이 건강하고 아무런 병에 걸리지 않습니다. 세간 사람이 모든 질병에 걸리는 근본원인은 마음이 청정하지 않기 때문입니다. 마음이 청정하면 몸이 조복되고 생리조직이 정상으로 기능합니다. 이는 자연의 원칙에 완전히 들어맞습니다. 일체가 정상이고 장애가 없습니다. **번뇌와 걱정이 있으면 생리조직에 변화를 일으키고 한번 변화되면 비정상으로 병이 생깁니다.**

---

9) "임종할 때에 첫째 자력의 인은 있지만 타력의 연이 없거나, 둘째 타력의 연은 있지만 자력의 인이 없거나, 셋째 자력의 인도 없고 타력의 연도 없어 감응도교를 이룰 수 없어 자력의 인과 타력의 연이 화합할 수 없는 연고로 서방극락세계에 왕생할 수 없다."《임종조념 왕생성불》「칙종수지」, (비움과소통)

이러한 도리를 잘 알아야 건강하고 병이 없는 몸을 유지할 수 있습니다. 나아가 생사 자재를 이룰 수 있어 장래에 가는 때를 미리 알고 아무런 병이 없이 주변사람에게 간다고 말하고 갑니다. 이것이 진정한 공부이고, 진실한 성취입니다.

「습習」은 습기입니다. 극락세계에 왕생하면 부처님의 광명이 비추고 가피를 입어 번뇌습기가 모두 사라지고 더 이상 작용을 일으키지 않습니다. 그래서 서방극락세계에서는 성취가 매우 빠릅니다.

[제24 청화법문]

염불법문의 법미와 보살수행의 총강령

(제30품 '극락세계 보살의 수행생활'에서 발췌)

극락세계 보살은 갖가지 변재를 구족하고 총지를 얻어 걸림없이 자재하고, 세간을 잘 이해하여 가없는 선교방편으로 설법하시나니, 그 설법은 성심에서 나온 말로 진실하여 (듣는 이는) **의리와 법미에 깊이 계입하느니라.**

辯才總持。自在無礙。善解世間無邊方便。所言誠諦。深入義味。

부처님께서 가르치시고 말씀하신 것은 모두 방편문이라 합니다. 일체중생은 부처님의 선교방편으로 인해 진실에 계입契入할 수 있습니다. 계입은 증득證得한다는 뜻이고, 진실은 우주와 인생의 진실상을 말합니다.

「성誠」은 성실로, 절대 거짓말이 아니라는 뜻입니다. 「제諦」는 확실히 진실하다는 뜻입니다. 부처님의 말씀은 한 글자 한 문구 모두 성심에서 나온 말로 진실합니다. 세간 사람은 이를 알지 못해 불교를 종교라고 여기고, 그것이 중생을 기만한다고 여깁니다. 이는 정법을 비방하는 큰 죄악입니다. 부처님의 말씀은 참되고 진실합니다.

「의義」는 의리이고, 「미味」는 법미입니다. 여기서 그 법미는 무궁무진합니다. 불법은 진실로 이러합니다. 불교를 처음 접할 때 《무량수경》에서 시작하면 틀림없습니다. 그 후로도 계속해서 배우고, 늙어 죽을 때까지 배우며, 나아가 장래 부처가 되고 보살이 되어도 여전히 《무량수경》을 배울 정도로 그 법미는 무궁무진합니다. 이 경을 독송할 때마다 매번 맛이 다르고, 매년 경계가 다릅니다. 이것이 바로 의미입니다. 진정으로 의미에 깊이 계입하여야 이런 힘이 생깁니다.

《무량수경》의 의미만 무궁할 뿐만 아니라 한마디 「아미타불」부처님 명호도 의미가 무궁합니다. 어떻게 해야 이것을 제대로 맛볼 수 있을까요? 일심으로 전념專念하면 무궁한 의미를 맛볼 수 있습니다. 법미를 맛본 후에는 그만 두려고 해도 그만 둘 수 없습니다. 학습하는 동안 환희심이 일어나고 용맹정진할 것입니다.

우리가 염불을 해도 법미를 맛보지 못하는 것은 「아미타불」을 염할 때 다른 일이 생각나기 때문입니다. 이것이 공부해도 득력하지 못하는 원인입니다. 계속 노력하며 착실히 염불해야 합니다. 일심에 장애되는 것을 모두 버리고, 진성심 · 청정심 · 공경심으로 일년 반 동안 염불하면 법미를 맛볼 수 있습니다. 법미를 맛본 후 극락세계에 왕생할 자신이 생기고, 염불할수록 신심이 단단해지고 강해지면 미리 가는 때를 알고 왕생할 수 있습니다.

공부가 더 깊어지면 자재하게 왕생할 수 있고, 가고 싶으면 언제라도 갈 수 있어 진정으로 생사에 자재한 경지에 이릅니다. 이는 우리들 각자 다 해낼 수 있지만, 문제는 전념하느냐 여부에 달려있습니다. 각명묘행覺明妙行 보살께서는 《서방확지西方確指》에서 매우 또렷이 말씀하셨습니다. "염불시 가장 금해야 하는 것은 뒤섞는 것이다. 뒤섞으면 마음이 전일하지 못하다."

"모든 유정을 제도하기 위해 진정한 도법을 연설하시니, 「곧 (경계 상에서는) **상에 집착함도 조작함도 없고, 무명번뇌도 해탈도 없어야 하며,** (수행 상에서는) **일체 사량분별도 없고, 전도망상도 멀리 여읠지니라.」"**

度諸有情。演說正法。無相無爲。無縛無脫。無諸分別。遠離顚倒。

「도度」는 도움이고, 「연演」은 표연表演함이며, 「설說」은 언설입니다. 일체중생을 돕고 그를 위해 정법을 행동으로 표현하고 말로 설명합니다. 말하는 것과 행동하는 것이 상응하지 않으면 듣는 사람은 선뜻 믿으려 하지 않을 것입니다.

불법은 단지 말로만 하는 것이 아닙니다. 생각뿐이면 아무런 쓸모가 없습니다. 몸으로 힘써 행해야 합니다. 말하자면 우리가 오늘날 정토법문을 배우면 우리는 《무량수경》에 의지하여 《무량수경》의 도리를 우리의 사상 · 견해로 바꾸고, 《무량수경》의 가르침을 우리의 생활상 행위로 바꾸어서 이 경전의 말씀을 전부 일상생활에서 표현하고 모두 성취해야 합니다. 성취한 후 이 세상에서 행복한 사람이 되면 다른 사람들이 당신을 흠모할 것입니다! "어떻게 해서 이렇게 즐겁고 행복하십니까?" 이때 그에게 다시 권하면 당연히 받아들이고 믿을 것입니다.

만약 불교를 배운다면서 내내 우거지상을 하고 있으면 다른 사람 눈에 몹시 괴로워 보일 것입니다. "난 불법을 배우지 않을 거야. 이런 사람이 불교를 배우고 있으니!" 이런 말을 듣고서 계속 권할 수 있겠습니까? 먼저 자신이 즐겁고, 원만해야 합니다. 다른 사람이 이런 모습을 보면 "네 모습이 왜 이렇게 좋지?"하고 물어볼 것입니다! 연演은 결코 허세를 부리는 것이 아니라 불경의 가르침을 잘 이해하고 자신이 실제로 실천하는 것입니다.

제불보살께서 중생을 교화하고 일체법문을 말씀하신 것은 모두 대중을 유도하는 방편설로 정설이 아닙니다. 정설은 일심으로 염불하여 정토에 태어나길 구하라고 가르칩니다. 그래서 《화엄경》에서는 말미에 염불하여 극락세계에 태어날 것을 가르칩니다. 그러나 일반 범부는 염불법문을 믿지 않아 받아들이지 못합니다. 그래서 이는 「믿기 어려운 법(難信之法)」입니다.

그래서 불보살님께서는 자비심으로 노파심에 갖가지 선교방편으로 유도하여 이러한 경계에 들어가도록 하십니다. 진정으로 이러한 경계에 들어가면 불보살님에 대해 감사하는 마음이 생깁니다. 왜냐하면 오직 염불법문만이 우리를 도와 일생에 성취할 수 있도록 하기 때문입니다. 이 법문이 아니면 이번 생에 절집에서 선근을 조금 심었을 뿐 내생에 예전대로 다시 윤회합니다.

「무상無相 · 무위無爲 · 무박無縛 · 무탈無脫」 이 네 문구는 경계 상에서 설명한 것입니다. 여기서 「무無」란 집착하지 않음이고, 「위爲」는 조작함입니다. 불보살님께서는 매일 중생을 위해 경전을 강설하고 법문을 설하십니다. 그것은 「위」입니다. 그는 일을 하지만, 집착하지 않습니다. 바꾸어 말해 일을 하나 일을 함이 없고, 일함이 없으나 일을 합니다. 심지가 청정하여 한 티끌도 물들지 않고, 인연에 수순하여 일을 합니다. 이런 경계가 바로 「무상무위」로 상에 집착하지 않음이다.

「박縛」은 바로 번뇌이고, 「탈脫」은 해탈입니다. 마음 바탕이 청정하여 분별 집착이 없는데, 어디에 번뇌가 있고 어디에 해탈이 있겠습니까? 번뇌와 해탈은 대립적인 개념으로 한쪽이 없으면 다른 한 쪽도 당연히 없습니다.

「일체 사량분별도 없고, 전도망상도 멀리 여읠지니라」 이 문구는 수행 상에서 말한 것입니다. 이 같은 수행을 닦아 앞의 경계에 도달하면 이는 제불 대보살의 경계입니다. 이것은 보살 수행의 총강령입니다. 극락세계의 보살은 모두 이를 강령으로 삼습니다.

당신을 힘들게 하는 이에게 감사하십시오

真誠清淨平等正覺慈悲
看破放下自在隨緣念佛
釋淨空

너를 해치려는 사람에게 감사하라.
그가 너의 심지를 단련시켜주기 때문이다.
너를 속이려는 사람에게 감사하라.
그는 너의 견문과 학식을 늘려주기 때문이다.
너를 채찍질하는 사람에게 감사하라.
그는 너의 업장을 제거해주기 때문이다.
너를 내버려두는 사람에게 감사하라.
그는 네가 자립하도록 지도하기 때문이다.
너를 걸려서 넘어지게 하는 사람에게 감사하라.
그는 너의 능력을 강화시켜주기 때문이다.
너를 꾸짖는 사람에게 감사하라.
그는 너의 선정과 지혜가 자라도록 돕기 때문이다.
너로 하여금 꿋꿋하게 성취하게 하는 모든 사람들에게 감사하라.
- 정공법사(허만항 거사 번역)

[제25 청화법문]

극락세계보살의 수행생활 (1)

(제30품 '극락세계 보살의 수행생활'에서 발췌)

"극락세계보살은 부처님 국토를 두루 다니면서 좋다거나 싫다거나 하는 마음을 내지 않고, 또한 희구하거나 희구하지 않거나 하는 생각도 없느니라.

遍遊佛剎。無愛無厭。亦無希求不希求想。

서방극락세계의 보살은 시방세계에 가서 중생을 제도하십니다. 어떤 부처님 국토는 칠보로 장엄된 정토이고, 어떤 부처님 국토는 매우 혼탁하고 열악한 예토입니다. 순경이든 역경이든 상관없이 단지 인연이 있으면 모두 가고 일체경계에 좋아하고 싫어함이 없습니다. 바꾸어 말하면 그들은 일체 제불찰토를 두루 다니면서 탐하고 애착하는 마음도, 지치거나 싫증내는 마음도 없고, 마음을 일으키고 생각을 움직이며 분별 집착하지 않습니다.

여행을 다닐 때 좋아하고 싫어하는 마음이 있으면 마음이 오염된 것입니다. 여행을 다닐 때 선정과 지혜를 닦아 명백하게 볼 수 있다면 곧 지혜이고, 좋아하고 싫어하는 마음이 없다면 곧 선정입니다. 우리는 여행하는 동안 선정과 지혜를 평등하게 배울 수 있습니다.

또한 일상생활에서 사람을 대하고 일을 처리하며 물건을 접촉하는 동안에도 선정과 지혜를 닦을 수 있습니다. 예컨대 어떤 사람이 당신을 화나게 해도 마음을 일으키고 생각을 움직이지 않으면 일심불란一心不亂을 닦는 것입니다. 그 사람은 당신에게 선지식으로 그가 없다면 인욕바라밀을 어떻게 성취하겠습니까? 그리고 어떤 사람이 달콤한 말을 해도 애착심이 생기지 않고, 시비를 붙여도 성내는 마음이 없으면 이는 모두 선정과 지혜를 성취하는 공부입니다.

정토종에서 말하는 「일심불란」과 「염불삼매」는 모두 이 단락에서 말하는 수행입니다. 만약 시시비비나 쓸데없는 뒷말을 듣고서 마음이 움직이면 곧장 참회해야 합니다. "어떻게 하다 보니 또 잘못을 저질렀네, 또 경계를 따라 굴려버렸네." 그래서 일상생활에서 일을 처리하고 사람을 대하며 물건을 접하는 곳에서 생각마다 미혹하지 말고 깨어있으면 언제 어디라도 모두가 선지식이고, 좋은 선생님입니다.

희구希求는 잘못입니다. 희망이 있으면 괴로움이 있고 얻음이 있으면 실망이 있기 마련입니다. 이는 매우 고통스럽습니다.

희구하지 않는 것도 잘못입니다. 이는 모든 연을 거절하는 것입니다. 희구하여도 반연攀緣이고 희구하지 않아도 반연입니다. 어떤 일이든 모두 인연에 따라야 하고 연분에 따라야 합니다. 그래서 보살은 중도中道를 행하니, 중생을 교화함에 있어 일체 인연에 따를 뿐 반연을 맺지 않습니다.

"또한 남과 나의 구분도 없고 거스르고 원망하는 생각도 없느니라."

亦無彼我違怨之想。

「피아彼我」는 남과 나로, 곧 《금강경》에서 말씀하신 「사상四相」 즉 아상我相 · 인상人相 · 중생상衆生相 · 수자상壽者相입니다. 「위원違怨」, 자신의 뜻을 거스르면 원망하는 생각을 일으키고 자신의 뜻에 잘 따르면 좋아하는 생각을 일으킵니다.

그래서 우리는 일체 인사 방편에서 선한 사람이든 악한 사람이든 반드시 평등심을 가져야 합니다. 평등심을 가져야 청정심을 성취할 수 있습니다. 탐내고 좋아하거나 거스르고 원망하는 생각은 모두 망상입니다. 일체 망상 · 분별 집착을 여의면 청정 · 평등을 성취합니다. 청정 · 평등하여 반드시 깨달아서 미혹하지 않으면 「청정 · 평등 · 각」의 목적을 실현할 수 있습니다.

[법보] 이 경문은 모두 극락세계보살이 수행하는 원칙으로 우리들이 마땅히 학습해야 합니다. 설사 실천하지 못할지라도 이것이 사실진상임을 알고 마음속으로 지향하면서 할 수 있는 만큼만 하고, 최선을 다해 실천해나가면 그만큼 잘 되게 마련입니다.

이 단락에서는 어떻게 중생을 이롭게 하는지 설명합니다. 앞에서는 자신을 이롭게 함에 속하고, 여기서는 남을 이롭게 함에 속합니다. 남을 이롭게 함에 있어서 가장 중요한 것은 평등심 · 청정심 · 대자비심입니다. 그래서 부처님께서는 우리들에게 "남과 나의 구분이 없어야 한다."고 이르십니다. 이는 인사人事 상의 평등으로 자신과 남을 구분하지 않음입니다. 중생과 부처는 일체이고, 자신과 남은 둘이 아닙니다. 이는 중생을 이롭게 함에 있어 매우 중요한 원칙입니다.

거스르고 원망하는 생각은 흔히 말하는 좋아하고 싫어함입니다. 중생은 좋다고 말하지 않고 단지 싫다고 말할 뿐입니다. 「위違」는 일반적인 도리를 거스르는 것이고, 「원怨」은 거스를 뿐만 아니라 원망하고 심지어 원한을 품는 것입니다. 뜻대로 되지 않는 경계를 만나면 쉽게 이런 생각이 일어납니다. 이러한 생각은 모두 무시이래의 번뇌습기로 바깥 경계가 현전하면 이 습기가 그것에 이끌려 나옵니다.

"또한 … 없느니라." 말씀하십니다. 이로써 보살의 선정력은 매우 깊어서 바깥경계에 움직이지 않음을 알 수 있습니다. 보살의 선정 공부는 깊고, 보살의 지혜는 깊고 넓어서 일체중생을 꿰뚫어 볼 수 있습니다. 자성에서 바라보면 일체 중생은 평등하지 않음이 없고 선량하지 않음이 없습니다. 단지 무시겁 이래 삿된 번뇌에 미혹되어 이렇게 변하였을 뿐입니다. 마치 깨어 있는 사람, 아주 이지적인 사람, 사랑스런 사람이 술 취한 사람들과 한 곳에 있어 술에 취해 횡설수설하고, 심지어 손찌검까지 하며, 조금도 예의가 없는 것과 같습니다. 정신을 차리면 그는 본래부터 아주 좋고, 매우 사랑스러워 술에 취해도 그를 용서할 수 있습니다.

이런 중생은 미혹·전도되어 곤드레만드레 취해 비틀거리는 술꾼과 같아 보입니다. 보살은 언제나 또렷이 깨어 있습니다. 보살은 깊은 지혜가 있어 이들 중생을 절대 책망하지 않습니다. 중생이 어떻게 나쁜 일을 하지 않는다고 말할 수 있겠습니까? 그들이 나쁜 일을 하지 않는다면 언젠가 보살이 되고 부처가 될 것입니다. 중생은 습기가 매우 무겁기 때문에 때때로 나쁜 생각이 들고 나쁜 행위를 저지릅니다. 불보살은 절대 책망하지 않고, 마음이 평등합니다.

[제26 청화법문]

극락세계보살의 수행생활 (2)

(제30품 '극락세계 보살의 수행생활'에서 발췌)

"극락세계보살은 일체 중생에게 대자비심을 지니고 이롭게 하는 까닭에 일체 집착을 버리고 무량공덕을 성취하고서 걸림 없는 지혜로써 일체제법의 여여한 진상을 철저히 이해하느니라."

于一切衆生。有大慈悲利益心故。舍離一切執著。成就無量功德。以無礙慧。解法如如。

「대大」는 청정심 · 평등심으로 분별 · 집착이 없습니다. 대자대비는 청정심의 자비이고, 평등심의 자비입니다. 이는 서방극락세계 보살에게는 불찰토를 두루 다닐 수 있는 능력이 있고, 허공법계 모든 일체 찰토에 모두 도달할 수 있는 능력이 있음을 설명합니다. 경전에서는 우리에게 "과거는 시작이 없고 미래는 마침이 없다(過去無始 未來無終)." 하셨습니다. 이로써 공간(불법에서는 법계라 부른다)이 실로 너무나 크다는 사실을 알 수 있습니다. 이와 같은 광대한 법계는 모두 보살이 두루 돌아다니는 범위로 어느 곳이든 인연이 있으면 그곳에서 시현하여 일체중생을 이롭게 합니다.

연緣에는 익지 않은 경우도 이미 익은 경우도 있습니다. 연이 없는 경우 연을 맺어야 하고, 익지 않은 경우 그가 익도록 도와야 하며, 이미 익은 경우 그를 접인하여 왕생하게 해야 합니다.

정종에서 근기가 익음은 다른 종과 다릅니다. 다른 종은 번뇌를 끊어 확철대오해야 합니다. 정종에서는 정토법문에 대해 진실로 믿고 기꺼이 발원하며 착실히 염불하면 바로 근기가 익은 중생(根熟衆生)입니다. 이는 다른 종에 비해 수학하기가 쉽습니다. 극락세계 보살은 시방 무량무변 세계에서 위로 불법을 구하고 아래로 중생을 교화함에, 위로 불법을 구하는 상에 집착하지 않고 아래로 중생을 교화하는 상에 집착하지 않습니다. 일체 집착을 버리고 일체중생을 교화하여 무량공덕을 성취할 수 있습니다.

「공功」은 공부이고, 「덕德」은 수확입니다. 덕은 과이고, 공은 인입니다. 「공」은 어떻게 닦아야 할까요? 부처님께서는 우리에게 세 가지 원칙, 즉 계·정·혜의 삼무루학三無漏學을 가르쳐 주셨습니다. 계정혜에 따라 수학합니다. 예컨대 계를 지켜서 선정을 얻습니다. 여기서 계戒는 곧 공이고 선정은 덕입니다. 선정을 닦으면 깨달음이 열립니다. 여기서 선정은 공이고 깨달음은 덕입니다. 계를 지키는데 선정을 얻을 수 없으면 공은 있으나 덕이 없는 것입니다. 이때 계는 복덕으로 변하여 내생에 인천의 복덕을 얻습니다. 선정을 닦았는데 깨달음이 열리지 않으면 그 과보로 색계천·무색계천을 얻지만 삼계를 벗어나지 못합니다.

「무량공덕」은 곧 성불成佛입니다. 불과를 얻어 비로소 무량공덕을 구족합니다. 이는 우리들이 학불하는 궁극적인 목표입니다. 어떻게 해야 무량공덕을 성취할 수 있습니까? 일체 집착을 여의어야 합니다. 우리가 성취하지 못한 까닭은 집착을 내려놓지 못하였기 때문임을 알 수 있습니다. 세간법에 집착해서는 안 될 뿐만 아니라 출세간법도 집착해서는 안 됩니다. 일체망상 집착을 버려야 무량공덕을 성취할 수 있습니다.

만약 내려놓지 못하면 성취하였다 말할 수 없습니다. 그러나 내려놓기란 정말 어렵습니다. 이에 아미타부처님께서 다함없는 대자비심을 일으켜서 법계에 특별한 수학도량을 건립하여 이렇게 내려놓지 못한 사람도 성취할 수 있게 하셨습니다. 이는 진실로 불가사의합니다! 시방세계 제불도량은 반드시 세간·출세간법을 모두 내려놓아야 성취할 수 있지만, 오직 아미타부처님의 극락세계에서만 내려놓지 않아도 됩니다.

서방극락세계에 이르면 아미타부처님과 모든 상선인上善人, 즉 대보살께서 우리를 도와 일체 집착을 버리게 하니, 우리들은 비로소 무상보리를 증득할 수 있습니다.

앞 문구에서는 아집을 깨뜨리고, 뒤 문구에서는 법집을 깨뜨립니다. 법집을 깨뜨려야 성불합니다. 우리의 표준을 최저로 내려도 등각보살입니다. 십지보살인 법운지보살은 법집을 깨뜨립니다. 법은 일체만법을 가리킵니다. 일체만법의 법상은 그 법성 그대로(如)이고, 법성은 그 법상 그대로(如)이므로 **성상性相이 일여**합니다. 두 개의 여如 자에서 하나는 성性에서 말한 것이고, 하나는 상相에서 말한 것으로 성상이 여여如如합니다.

이러한 설법은 여전히 매우 어려운 말입니다. 그래서 고덕께서는 금과 그릇의 비유를 드셨습니다. **금은 성性을 비유한 것이고, 그릇은 상相을 비유한 것**입니다. 금으로 어떤 이는 팔찌를 만들고, 어떤 이는 목걸이, 어떤 이는 술잔, 어떤 이는 주발을 만듭니다. 모두 금이지만, 상은 같지 않습니다. 상은 천차만별이지만, 그 체는 같아서 모두 금으로 만듭니다. 그래서 금은 바로 그릇이고, 그릇은 바로 금이라고 말할 수 있습니다. 금과 그릇은 하나이지 둘이 아닙니다. 금으로써 그릇을 만들고, 그릇마다 모두 금임을 잘 알 수 있습니다.

이 비유를 통해 점차 부처님의 말씀을 잘 체득할 수 있습니다. **우주와 인생, 삼라만상은 어디에서 왔습니까? 모두 자성이 변하여 나타난 것입니다.** 성은 금으로 잘 비유되고, 삼라만상은 그릇으로 잘 비유됩니다. "성은 바로 상이고, 상은 바로 성이다. 성상性

相은 일여이고, 둘이 아니다." 이로써 명백히 압니다. 명백히 알면 마음에 대자재를 얻습니다. 어떻게 자재합니까? 일체만법에 더 이상 분별 집착하지 않습니다. 그는 만법이 평등하고 일여임을 잘 이해합니다. 이것이 바로 법집을 깨뜨린 대보살의 경계입니다.

"고집멸도의 교법과 (중생을 교화하는) **음성방편을 잘 알아 세간의 무익한 언어를 좋아하지 않고, 출세간의 정론**(대승 구경요의)**을 좋아하느니라."**

善知集滅音聲方便。不欣世語。樂在正論。

이는 언어 측면에서 말한 것으로 모든 말을 포괄합니다. 이는 일체중생의 사상·견해를 명료하게 말합니다. 「선지善知」에서 「선善」은 매우 미묘하다는 말입니다. 이는 공유불이空有不二를 뜻합니다. 유는 바로 공이고, 공은 바로 유입니다. 체에서 말하면 공이고, 상에서 말하면 유입니다. 성상性相이 이미 일여인 한 이理와 사事에는 당연히 걸림이 없습니다. 이와 사에 걸림이 없을 뿐만 아니라 사事와 사事에도 걸림이 없습니다. 모든 일체 장애는 어디에서 생깁니까? 모두 망상집착에서 생깁니다. 일체 망상집착을 여의면 걸림이 없는 법계로 들어갑니다. 따라서 이러한 사리와 인과를 철저히 이해함을 「선지」라고 합니다.

세간의 언어는 의의가 없고, 모두 쓸데없는 말입니다. 세간의 언어는 모두 감정에서 생기는 것으로 망상에 빠지게 합니다. 바꾸어 말하면 모두 업을 짓게 하니, 선한 말은 선업을 짓고 나쁜 말은 악업을 지어 모두 육도윤회의 업을 짓게 합니다.

보살은 세간의 언어를 좋아하지 않습니다. 그의 마음을 청정하여 세간의 일체 즐거운 일과 세간 언어에 대해서는 인연에 따를 뿐 얽매이지 않습니다. 보살은 정론을 좋아합니다. 정론은 일체중생을 위한 경전강설과 설법입니다. 부처님께서 설하신 가르침은 모두 정론입니다. 정론은 요즘말로 우주와 인생의 실상입니다.

바른 법은 자성과 상응하고, 삿된 법은 자성과 어긋납니다. 이것이 절대적인 표준입니다. 이 점을 깨달아야 세존께서 49년 동안 설하신 법을 잘 이해할 수 있습니다. 정법은 우리를 도와 미혹을 깨뜨리고 깨달음을 얻게 합니다.

[제27 청화법문]

극락세계보살의 수행생활 (3)

(제30품 '극락세계 보살의 수행생활'에서 발췌)

"극락세계 보살은 일체제법이 모두 다 공적한 줄 알아서 생사번뇌의 두 가지 남은 습기가 한꺼번에 다하였느니라."

知一切法。悉皆空寂。生身煩惱。二餘俱盡。

「일체제법이 모두 다 공적한 줄 안다」와 「사대四大가 모두 공하고, 오온五蘊은 무아無我이다.」 이 두 문구의 뜻은 완전히 같습니다. 「사대」는 물질의 네 가지 성질로 곧 지·수·화·풍을 말합니다.

「지地」는 가장 작은 물질을 표시합니다. 불법에서는 이를 「미진微塵」이라 하고, 과학자들은 원자·전자·미립자라고 합니다. 「지」는 확실히 물질이 존재하고 있음을 표시합니다. 이는 과학 장비로 관찰할 수 있습니다. 「수水」는 습도를 표시하고, 「화火」는 온도를 표시합니다. 현대과학에서는 음전하와 양전하라고 하는데, 양전하는 「화」이고, 음전하는 「수」입니다.

「풍風」은 움직이는 모습을 표시합니다.

「사대」는 바로 물질에 기본적인 네 가지 현상으로 일체 삼라만상이 모두 기본물질의 조합으로 말미암아 이루어집니다. 《금강경》에 이르시길, "**일합상**(一合相; 물질의 기초인 1백억 개의 중성미자)은 즉 일합상이 아니라 이름이 일합상이니라." 하셨습니다. 이 기본물질이 조합하여 크게는 행성과 은하계에서 작게는 미세먼지에 이르기까지 삼라만상을 이룹니다.

기본물질은 어디에서 옵니까? 심법心法이 변하여 나타난 것입니다. 《유식경론》에 이르시길, "일념에 무명으로 깨닫지 못해 세 가지 미세한 상이 생기고, 이 경계를 반연하여 여섯 거친 상이 생겨난다." 하셨습니다. 이는 바로 세 가지 미세한 상의 「견분見分」과 「상분相分」, 「능견상能見相」과 「경계상境界相」입니다. 기본물질은 경계상, 즉 상분입니다. 상분은 견분에서 변하여 나타난 것입니다. 말하자면 공 가운데 유가 생기고, 유는 공으로 돌아갑니다. 일체법이 모두 다 공적한 도리를 명백히 이해하여야 "만법이 모두 공하다"는 진상眞相을 알 수 있습니다.

눈앞에 보이는 것, 듣는 것, 접촉하는 것은 이理 상에서 말하면 공이고, 사事 상에서 말하면 유입니다. 「유」는 「가유假有」로 진실이 아니고, 「공」이 진실입니다. 진실은 영원불변한 것으로 변하는 것은 진실이 아닙니다. 그래서 「공」은 영원불변한 까닭에 「진공眞空」이라 합니다. 「유」에 관해서 일체현상은 모두 변화합니다. 사람은 생노병사의 매우 현저한 변화를 겪습니다. 실제로 미세한 변화는 우리들 신체세포의 신진대사처럼 매순간 멈추지 않고 변화합니다. 그리고 식물에도 생주이멸生住異滅이 있고, 광물과 행성에도 성주괴공成住壞空이 있습니다. 그래서 일체 만물의 모습은 모두 변화하고 있습니다. 변화하고 있는 이상 진실이 아닙니다. 그래서 「유」는 「가유」·「환유」·「묘유」, 진공묘유眞空妙有로 불립니다!

그러나 불교에서 말하는 「공」과 「유」는 하나의 일임을 알아야 합니다. 「진공」은 「묘유妙有」의 가운데 있고, 「묘유」는 「진공」의 가운데 있습니다. 「진공」은 체體이고, 「묘유」는 상相입니다. 이래야 우리가 일체 경계를 또렷이 볼 수 있습니다. 또렷이 볼 수 있으면 이는 우리를 도와 "일체 집착을 여의게 합니다."

집착은 어디에서 생깁니까? 사실진상을 또렷이 이해하지 못한 채 이해할 수 있다고 여기기 때문에 생깁니다. 몸 바깥의 물질 뿐만 아니라 자신의 몸도 이해하지 못하는데, 집착해서 뭐가 좋겠습니까? 기꺼이 내려놓아야 합니다!

진공은 「진여본성」이라고 말합니다. 진여본성은 자취가 없습니다. 그것은 색이 없어 볼 수 없고, 음성이 없어 들을 수 없습니다. 심지어 사유나 상상으로도 도달할 수 없습니다. 그렇지만 그것은 확실히 존재합니다. 이는 우주 일체만법의 본체로 일체 법은 본체로부터 변하여 나타납니다.

그래서 마음을 밝혀 불성을 본 후 바로 불생불멸입니다. 경계상이 매우 자유로우면 어떤 상이 나타나도 기쁩니다. 우리는 현재 미혹 전도되어 있어 아무리 생각해도 모두 헛수고입니다. 불성을 본 후에 스스로 변할 수 있습니다. 허공법계에서 자신이 주재자가 되고, 자신이 주인이 되어 대자재를 얻습니다! 그래서 꼭 사실진상을 잘 이해해야 합니다. 「일체제법은 모두 다 공적하다.」 이는 이理 상에서, 본체 상에서 말씀하신 것입니다.

「이二」는 생신生身과 번뇌입니다. 「여餘」는 습기로 가장 끊기 어렵습니다. 「생신生身」은 바로 생사입니다. 우리는 육도에서 몸을 버리고 몸을 받아 생사에 윤회합니다. 생사윤회는 상입니다. 경계상이 있는 이유는 번뇌가 있기 때문입니다. 그래서 육도윤회의 경계상이 번뇌로 이루어지므로 번뇌를 끊으면 윤회는 없습니다. 아라한처럼 견사번뇌를 끊으면 육도의 생사윤회를 뛰어넘습니다.

[제28 청화법문]

극락세계보살의 공덕

(제31품 극락세계 보살의 진실한 공덕에서 발췌)

"그 마음은 설산과 같아 정결하고 순백하며, 인욕은 대지와 같아 일체를 평등하게 대하며, 청정한 행은 물과 같아 온갖 티끌과 때를 씻어주느니라."

其心潔白。猶如雪山。忍辱如地。一切平等。清淨如水。洗諸塵垢。

「설산雪山」은 히말라야 산에 오랜 세월 쌓인 눈을 가리킵니다. 석가모니부처님께서는 현재의 네팔에서 태어나셨는데, 바로 히말라야 산의 남쪽 면입니다. 부처님께서는 경전을 강설하실 때 늘 설산을 정결에 비유하셨습니다. 심지는 청정하여 먼지 한 알에도 물들지 않았습니다.

「지地」, 대지는 무진장의 보배를 함장하고 있습니다. 땅 위로는 오곡잡곡이 자라나 우리의 생명을 기르고, 땅 아래로는 금은칠보가 매장되어 우리에게 필요한 것들을 제공합니다. 그러나 우리는 그것을 개발 경작하여야 비로소 수확이 있고,

제련하여야 지하의 보물을 누릴 수 있음을 알 수 있습니다. 그래서 대승불법에서는 우리에게 지장보살로부터 배우라고 가르칩니다. 지地는 심지心地입니다. 이렇게 비유한 것은 우리의 심지에는 무량한 지혜, 무량한 덕능이 함장되어 있기 때문입니다. 우리는 《지장경》에서 가르치는 「효친존사孝親尊師」를 사용하여 경작 채굴 제련하여야 비로소 그 필요한 것을 얻을 수 있습니다.

당신이 대지 위에 향수를 뿌려도 기쁘지 않고, 당신이 똥오줌을 뿌려도 싫지 않으며 한결같이 평등하게 감당합니다. 이는 우리에게 인욕바라밀을 닦아서 마음은 대지와 마찬가지로 평등하게 감당하고, 어떤 사람, 어떤 일, 어떤 경계를 만나든지 모두 평등하게 대해야 한다고 가르칩니다. 세간 출세간의 일체법은 모두 대단히 인忍을 중시하여 참을 수 없으면 성취할 수 없습니다. 대사업은 큰 인내가 있어야 성취할 수 있고, 작은 사업도 작은 인내가 있어야 됩니다. 그래서 《금강경》에 이르시길, "일체제법은 인욕으로 이루어지느니라(一切法得成於忍)." 하셨습니다.

경전에서는 범부가 수행하여 성불하는데 「삼대아승지겁」이 걸린다고 말씀하십니다. 이 시간의 길이는 정말 천문학적인 숫자로 인내심이 없으면 어떻게 성취할 수 있겠습니까? 그러나 우리가 정토를 수학하면 박지범부도 업을 짊어진 채로 서방극락세계에 태어나 일생에 성취한다는 경문을 관찰할 수 있습니다. 이로써 서방극락세계가 얼마나 귀한지 알 수 있습니다! 당연히 빨리 성취함에 수많은 요소가 있는데, 가장 수승한 것은 「삼불퇴三不退를 원만히 증득한다」는 점입니다. 우리가 타방세계에서 수행하면 나아가고 나아가며, 물러나고 물러납니다. 나아감은 적은데 반해 물러남은 많아서 꽃이 피는데 매우 오랜 시간이 걸립니다. 우리는 이 사실을 알아야 합니다.

정토를 닦음에 가장 큰 인내심을 가져야 합니다. 진실로 믿고 간절히 발원하여 정토에 태어나길 구하여 이번 생에 가지 않으면 안 되고 아미타불을 친견하지 않으면 안 된다고 결심을 내려야 합니다. 이러한 결심이 있어야 착실하게 한마디 부처님 명호를 철저하게 염하여 결정코 왕생할 수 있습니다.

이것을 제외하고 그 밖에 "무릇 모든 상은 다 허망합니다." 일체는 지나가고 또 지나가리니, 헤아리고 집착해서는 안 됩니다. 일체제법을 평등하게 대하며 한 마음 한 뜻으로 정토를 구할 뿐입니다. 명성을 구하지 말고 이익을 구하지 말며, 생활은 검소할수록 좋고 왕생을 구하는 마음은 간절할수록 용맹합니다. 행한 바 일체 선행을 마음속에 움직이는 선한 생각까지도 모두 세간의 복보를 구하지 않고 회향하여 정토를 장엄합니다.

「청정」은 마음을 가리키고, 「진구塵垢」는 번뇌와 오염을 가리킵니다. 이는 우리에게 마음은 물처럼 청정 · 평등해야 한다고 가르칩니다. 이는 부처님의 마음은 물처럼 청정 평등하다고 시시각각 자신을 일깨웁니다. 우리도 이렇게 법을 배워서 자신의 번뇌와 망상, 분별과 집착을 말끔히 씻어야 합니다.

[제29 청화법문]

학불 · 교학을 싫어하지도 싫증내지도 말라!

(제31품 '극락세계 보살의 진실한 공덕'에서 발췌)

"그 마음이 정직하고, 선교방편으로 설법하여 기꺼이 마음을 결정하게 하며, 법을 논할 적에 싫어함도 없고, 법을 구할 적에 싫증내지도 않는다."

其心正直。善巧決定。論法無厭。求法不倦。

마음은 발라야 하고, 마음은 곧아야 합니다. 「정직」은 요즘 말로 진심입니다. 진심으로 사람을 대하고 물건을 접해야 하며, 다른 사람이 우리를 속이는 것을 두려워 말아야 합니다. 어떤 사람은 성의를 다해 사람을 대하면 손해를 본다고 말합니다. 그러나 손해를 보는 것은 두렵지 않습니다. 그렇게 오랫동안 손해를 보지 않고 우리는 극락세계에 갈 것이기 때문입니다. 이 점이 매우 중요합니다. 손해를 볼까 두려워서 다른 사람이 나를 속이고 나도 다른 사람을 속여서 이렇게 진심이 아닌 마음으로 대하면 좋지 않습니다.

서방세계 사람은 모두 진심인데, 사바세계 우리의 마음씀씀이는 그들과 같지 않습니다. 아미타부처님께서는 매우 자비로우셔서 우리들을 극락세계로 접인하여 가시길 원하지만, 그때에 이르러 동학 도반들과 많은 사람들이 반대하면 아미타부처님께서도 방법이 없습니다. 그래서 진심을 평상시 길러서 지극한 정성으로 사람을 대하고 물건을 접해야 함을 알아야 합니다.

지혜로써 중생의 근기를 관하고 그 근기에 맞게 설법하는 것이 바로 「선교결정善巧決定」입니다. 「결정」은 사람들로 하여금 법문을 들은 후에 애매모호한 생각을 일으키지 않도록 함을 말합니다. 보살은 중생이 어떤 근기이든 그에게 정토법문을 설해 주어서 조금씩 그를 정토로 인도합니다. 그래서 수많은 경전과 논서 곳곳에서 돌아갈 것을 가리키는데, 나중에는 정토로 돌아갈 것을 가리킵니다.

"법을 토론함도 싫어하지 않고, 법을 구함도 싫증내지 않는다." 함은 스스로 행하여 다른 사람을 깨닫게 하는 것을 말합니다. 보살은 경전을 강설하고 법을 설하여 주며, 사람들과 토론하는 것을 싫어하거나 싫증내지 않습니다. 토론은 자신과 남을 모두 이롭게 합니다. 다른 사람을 도울 뿐만 아니라 자신을 이롭게 합니다.

보살은 끊임없이 법을 구합니다. 실제로 말해서 중생을 교화하는 것은 바로 법을 구하는 것입니다. 고인께서는 "가르치는 과정을 통해 선생도 학생도 발전한다(教學相長).” 말씀하셨습니다. 문답할 때 특히 그렇습니다. 수많은 사람들이 문제를 제시하는데, 자신이 생각하지 않은 문제가 매우 많습니다. 다른 사람이 질문을 하면 우리는 또렷이 이해할 수 있고, 이때 지혜가 현전합니다. 그래서 가르치는 동안 서로 발전합니다. 이 때문에 보살은 중생을 제도하지 않고서는 불도를 원만히 이룰 수 없습니다. 왜냐하면 지혜가 원만하지 않기 때문입니다. 광대한 군중을 접촉하여야 비로소 원만한 지혜를 얻을 수 있습니다.

저는 이병남 스승님께서 교학하시는 모습을 한 차례 본적이 있는데 매우 감동을 받았습니다! 그때 스승님께서는 이미 70여 세이셨고, 학생은 수많은 문제를 제시하며 무려 3시간이나 질문하였습니다. 스승님께서는 매우 침착하게 무척 인내심을 갖고 답하셨는데, 이는 그를 감탄하게 하였습니다. 이로써 불보살은 중생을 가르침에 싫어하거나 싫증내지 않음을 알 수 있습니다.

스스로 배우면서 싫어하거나 싫증내는 마음을 느껴서 퇴전하고 정진하지 못하는 경우가 훨씬 더 많습니다. 왜 지치거나 싫증이 날까요? 배우는데 진실한 이익을 얻지 못하기 때문입니다. 진실로 이익을 얻는데 어떻게 지치거나 싫증을 내겠습니까? 그래서 싫어하거나 싫증내며 퇴전하는 경우는 모두 마음이 너무 거칠고 목표가 평이해도 만족하고 깊이 구하지 않기 때문입니다.

당나라 말기 남산의 도선道宣 율사는 사분율四分律을 배웠는데, 잇따라 20여 번 들었습니다. 그래서 일대조사가 되었습니다. 요즘 사람들은 한번 들으면 더 이상 들으려 하지 않으니, 어떻게 성취할 수 있겠습니까? 제가 타이중에서 이병남 스승님의 《불학십사강佛學十四講》 강설을 들었는데, 총 11년을 들었습니다. 완전히 숙지하여야 진실로 맛이 있습니다! 종전에 이병남 스승님께서 타이중에서 발심하여 《화엄경》을 강설하셨습니다. 그때 8명이 강설해주실 것을 요청하였는데, 그 중 한 사람이 저입니다. 스승님께서는 일주일에 1시간 강설하셨습니다. 그래서 《화엄경》을 원만하게 강설하시는데 대충 6, 70년이 걸려야 원만하게 강설할 수 있습니다. 그는 그때 이미 7, 80세이어서 반드시 1백5, 60세까지 사셔야 강설을 완료할 수 있습니다. 이는 모두 우리가 학습하는 좋은 본보기로 스스로 행하고 남을 교화하려면 싫어하지도 싫증내지도 않아야 합니다.

[제30 청화법문]

명호를 집지함에 복덕, 선정과 지혜가 있다

(제31품 '극락세계 보살의 진실한 공덕'에서 발췌)

"마음가짐은 순박 · 청정하고, 몸가짐은 온화하며, (청정심 가운데) **안상히 선정에 들고 또렷하게 살필 수 있다."**

淳淨溫和。寂定明察。

「순淳」은 순박淳樸 · 순후淳厚이고, 「정淨」은 청정입니다. 순정淳淨은 마음속 심리상태를 가리킵니다. 순은 복보이고, 정은 지혜입니다. 복보가 있고 또 지혜가 있어야 진정한 복덕입니다. 온화는 바깥으로 표현하는 태도를 가리킵니다. 온화 · 선량하고 공경 · 신중하며, 절약 · 검소하고 인내 · 양보합니다. 이는 우리가 세상에 살면서 사람을 대하는 태도를 설명하고 불타교육의 진실한 수용을 드러내 보입니다. 「적정寂定」은 청정심을 가리키는데, 바깥으로 행동거지가 안상함을 표현합니다. 즉 경전에서 말씀하시는 "용은 항상 선정에 들어 있으니, 선정에 들어 있지 않는 순간이 없다(那伽常在定 無有不定時)" 하신 것으로 행동거지 하나하나가 매우 진중하고 매우 안상하여 선정에 든 것과 같다고 표현합니다. 「명찰明察」은 청정심의 작용입니다. 그것이 작용하면 지혜가 현전하고 심지에 광명을 발하여 바깥 경계 어느 것에 대해서도 또렷합니다. 그래서 「적정명찰寂定明察」은 바로 「정혜등학定慧等學」으로 선정과 지혜가 있습니다.

우리가 모든 인연을 내려놓고 일심으로 부처님 명호를 집지함이 바로 선정을 닦는 것입니다. 선정을 닦는 것일 뿐만 아니라 동시에 복덕과 지혜를 닦습니다. 우익대사께서는 일심으로 명호를 집지함이 바로 선근이 많고 복덕이 많음이라고 말씀하셨습니다. 선근이 많음이 지혜이고 복덕이 많음이 복입니다. 그래서 「아미타불」을 염함이 복과 지혜를 쌍수함입니다. 석가모니부처님께서는 아미타부처님은 "광명 중에 지극히 존귀하며, 부처님 중의 왕이니라." 찬탄하셨습니다. 「광명 중에 지극히 존귀함」은 지혜가 지극히 존귀함이고, 「부처님 중의 왕」임은 모든 일체제불 중에서 아미타부처님의 지혜 · 복덕이 가장 크다는 말입니다. 그래서 「아미타불」을 염하는 사람이 만약 진성심으로 염할 수 있으면 감응도교感應道交할 수 있습니다. 이른바 "일념에 상응하면 일념에 부처님이 된다(一念相應一念佛)." 합니다. **「일념상응一念相應」**은 바로 아미타부처님의 지혜가 자신의 지혜로 바뀌고 아미타부처님의 복덕이 자신의 복덕으로 바뀌는 것입니다. **불념佛念**이 오래되면 아미타부처님과 융통하여 일체를 이룹니다. 그래서 염불인의 수행시간은 짧아도 성취는 불가사의한 이치가 여기에 있습니다. 「적정명찰寂定明察」함이 이 한마디 부처님 명호가운데 있습니다.

[제31 청화법문]

아침 저녁으로 두 차례 염불하라!

(제32품 '수명과 법락이 끝이 없다'에서 발췌)

"항상 자신을 점검하고 거두어들여서 행동을 단정히 하고 마음을 정직하게 하여 몸과 마음이 항상 정결·청정하고 일체의 애욕과 탐욕이 없다."

檢斂端直。身心潔淨。無有愛貪。

우리가 진정으로 수행하는 사람이라면 아침·저녁으로 두 차례 기도일과를 가져야 합니다. 아침 기도일과는 우리가 잊지 말아야 할 것을 일깨우는 시간입니다. 우리는 매일매일 부처님의 가르침을 준수하여 우리들 자신의 사상·견해·행위를 수정해야 합니다. 저녁 기도일과는 바로 반성의 시간으로 오늘 하루 부처님께서 나에게 가르치고 인도하신 것을 실천하지 않은 것은 없는가? 진지하게 생각하고 또 생각해야 합니다. 실천하지 않았다면 서둘러 실천해야 합니다. 이미 실천하였다면 더욱 더 잘 유지하여 그것을 잃지 말아야 합니다.

이렇게 아침 · 저녁 기도일과를 빠짐없이 실천하는 것이 진정한 수행입니다. 아침에 경전을 한번 독송하여 불보살님께 들려주고, 저녁에도 다시 한번 독송하여 불보살님께 들려주는 식으로 여긴다면 이는 하루 기도일과를 대강대강 해 넘기는 것입니다. 불보살님께서는 당신이 이런 식으로 기도하는 것을 바라지 않습니다! 우리가 불보살님 형상 앞에서 경전을 독송하는 것은 "저는 반드시 부처님의 가르침을 준수하도록 열심히 노력하겠습니다." 기도하고, 부처님께 증명하여 주시길 구하는 것입니다.

우리의 생각 · 말 · 실천이 잘못되면 부처님의 가르침에 비추어 그것을 수정해가야 합니다. 이것을 "수행"이라고 합니다. 요컨대 아침 기도일과는 자신을 일깨우는 시간이고, 저녁 기도일과는 반성하는 시간입니다. "항상 자신을 점검하고 수렴하여 행동을 단정히 하고 마음을 정직히 할"뿐입니다.

「마음」은 주재함입니다. 마음이 청정하면 몸도 청정합니다. 그러나 몸은 마음에 영향을 미칠 수 있습니다. 그래서 부처님께서는 행동거지 하나하나 모두 율의에 맞아야 한다고 가르치셨습니다. 그 목적은 바로 우리들이 일상생활에서 좋은 습관을 기르면 마음은 저절로 안정된다는데 있습니다.

마음이 청정하면 몸은 당연히 청정합니다. 그래서 몸은 병에 걸리지 않습니다. 매우 많은 사람들이 큰 걱정을 지니고 있습니다. 병에 걸리면 어떻게 하나? 정말로 병에 걸리면 어찌할 방법이 없습니다. 왜 그럴까요? 일체 법은 심상으로부터 생기기 때문입니다. 지금 병이 없지만 매일 병에 걸릴까 걱정하는데, 어떻게 병이 나지 않겠습니까? 반드시 병에 걸립니다! 이것이 바로 잘못입니다. 잘못된 생각이므로 이를 수정해야 합니다. 어떻게 수정하면 될까요?

「아미타불」을 염하면 병에 걸리지 않습니다. 언제 아미타부처님께서 병에 걸리는 모습을 본 적이 있습니까? 그래서 날마다 「아미타불」을 염하면 병에 걸리지 않습니다. 심리가 건강해야 합니다. 바른 생각(正念)을 일으키지 않고 날마다 그릇된 생각(邪念)을 일으킵니다. 병에 걸리지 않을까 걱정하는 것은 그릇된 생각으로 마음속이 청정하지 않습니다. 「아미타불」을 염하면 마음이 청정해지고, 마음이 청정하면 몸이 청정해집니다. 몸이 청정하지 않으면 병에 걸리고, 몸이 청정하면 어떻게 병에 걸리겠습니까? 청정심을 닦지 않고 청정한 몸을 닦지 않으면서 날마다 그곳에서 오염됩니다. **병에 걸리지 않을까, 고통을 받지 않을까, 죽지 않을까 걱정하는 것은 모두 더럽히는 것으로 심각한 오염입니다!** 부처님께서는 경전에서 우리에게 이런 것을 가르쳐 주시지 않았습니다.

「애愛」는 번뇌입니다. 십이인연 중에서 「애愛 · 취取 · 유有」 세 가지는 윤회의 원인입니다. 하나만 마음대로 끊어도 육도윤회를 뛰어넘습니다. 애는 미혹이고, 취는 집착이며, 유는 업입니다. 만약 애탐을 끊을 수 없다면 취로부터 끊습니다. 집착을 끊으면 윤회를 뛰어넘을 수 있습니다. 취도 끊을 수 없을 때 단지 유에서 끊어야 하지만 이 공부는 더 깊습니다. 제불보살께서는 세간에 응화應化하시어 자신을 드러내지 않고 중생과 더불어 지냅니다. 그들은 애탐 집착이 있지만, 유有가 없기 때문에 성취할 수 있습니다.

우리들 범부는 취와 유를 끊을 수 없습니다. 이 때문에 애탐을 끊는 것에서 시작해야 합니다. 탐욕의 근을 뽑아 제거하면 모든 일체번뇌는 모두 사라지고 마음이 청정해집니다. 이는 범부가 할 수 있습니다. 탐욕이 없고 몸과 마음이 청정한 이 기초위에서 믿음·발원·집지명호로 왕생발원을 구하면 왕생하지 못할 도리가 있겠습니까!

[제32 청화법문]

극락세계보살의 수학태도 및 경계

(제32품 '수명과 법락이 끝이 없다'에서 발췌)

"심지와 발원을 편안히 결정하여 더하거나 모자람이 없고, 도를 구함에 있어 화평하고 중정한 마음을 유지하여 (현전에서) 청정 안정하고 안락하느니라."

志願安定。無增缺減。求道和正。淨定安樂

세간 출세간법에 성취가 있느냐는 그의 「심지와 발원」이 「안정安定」한지를 보는 것이라고 할 수 있습니다. 「안安」은 심안心安을 말하고, 「정定」은 하나의 방향, 하나의 목표에 정해져 있음을 말한다. 이러면 성공한다. 그래서 불법의 수학에 대해 선도대사께서 잘 말씀하셨는데, 만약 배우고 「이해(解)」를 위해서 어떠한 경전이라도 배울 수 있고 많이 배울 수도 있지만, 만약 「행行」을 말하고 장래 과위를 증득해야 한다고 이야기하면 한 법문만 닦고 한 법문에 깊이 들어가야 성취할 수 있습니다. 많이 배우는 것은 금기(忌諱)이고, 반드시 한 법문에 깊이 들어가야 합니다. 그래서 우리는 행을 닦고 이해를 구함이 같지 않습니다.

이 사회, 이 시대는 난세입니다. 정말 천하는 크게 혼란한 시대이고 생활은 대단히 고달픕니다. 세상에 존재하는 수많은 낙후된 지역은 말할 것도 없고 미국과 같은 선진 국가에서도 대중의 생활을 자세히 살펴보면 여전히 괴로워 정말 말로 다할 수 없을 정도로 괴롭습니다. 이러한 환경 하에서 우리는 여전히 시간 일부를 「이해」에 쓰고 있다면 실제로 애석하기 그지 않습니다. 마땅히 역량을 행문行門에 이번 일생 동안 결정적인 성취를 얻을 수 있습니다.

연지대사께서 하신 말씀처럼 "삼장 12부는 다른 사람이 깨닫도록 양보하십시다(三藏十二部 讓給別人悟)." 이는 자신이 결심을 내리는 것으로 한 법문에 깊이 들어가 이해를 구하지 말고 시간과 정력을 모두 행문 상에 쏟아야 합니다. 이것이 결정적으로 성취를 얻는 방법입니다. 그래서 정확히 선택하고 이치대로 마음을 편안히 하여 한 법문으로 정합니다.

「구도화정求道和正」, 이 한마디 경문은 수학하는 태도를 말합니다. 어떤 태도로 수행해야 합니까? 「화평和平」해야 하고, 「중정中正」해야 합니다. 여기서 「화和」는 통상 우리가 말하는 「중도中道」로, 느리지도 급하지도 않은 마음상태입니다. 「정正」은 결정적으로 부처님의 가르침에 상응하면 「정正」입니다. 우리가 염불하여 서방극락세계에 태어나길 구함에 있어 깊은 믿음과 간절한 발원이 있는 것처럼, 이는 「지원안정志願安定」입니다. 우리가 일상생활에서 이 한 법문을 수학하고 반드시 경전의 이론과 방법에 의거하면 이런 수학은 잘못이 있을 수 없습니다.

「청정안락淨定安樂」은 우리가 현전에서 얻는 수용으로 우리의 마음이 청정하고 안정되어 진정으로 법희가 충만하니, 확실히 세간 사람이 말하는 행복 · 즐거움 · 원만을 정말 향수할 수 있고, 확실히 얻을 수 있습니다. 그래서 정토를 닦는 수승한 이익을 왕생한 후에나 왕생하기 이전에 얻을 수 있습니다.

이 단락에서 부처님께서는 우리에게 가르치고 타이르십니다. 범부는 이 세상 어딘가에서 미혹되어 그 일들을 잘못하고 있음을 결코 알지 못하니, 그가 만약 알았다면 하지 않았을 것이고, 이 고난의 악한 과보를 겪지 않았을 것이며, 그래서 이는 모두 미혹임을 압니다.

“자성본연을 잘 보임하여 묘명진심으로 정결 순백하고, 그 심지와 발원은 위없는 상상품을 추구하며, 그 마음은 청정적연부동하여 안락에 임운하고 단박에 마음이 열려 요달하여 투철하게 깨닫나니,”

自然保守。眞眞潔白。志願無上。淨定安樂。一旦開達明徹。

[법보] 이 단락에서는 극락세계보살의 생활환경과 수학경계, 진실공덕이 모두 불가사의함을 설명합니다. 그것은 모두 대보살의 경계로 최소한 모두 별교의 초지初地, 원교의 초주初住 이상의 경계입니다.

「자연自然」은 곧 털끝만큼의 조작도 가하지 않음입니다. 우리는 늘 수행도 있고 증득도 있다고 말하지만, 이 「있다」고 함은 자연이 아닙니다. 이 경계에 보다 높은 층에는 수행도 없고 증득도 없습니다. 우리는 늘 십법계를 말합니다. 육도 위쪽으로 가면 성문법계가 있고, 연각법계가 있고, 보살법계가 있고, 불법계가 있습니다. 이 십법계에는 모두 수행도 있고 증득도 있습니다. 그래서 수행도 있고 증득도 있어 십법계에서 성불할 수 있습니다. **십법계 바깥은 일진법계一眞法界라고 합니다. 이것이 진실이고, 십법계는 진실이 아닙니다. 일진법계에는 분별 · 집착이 없습니다.** 일진법계에 이르면 자연입니다. 일진법계에서는 십법계가 아니므로 이해하기 어렵습니다. 그것은 자성본연 그대로입니다.

「보保」는 바로 선종에서 말하는 **보임保任**입니다. **임任이란 임운任運의 뜻으로 털끝만큼의 뜻도 더하지 않습니다. 극락세계보살은 자성본연 그대로 이 경계 안에서 영원히 잘 보임합니다.** 실제로 이 경계는 모두 우리들 눈앞에 있지만, 이 경계를 미혹하여 잃어버렸습니다. 말하자면 십법계와 일진법계는 실제로 말해 둘이 없고 구별이 없습니다. 깨달으면 곧 일진법계이고, 깨닫지 못해서 십법계가 있습니다. 십법계의 부처도 깨닫지 않았습니다. 장교의 부처님도 통교의 부처님도 모두 십법계의 부처님이고 자연이 아닙니다. 그래서 자성본연을 잘 보임하는 경계에 이르러야 원교의 부처님입이다.

「진진결백眞眞潔白」은 우리의 자성을 형용한 것으로 자성은 청정합니다. 육조 대사께서는 깨달으셨을 때 첫 마디 말씀으로 "어찌 자성이 본래 청정함을 알았으리오(何期自性 本來淸淨)!"라고 하셨습니다. 이 진진결백이 본래청정입니다. 이 청정을 영원히 잘 보임하여 지키는 것을 자연보수自然保守라 합니다.

극락세계 보살은 일반 수행인과 확실히 다릅니다. 그에게는 위로 불도를 이루고 아래로 중생을 교화하겠다는 지고무상의 뜻이 있습니다. 그의 뜻은 모두 흔들리지 않고 견고합니다. 청정은 전혀 뒤섞임이 없다는 뜻입니다. 뒤섞이면 청정하지 않습니다. 흔들리지 않음이 선정입니다. 이로 인해 안락에 이릅니다. 이 안락은 법희 충만입니다. 이 두 글자는 보살이 증과를 수학하고 중생을 제도·교화함에 있어 누리는 견줄 수 없는 즐거움을 형용합니다.

「개오開悟」는 미리 기약하지 않고, 어느 때라고 말할 수 없습니다. 이는 기연機緣의 문제입니다. 자신이 힘써 노력해 공부가 면밀히 이어져 끊어지지 않으면 홀연히 어느 날 개오합니다. 「일단一旦」은 확연함이고, 「개開」는 마음이 열림이며, 「달達」은 통달입니다. 「명철明徹」은 마음을 밝힐 뿐만 아니라 철저하게 이해함입니다. 선종에서는 확철대오, 명심견성明心見性이라 합니다. 극락보살은 무슨 연고로 세간·출세간법과 과거·현재·미래를 모두 통달하고 잘 이해합니까? 화엄경에서는 "오직 마음이 나타난 것(唯心所現)", "오직 식이 변화된 것(唯識所變)"이라 말합니다. 마음 밝혀 견성한 사람은 이미 일체법이 모두 심성이 변화되어 나타난 것임을 압니다. 견성하지 않은 사람은 통달할 수가 없습니다. 반드시 견성하여야 진정으로 통달하고 분명히 이해합니다. 이는 바로 선종의 명심견성이고, 정종의 일심불란一心不亂입니다.

"자성본연 중에 일진법계의 경계상이 나타나고, 일체현상에 자성본연의 근본자리가 있나니, 자성본연(극락세계)의 미묘한 광명과 빛깔은 뒤섞여서 변화가 무궁하고, (오직 식識이 나타난) 전변(십법계 의정장엄)은 가장 수승하나니라."

自然中自然相。自然之有根本。自然光色參回。轉變最勝。

[법보] 이 네 마디 구절은 바로 확철대오·명심견성한 후 우주와 인생의 진상을 보게 되는 것을 설명합니다. 견성하지 못하면 이는 이해하기 매우 어렵습니다. 만약 견성을 하였다면 이 안의 뜻이 깊고 광대함을 분명히 이해할 것입니다.

「자연중자연상自然中自然相」은 바로 선종에서 말하는 "지금 이 모든 현상이 온전히 도이고, 일체사상에 즉하면 진여이다(當相卽道 卽事而眞)."입니다. 고덕께서 "금으로 물건을 만들면 물건 하나하나가 모두 금이다." 하셨습니다. 진정으로 성품을 본 사람은 "진여본성이 어디에 있는가?"라는 스승의 질문에 제자는 곧 견성합니다. 그러면 스승은 "성품이 어디에 있는가?" 물을 것입니다. 선종에서 제자는 마음대로 일구一句를 말하고, 마음대로 일물一物을 집을 것입니다. 스승은 그에게 고개를 끄덕이며 인가하고, 그에게 증명하여 줄 것입니다. 이미 우리들 십법계 의정장엄이 모두 진여본성이 변화된 것인 이상 어느 것이든 진여본성입니다. 견성을 하면 상에 집착하지 않아, 마음대로 일물을 들어도 모두 옳습니다. 「자연중自然中」에 「자연상自然相」입니다. 성性이 자연이고, 상相이 자연입니다. 우리가 이 뜻을 체득하면 우주인생의 진상을 분명히 이해하게 됩니다.

「자연지유근본自然之有根本」에서 이 자연은 상相을 말하고 사事를 말합니다. 일체현상, 일체만물 그것에는 근본이 있습니다. 근본은 바로 자성입니다. 불법에서 말하는 중생은 수많은 조건이 출현한 현상을 뜻합니다. 그것에는 근본이 있습니다. 동물에도 인간에도 존재하는데, 불성이라고 합니다. 식물·광물에도 존재하는데, 법성이라고 합니다. 실제로 불성과 법성은 하나의 성性으로 두 가지 성이 아닙니다. 유정이 미혹하면 그 법성도 미혹하여 연대해서 모두 미혹합니다. 유정중생이 깨달으면 이 무정의 법성도 깨닫습니다.

「자연광색참회自然光色參回」. 이 일구는 십법계의 경계상, 일진법계의 경계상에 자성본연의 광명과 색깔이 뒤섞여서 융합되어 있다는 말입니다. 참參은 어지럽게 섞인다는 뜻이고, 회迴는 변화가 무궁하다는 뜻입니다.

「전변최승轉變最勝」에서 이 전변轉變은 바로 십법계로 "오직 식識이 나타난 것"입니다. 식識 안에 있다가 그것이 전변한 것입니다. 그래서 이 전변은 식識이 작용을 일으킨 것입니다. 식識은 곧 분별·집착입니다. 그래서 만약 **분별하지 않고 집착하지 않으면 법계는 일진一眞입니다.** 이것이 자성본연의 광명과 색상이 뒤섞여서 융합된 것으로 장엄미묘하고 불가사의합니다. 분별·집착이 같이 전변합니다. 전변轉變은 그것의 작용입니다. 그것이 나타난 상은 불가사의해서 십법계를 의정장엄합니다. 그래서 전변이 가장 수승하다고 말합니다.

[제33 청화법문]

세상 사람들은 중요한 일을 잊고 산다!

(제33품 '권유 독려하여 정진하게 하시다'에서 발췌)

"세상 사람들은 중요하지도 않은 일로 서로 앞 다투어 쫓아다니며, 십악의 업이 날로 늘어 괴로운 과보로 가득 찬 세상에서 부지런히 몸을 부리면서 세상일 하느라 고생하며, 남보다 더 잘 되려는 마음에 실속 없이 뛰어다니기만 하며, 있어도 없어도 걱정이구나."

世人共爭不急之務。此劇惡極苦之中。勤身營務。爲心走使。有無同憂。

「세인世人」은 육도중생을 가리키고, 「불급지무不急之務」는 중요하지도 않은 일입니다. 육도중생은 모두 중요하지도 않은 일에 급급하지만, 오히려 우주와 인생의 실상을 제대로 알고 육도윤회를 이해하여 거기서 벗어나는 이러한 중요한 일을 잊고 있습니다.

「극악극고劇惡極苦」은 과보입니다. 「극劇」은 「대大」입니다, 대악은 「십악十惡」입니다. 몸으로 살생・도둑질・삿된 음행을 하고, 입으로 거짓말·꾸미는 말·험한 말을 하며, 뜻으로 탐내고·성내고·어리석은 생각을 품습니다. 십악의 업이 끊임없이 늘어나므로 「극악劇惡」입니다. 이러한 큰 악의 업을 짓거늘 어찌 괴로운 과보를 받지 않을 리 있겠습니까! 큰 괴로움은 육도윤회이고, 작은 괴로움은 지금 세상에 태어나서 죽을 때까지 겪는 생활의 괴로움입니다.

「영營」은 경영이고, 「무務」는 조작이며, 「심心」은 탐진치·망심·망념입니다. 중생은 이러한 환경 하에서 날마다 분투하며 노력하느라 바빠도 탐진치를 위해 바쁘고, 명예와 이익을 추구하느라 바쁘며, 오욕육진을 위해 바쁩니다.

「유무동우有無同憂」, 얻으면 잃어버릴까 두렵고, 얻고 싶어도 얻지 못하며, 얻어도 걱정이고 잃어도 걱정입니다. 이는 현재 사회의 사실이자 인간의 참모습입니다.

"세상 사람들은 중요하지도 않은 일에 서로 앞 다투어 쫓아다니고, 십악의 업이 날로 늘어 괴로운 과보로 가득 찬 세상에서 부지런히 몸을 부리면서 세상일을 하느라 고생하며, 자신의 욕망을 채우기 위해 쓸데없이 바쁘게 살아가는구나."

世人共爭不急之務。于此劇惡極苦之中。勤身營務。以自給濟。

[법보] 세상 사람들은 하루 종일 바쁩니다. 무엇을 하느라 바쁩니까? 모두 중요하지 않은 일입니다. 어떤 일이 가장 중요할까요? 생사를 마치고 삼계를 벗어나는 일이 중요합니다. 그러나 우리는 모두 육도에서 윤회하느라 하루 종일 바쁩니다.

보살은 중생의 종류에 따라 태어나 여러 가지 분야 수많은 직업에서 종사할 수 있지만, 깨닫지 못하면 바로 범부입니다. 그러나 깨닫는 것은 간단하지도 쉽지도 않습니다. 오랜 시간 깊고 넓게 대승불교를 몸에 배이게 익히지 않으면 진실로 깨닫기란 어렵습니다. 우리가 이러한 연분을 만날 수 있는 것도 우연히 아니라 진실로 과거 생에 닦은 선근복덕의 인연이라야 가능합니다. 만난 후에 오랜 시간 끊임없이 몸에 배이도록 익혀야 차츰차츰 알게 되고, 그렇게 조금씩 깨닫게 됩니다. 비로소 자신의 행지行持가 조금은 수행인과 같아지고, 조금은 보살행을 닦는 것 같습니다.

우리들이 사는 세상은 육도 안에 있습니다. 지극히 악독한 세상에서 살생, 도둑질, 삿된 음행과 거짓말, 탐진치 등 열 가지 악업을 지으면서 살아갑니다! 우리는 이런 생활환경 안에서 지극한 괴로움에 시달리며 날마다 자신의 욕망을 만족시키느라 바쁘게 살아갑니다.

"윗사람이거나 아랫사람이거나 가난하거나 부유하거나 남녀

노소 할 것 없이 하나같이 고민하고 근심 걱정하며, 남보다 더 잘 되려는 마음에 실속 없이 뛰어다니기만 하는구나.”

尊卑貧富。少長男女。累念積慮。爲心走使。

[법보] 세상 사람들은 많은 생각을 쌓고, 날마다 생각하고 계획합니다. 모두 남에게 손해를 끼치고 자신을 이롭게 하려는 생각뿐입니다. 요즘 사람들은 돈을 많이 벌고 있는데, 어떻게 하면 다른 사람의 주머니 속에 있는 돈을 내 주머니 속에 넣을 수 있을까, 날마다 이런 생각을 합니다!

이런 마음은 망심이자 탐심입니다. 탐진치의 마음이 그 안에서 당신을 주재합니다. 당신의 몸은 이 마음이 지휘하는 대로 죄업을 짓습니다. 마음속은 탐진치와 어리석음으로 가득 차 있습니다. 우리의 몸은 이 망심을 거들어서 그 원을 만족시키고 싶지만, 결국 수포로 돌아가고 맙니다. 그래서 일생동안 쓸데없이 바쁘지만, 임종시에 돌이켜 생각해보면 온통 허망한 일만 하였고 진실한 일은 별로 없습니다.

“논밭이 없으면 논밭이 없어 걱정이고, 집이 없으면 집이 없어 걱정이고”

無田憂田。無宅憂宅。

[법보] 요즘 말로 재산과 부가 없으면 어떻게 해야 이를 얻을 수 있을까? 날마다 걱정입니다. 이런 것들에 대해 마음을 품고, 주의를 기울이며, 수단을 강구하여 얻을 수 있다면 부처님께서 당신을 스승으로 모실 겁니다. 왜 그렇습니까? 그것은 어떤 수단으로도 얻을 수 없고, 아무리 총명해도 얻을 수 없기 때문입니다. 그렇다면 이러한 부는 어디에서 옵니까? 과보로부터 얻습니다. 당신의 운명 안에 있는 것으로 때가 되면 찾아옵니다. 운명 안에 없는 것은 아무리 구하려고 해도 구할 수 없습니다.

그래서 저는 불교를 처음 접하는 분들에게 학불하고 싶으면 먼저 《요범사훈了凡四訓》(운명을 바꾸는 법)을 3백번 읽어보라고 권합니다. 왜 그렇습니까? 학불하는 사람은 마음이 청정하여야 불법의 참맛을 알 수 있습니다! 마음이 청정하지 않으면 경전을 들어도 아무 쓸모가 없고 들어갈 수 없습니다. 《요범사훈》을 3백번 읽으면 인과응보를 알게 되어 더 이상 탐내지 않습니다. 먹고 마시는 행위 하나하나가 운명에 의해 결정되어 있음을 깨닫습니다. 원요범은 모든 생각은 망상이고 아무 쓸모가 없음을 알고 나서 그의 마음이 청정해지고 편안해졌습니다. 이때 운곡 선사께서 법문을 해주시자 비로소 들을 수 있었고 깨달을 수 있었습니다.

세상 사람들은 먹고 마시는 행위 하나하나가 운명에 의해 결정되어 있음을 모르고, 여전히 서로 앞 다투어 쫓아다니며 한평생 죄업을 짓습니다. 당신이 부자가 되고 싶으면 인을 닦아야 합니다! 불교에서는 재보시를 하면 돈을 벌 수 있다고 가르칩니다. 총명하려면 법보시를 닦아야 하고, 건강하고 장수하려면 무외보시를 닦아야 합니다.

"권속과 재물이 있어도 없어도 걱정이고"

眷屬財物。有無同憂。

[법보] 없으면 매우 괴롭습니다! 날마다 얻고 싶다고 망상을 합니다. 있어도 잃어버릴까 걱정입니다. 돈이 많으면, 돈이 떨어질까 봐 두렵고, 또 다른 사람이 뺏을까 두렵습니다. 걱정하는 일이 너무나 많으니, 정말 불쌍합니다. 있어도 괴롭고, 없어도 괴롭습니다. 부자는 매우 즐겁다고 생각하지 마십시오. 즐겁지 않습니다. 부자는 부자대로 괴로움이 있고, 가난한 사람은 가난한 사람대로 괴로움이 있습니다. 가난한 사람이나 부자나 모두 괴롭습니다.

"이런 것이 있으면 저런 것이 적다고 여겨 남들과 똑같이 가지려고 하는구나."

有一少一。思欲齊等。

[법보] 세상 사람들의 최대 고뇌는 여기에 있습니다. 조금 있으면 어떠합니까? 다른 사람과 똑같이 가지려고 합니다. 높은 수준을 따라가려면 너무나 괴롭습니다. 제가 한번은 타이베이에서 택시를 탔는데, 택시 운전사가 저에게 생활이 너무 고달프다고 괴로움을 털어놓았습니다. 그의 옆집 사람이 새 냉장고를 샀는데, 매우 부러운 마음이 들어 괴롭다고 했습니다. 제가 말했습니다. "냉장고는 잘 관리하면 10년 동안 쓸 수 있고, 이 옷은 20년 동안 입어도 나쁘지 않아요. 다른 물건들도 다 절약할 수 있으면 날마다 잘 지낼 수 있지 않겠어요!" 계속 이어서 말해주었습니다. "택시를 운전해서 버는 돈은 적지 않으니, 한 달에 열흘만 운전하고, 20일은 편히 누워 즐길 수 있으니까, 다른 사람과 비교하지 마세요. 다른 사람과 비교하다보면, 하루 이틀 유용하게 잘 사용하여도 괴롭고, 영원히 따라잡을 수 없어요. 사치스러운 생활은 따라잡을 수 없어요!"

저는 다른 사람을 따라가지 않아 자재하고, 만족할 줄 알아 늘 즐겁습니다. 부자는 왜 괴롭겠습니까? 그는 만족할 줄 몰라서 괴롭습니다. 저 택시 운전사의 괴로움과 다르지 않습니다. 그래서 만족할 줄 모르면 영원히 괴롭고, 만족할 줄 알면 즐겁습니다. 이런 것이 있으면 저런 것이 적다고 여겨 남들과 똑같이 가지려고 하면 고생을 사서 하는 것으로, 그 근원이 여기에 있습니다.

[제34 청화법문]

사람 사는 도리를 다하라!

(제33품 '권유 · 독려하여 정진하게 하시다'에서 발췌)

"세상 사람들은 부모자식과 형제, 부부와 가족 사이에 서로 공경하고 사랑해야 하며, 서로 미워하고 질투하는 일이 없어야 하느니라."

世間人民。父子。兄弟。夫婦。親屬。當相敬愛。無相憎嫉。

사람과 사람이 모이는 것은 연분입니다. 일생에 우연히 한번 얼굴을 보아도 연분인데, 하물며 같은 가정에서 한 집안사람이 되면 그 연분은 더욱 깊습니다.

부모자식 관계는 네 가지 인연이 있습니다. 첫째, 「은혜를 갚는 인연(報恩)」입니다. 과거 생에 좋은 인연, 기쁜 인연으로 이는 효자와 현명한 자손으로 와서 은혜를 갚는 연입니다. 둘째, 「원수를 갚는 인연(報怨)」입니다. 이는 과거의 원가채주冤家債主입니다. 우리가 늘 말하는 집안을 망치는 자식으로 아이가 자란 후 집안을 망하게 합니다. 셋째, 「빚을 독촉하는 인연(討債)」

입니다.

이는 부모님이 얼마나 빚졌는가를 살펴서 빚진 것이 적으면 몇 년 안 되어 떠나고, 빚진 것이 많으면 많은 돈과 재물을 써서 공부를 시키고, 생활에 필요한 갖가지를 꼼꼼히 돌보지만, 아이가 자라서 갑자기 가버립니다. 넷째, 「빚을 갚는 인연(還債)」입니다. 이는 아이가 부모에게 빚을 진 경우로 많이 빚진 경우 부모님의 생활에 필요한 것을 매우 꼼꼼히 챙기고, 빚진 것이 적은 경우 부모님의 생활에 부족한 것이 없도록 돌보지만, 효도·공경하는 마음이 없어 부모님을 존중하지 않고 단지 물질생활상으로 꼼꼼히 돌볼 뿐입니다. 이러한 네 가지 인연이 있어야 비로소 한 집안사람이 됩니다. 인연이 조금 소원한 경우 바로 친척이나 친구가 되고 연이 현저히 접근하면 한 집안사람이 됩니다.

만약 악연이면 이른 바 "목숨을 빚졌으면 목숨으로 갚아야 하고 돈을 빚졌으면 돈으로 갚아야 하는" 인연으로, 모두 갚아야 합니다. 그러나 후천의 교육을 통하여 보상할 수 있습니다. 교육이 그에게 자명한 이치를 가르쳐 설사 과거세에 원한이 있을지라도 원수와 화해할 수 있습니다. 그래서 교육은 우리가 악연을 교화하여 선연이 되고 세상에서 은혜와 사랑의 인연을 교화하여 법연法緣이 되도록 돕습니다. 이것이 가장 수승한 것입니다.

사람 노릇하는 도리에 대해서 유교에서는 오륜五倫·십의十義를 말합니다. 「의」는 의무입니다. 한 사람 한 사람마다 열 가지 다른 신분을 갖추고 있는데, 각자 자신의 의무를 다해야 합니다. 이를테면 "아버지는 자애를 다하고 자식은 효도를 다하며, 형은 우애를 다하고 동생은 공경을 다한다."고 말합니다. 가정에서 아버지에 대해 자식의 신분으로 효도를 다하고, 자식에 대해 아버지의 신분으로 자애를 다해야 합니다. 그래서 윤리를 잘 알고, 도의를 명백히 하는 것이 바로 교육입니다.

교육은 우리가 어떻게 사람과 잘 지내는가를 가르치고 사람과 사람의 관계를 알게 합니다. 그래서 교육의 효과는 가정의 화목과 번성, 사회안정, 국가강성, 세계평화를 유지시키는데 있습니다. 그러나 현재 이미 이 같은 효과는 사라졌고, 오늘날 교육목표는 고대와는 정반대입니다.

가족에서 다시 확대하면 바로 사회대중입니다. 일체중생에 대해서 공경과 사랑이 있어야 사회는 화목하고 세계는 평화로우며, 우리는 진정으로 편안히 살고, 즐겁게 일을 할 수 있습니다. 사람은 사회와 떨어져서 홀로 존재할 수 없습니다. 그래서 일마다 모두 전체 사회의 안전을 고려해야 합니다. 결코 증오하고 질투해서는 안 됩니다. 나와 거슬리는 인연과 뜻대로 되지 않는 일을 만나면, 많이 생각하고, 그 근원을 추구하면 마음이 절로 편해지고, 번뇌가 생기지 않습니다.

“재산이 있든 없든 서로 도와야 하고, 탐내고 아까워하는 일이 없어야 한다.”

有無相通。無得貪惜。

물질생활에서 자신에게 남는 것이 있으면 적극적으로 그것이 필요한 사람을 도와주어야 하고, 또한 정신생활에서 자신의 재능으로 지원하고 위로하며 보살펴주어야 합니다. 세상에서 한 사람 한 사람 일생에서 닦는 것은 서로 다른데, 각자의 과보가 같지 않기 때문입니다. 복보가 큰 사람이 복보가 적은 사람을 보살피면 모두 편안하게 지낼 수 있습니다. 만약 복보가 있는 사람이 복을 베풀어 살리지 않고, 단지 자신만 누리고 다른 사람의 고통을 외면한다면 사회에 반드시 난리가 날 것입니다. 작은 난리는 도둑질이고, 큰 경우는 사회전체의 난리입니다.

만약 부유한 사람이 가난한 사람을 돌볼 수 있다면, 가난한 사람이 잘 지내며 생활할 수 있고, 부자가 그에게 은혜를 베풀었다는 사실을 알면, 사회는 안정되어 모든 사람이 태평한 나날을 보낼 수 있을 것입니다. 사회가 안정하면 우리의 생활은 비로소 행복하게 지낼 수 있습니다. 만약 사회가 불안하면 당신이 아무리 많은 복보, 재복이 있을지라도 매우 고통스럽게 지낼 것입니다.

우리는 자신의 가족 육친권속을 돕는 것에서부터 천천히 일체대중에게로 확대해 나가야 합니다. 현재 젊고 진정으로 덕행과 학문을 갖춘 많은 사람들이 있는데, 우리가 그들을 진정으로 돕고 사회와 국가, 세계를 대신하여 우수한 인재를 양성하여 일체 대중을 위해 복을 짓는다면 그 공덕은 비길 데 없이 수승합니다. 그리고 자신의 아들딸과 가족이 장래에 자라서 저절로 복보가 있을 것입니다. 그래서 시선은 깊게 보아야 하고, 멀리 보아야 합니다.

탐내고 아까워하면 자신에게 있는 것을 포기하고 다른 사람을 돕지 못합니다. 탐내고 아까워하지 말아야 심량이 크고 복보가 큽니다.

"말과 안색이 늘 부드러워야 하고 의견이 다르지 않아야 한다."

言色常和。莫相違戾。

말은 온화하고 웃는 얼굴로 사람을 맞이해야 합니다. 불타교육은 이 점을 대단히 중시합니다. 그래서 불교 도량에서는 미륵보살을 공양하는데, 미륵보살은 바로 「언색상화」를 대표합니다.

의견이 다르면 반드시 분쟁이 생깁니다. 수많은 국가, 민족,

정당을 관찰해보면 왜 분열합니까? 사람들의 의견이 서로 다르고 공통의 인식을 건립할 수 없어 아무도 누구를 설득하려고 하지 않을 것입니다.

옛날의 정치 지도자들은 어떤 방법으로 대중을 영도하고 공통인식을 건립하였습니까? 중국은 한무제에서 시작하여 공자·맹자 학설로 공통의 인식을 세웠고, 명제 이후 또한 석가모니 도에 들어가 삼가(불·유·도)의 학설로써 국민을 교화하였습니다. 이러한 작법作法은 확실히 사람을 모두 마음으로, 입으로 설득시켰습니다. 이에 만청滿淸까지 줄곧 이 교학의 이념을 준수하였고, 고대 제왕의 방법은 확실히 뛰어났습니다! 오늘날 사람들은 모두 자기의 이론과 주장에 의거하여 듣고 따르는 사람은 소수이고, 듣고 따르지 않는 사람이 다수입니다. 그래서 쉽게 분열됩니다.

이 단락에서는 우리에게 가족과 육친권속은 마땅히 이와 같이 함께 지내고, 가정은 어떻게 해야 행복하고 화목할 수 있는지 가르치십니다. 이는 우리가 한평생 행복하게 즐겁게 지내는 기초입니다. 사람마다 부처님의 가르침을 준수하면 설령 의견이 있고 불평이 있어도 모두 본분이 있기에 한계를 뛰어넘어 정상적인 궤도를 벗어나지 않습니다.

[법보] 사람을 대할 때 화목해야 하고, 언어는 부드러워야 합니다. 특히 이 시대에 사는 사람들의 마음은 들뜨고 조급하여

쉽게 흥분합니다. 그래서 우리의 말은 자칫하면 그들에게 미움을 사서, 골치 아픈 일이 즉시 생기므로 특히 조심해야 합니다.

과거 윤리적인 관계는 현재 추구되지 않습니다. 아버지도 아들에게 예의를 갖추어야 하고, 지금은 아들을 친구로 대해야 합니다! 스승은 제자에게 예의를 갖추어야 하고, 친구로 도반으로 보아야 하며 종전의 윤리적인 태도로 보아서는 안 됩니다. 우리의 표준을 가지고 그를 보는 가운데 마찰이 생기고, 세대 차이가 생깁니다. 그래서 우리는 곳곳에서 현실을 살펴야 합니다. 요즘 젊은이들의 관념, 견해, 생각을 살펴야 하며, 그들의 눈높이에 맞추어야 합니다.

우리는 눈높이를 내려야 합니다. 예전에 학불할 때 우리는 정말 머리를 조아리고 불법을 구하였습니다! 그러나 이병남 선생님께서는 늘 말씀하셨습니다. **"장차 불법을 중생에게 소개할 때 그들이 머리를 조아릴 때까지 기다리면 아무도 없을 것이다."** 진실로 이와 같아 오늘날 정토종에서는 머리를 조아리며 불법을 전합니다. 먼저 이 시대 사람들을 이해한 후 불법을 소개하여 천천히 깨닫게 해야 그들이 불법에서 진실한 이익을 얻을 수 있습니다.

[제35 청화법문]

서둘러 보복하려는 생각을 알아차려라!

(제33품 '권유 독려하여 정진하게 하시다'에서 발췌)

"세상의 일에서 서로 재난과 손해가 되나니, 비록 때가 임박하지 않아도 서둘러 (보복하려는) 생각을 알아차려라."

世間之事。更相患害。雖不臨時。應急想破。

세상 사람들은 이러한 이치를 알지 못하고, 아무래도 서로 보복을 하려는 강렬한 보복심리가 생깁니다. 설사 보복이 눈앞에 발생하지 않을지라도 우리는 원한이 맺히면 조만간 모두 보복할 것입니다. 그래서 마땅히 알아차리고 내려놓고서 심리상에서 방향을 돌려야 합니다.

이 두 마디 말씀은 우리가 재해에 대비하기 위해서는 자연적인 재해뿐만 아니라 인위적인 재해가 더 중요하고, 비록 현재는 재해가 없지만 사람은 반드시 멀리 장래를 내다보아야 비로소 현재 어떻게 해야 할지 알아야 함을 경계하는 것입니다. 이른바 "사람은 멀리 고려함이 없으면 반드시 우환이 닫친다(人無遠慮

必有近憂).”고 합니다. 바로 이러한 이치이거늘, 하물며 세상·인사의 변화무상함이겠습니까?

예전에는 세상이 어떻게 변하든지 거의 판단할 수 있었습니다. 왜냐하면 사람들은 모두 같은 교육을 받아서 도덕적 표준이 하나였기 때문입니다. 어떤 시대이든 이러한 표준에서 거리가 멀리 떨어져 있지 않아서 판단하기 쉬웠습니다. 현재는 이러한 표준은 모두 버렸습니다. 중국에서는 공자·맹자도 더 이상 필요 없고, 옛 성현의 것도 모두 필요 없으며, 나아가 불법도 필요 없습니다. 바꾸어 말하면 오늘 이런 사상은 따를 것이 없습니다. 너무나 끔찍합니다.

[제36 청화법문]

염불을 선택하여 부지런히 행하라!

(제33품 '권유 독려하여 정진하게 하시다'에서 발췌)

"그대들은 모두 곰곰이 생각하고 잘 헤아려 온갖 악을 멀리 여의고, 그 선을 선택하여 부지런히 행할지라. 애욕과 부귀영화는 항상 오래 유지하지 못하고 모두 헤어져야 하나니, 즐거워할 만한 것이 없느니라."

若曹當熟思計。遠離衆惡。擇其善者。勤而行之。愛欲榮華。不可常保。皆當別離。無可樂者。

여러분들은 모두 잘 생각해 보고, 진지하게 숙고하며, 따져 보아야 합니다. 왜냐하면 이치상으로 명백히 깨달으면 현실에서 착실히 행할 수 있기 때문입니다. 부처님께서는 경전에서 우리에게 말씀해 주셨습니다. 어떤 것이 악한 행위이고, 어떤 것이 악한 일이면 우리는 결코 해서는 안 됩니다. 또한 어떤 것이 선행이면 우리는 착실히 행하도록 노력해야 합니다.

믿음과 발원으로 명호를 집지하여 정토에 태어나길 구하는 염불이 바로 우리가 선택한 선입니다. 석가모니부처님께서 49년 설하신 일체 경법에서 「정토삼부경」만 취하고 다른 것은 모두 내려놓고서 한평생 정토삼부경의 가르침에 따라 수학하여야 우리의 목적을 달성할 수 있습니다.

일상생활에서 우리는 반드시 사회대중에게 이로운 일을 행해야 하고, 인연에 따라, 본분에 따라 최선을 다하면 공덕을 원만히 성취할 수 있습니다. 게다가 선악·시비에 대해서는 취사변별할 능력을 지녀야 합니다.

인간이 추구하는 것은 바로 명성과 이익, 오욕육진으로 이는 보장할 수 없습니다! 왜냐하면 이것들은 구름이나 연기처럼 순식간에 지나가기 때문입니다. 임종시에 세상에 미련을 가지면 결정코 왕생에 장애가 됩니다. 그래서 명리성과 이익, 오욕육진을 버리고 온갖 악을 멀리 여의어야 합니다. 우리는 진실로 이치에 통달하고, 현실에서 경각심을 지녀서 언제든지 자신을 경계해야 합니다.

이러한 것들은 간파하고 내려놓아야 합니다. 그런 후에 다른 사람을 도와 깨닫도록 해야 합니다. 이것이 가장 좋은 일이고 제일의 선행입니다. 우리는 근면 정진하고 노력하여서 서방정토에 태어나길 구해야 합니다.

[제37 청화법문]

염불로 마음을 항복 받고 안온히 머물라!

(제34품 '마음이 열리어 명백히 이해하다'에서 발췌)

"여러 애욕을 뽑아버리고, 온갖 악의 근원을 막아야 하며, 삼계를 두루 다니며 걸림 없느니라."

拔諸愛欲。杜衆惡緣。遊步三界。無所罣礙。

「애욕」은 업장입니다. 학불에는 비록 매우 힘썼지만 업장이 일분도 없어지지 않았다면 임종시 업장은 우리의 왕생을 방해할 것입니다. 그래서 진정으로 성취하려면 여러 애욕을 뽑아버려야 합니다. 재물욕 · 색욕 · 명예욕 · 식욕 · 수면욕의 오욕을 약간 엷게 하면 업장이 일분 사라집니다.

일체제악의 근원은 바로 「탐 · 진 · 치 · 오만 · 의심 · 악견」으로 이 여섯 가지가 근본번뇌입니다.

어떤 방법으로 애욕을 뽑아버리고 악의 근원을 막을 수 있을까요? 한마디 「아미타불」을 염하고 깊은 믿음과 간절한 발원으로 정토에 태어나길 구하여 방일하지 않으면, 애욕과 악의 근원은 저절로 가벼워지고 서서히 작용을 일으키지 않습니다. 비록 완전히 단절할 수 없을지라도 단지 작용을 일으키지 않고 염불공부에 득력하면 업을 지닌 채 왕생할 수 있습니다. 《금강경》에 이르시길, "어떻게 그 마음을 항복받아야 합니까(云何降伏其心)?" 하셨는데, 마음은 망상·잡념입니다. 바로 한마디 부처님 명호로 망상과 잡념을 항복시키고 억누를 수 있으니, 이 법문은 지극히 미묘합니다!

"삼계를 두루 다니며 걸림이 없다" 함은 보살이 육도에 몸을 나투어 두루 중생을 제도함에 걸림이 없음을 말합니다. 우리도 이 본사本事를 배워 중생을 제도해야 합니다. 대중과 접촉할 때 마음은 안온히 「아미타불」 명호 상에 머뭅니다. 이 한마디 부처님 명호 공부로 득력하면 망상·분별·집착이 모두 생하지 않을 때 「삼계를 두루 다닐」 수 있습니다. 대중과 접촉할 때 자신은 방해가 없고 영향을 받지 않습니다. 육도윤회 중에 다시 깊고 깊은 위없는 정토법문으로써 대중을 돕고 대중에게 함께 수학하여 왕생불퇴로 성불할 것을 권하고 인도합니다.

[제38 청화법문]

자신을 속이지 말고 남을 속이지 말라!

(제34품 '마음이 열리어 명백히 이해하다'에서 발췌)

"말과 행위에 충심과 믿음이 있어 겉과 속이 상응하여야 하느니라."

言行忠信。表裡相應。

언어와 행위는 충신忠信을 표준으로 삼아야 합니다. 자신을 속이지 않고 남을 속이지 않아 겉과 속이 한결같습니다. 안으로는 진성眞誠이고 밖으로는 충심忠心입니다. 이는 수행을 시작하는 기본태도입니다. 고인께서 말씀하시길, "악을 끊고 선을 닦음에 무엇으로부터 닦아야 하는가? 거짓말을 하지 않는 것으로부터 시작하라." 하셨습니다.

공자께서 말씀하시길, "사람은 믿음이 없으면 설 수 없다(人無信不立)." 하셨습니다. 사람에게 신용이 없으면 사회에서 발을 딛고 설 땅이 없습니다. 고대사회에서는 「믿음(信)」을 첫 번째 자리에 두었습니다. 오늘날도 이와 마찬가지로 반드시 충심과 믿음이 있어야 하고 겉과 속이 한결같아야 합니다.

[제39 청화법문]

전일하게 정진하며 수학하라!

(제34품 '마음이 열리어 명백히 이해하다'에서 발췌)

"부처님의 밝은 가르침을 받았사오니, 전일하게 정진하며 수학하고, 가르침대로 봉행하여 감히 의심하지 않겠사옵니다."

受佛明誨。專精修學。如教奉行。不敢有疑。

우리는 부처님의 밝은 가르침과 인도하심을 받았으니, 잘 듣고 발심하여 한결같이 뒤섞지 말고 수학하며, 가르침대로 봉행하여 의심하지도 후회하지도 말아야 합니다. 이와 같이 수학하면 바야흐로 성취가 있을 수 있습니다.

[보충] 미륵보살은 우리에게 매우 좋은 모범을 보이십니다. 좋은 학생은 부처님의 가르침에 대해 또렷하게 듣고서 착실히 「전정수학專精修學」해야 합니다.

세간과 출세간의 수학은 단 하나의 원칙이 있으니, 바로 전정專精입니다. 그것은 "한 법문에 깊이 들어가 오랫동안 몸에 배이도록 닦는 것"입니다. 전정專精은 매우 어렵고, 대단히 소중합니다. 부처님께서 이렇게 가르쳤으면 우리는 이렇게 행해야 하고, 결코 회의가 없어야 합니다.

[제40 청화법문]

마음을 단정히 갖고 뜻을 바로 하라!

(제35품 '오탁악세의 오악 · 오통 · 오소'에서 발췌)

"그대들은 이 세상에서 마음을 단정히 갖고 뜻을 바로 하여 온갖 악을 짓지 않을 수 있으니, 심히 대덕이니라."

汝等能于此世。端心正意。不爲衆惡。甚爲大德。

「단심정의端心正意」는 바로 발보리심發菩提心입니다. 자신의 마음을 단정히 가짐은 간략히 말해 무릇 이치에 맞지 않고 여법하지 않은 것은 생각하지도 말고 보지도 말며 듣지도 말아야 합니다. 이는 유교에서 말하는 「뜻을 성실히 하고, 마음을 바로 하는(正心誠意)」 공부입니다.

무릇 중생에게 이롭지 않은 것은 모두 악입니다. 지금은 오탁악세로 특히 대중매체가 범람하여 악업을 짓는 사람은 많지만 선업을 닦는 사람은 적습니다. 불법을 제대로 알고 부처님의 가르침을 받아들인 사람은 마땅히 이 난세에 마음을 단정히 갖고 뜻을 바로 하여 온갖 악을 짓지 말아야 합니다.

십선을 준수함이 바로 「대덕」으로, 공덕을 쌓는 일입니다.

[법보] 이 단락의 총 강령은 "단심정의端心正意", 이 한마디 말로 바로 진성眞誠의 일심입니다. 유교에서는 "뜻을 성실히 하고, 마음을 바로 하라(誠意正心)."고 말합니다. 진실하고 성실한 마음으로 일을 처리하고, 사람을 상대하며, 물건에 접하는 것을 마음을 단정히 가짐이라 합니다. 뜻을 성실히 한 후에는 마음이 올바릅니다. 이것이 바로 대승불법에서 말하는 대보리심입니다.

[제41 청화법문]

오악 · 오통 · 오소와 부처님 교학의 목표

(제35품 '오탁악세의 오악 · 오통 · 오소'에서 발췌)

"부처님께서는 중생을 교화하여 오악五惡을 버리고, 오통五痛을 없애며, 오소五燒를 여의도록 하여 그 뜻을 항복 · 전화시키며, 오선五善을 수지하여 그 복덕을 얻게 하신다."

佛教群生。捨五惡。去五痛, 離五燒, 降化其意, 令持五善, 獲其福德.

부처님께서는 일체중생을 가르치고 이끄시어 악을 끊고 선을 닦아 진실한 복덕을 얻게 하십니다.

오악五惡이란 살생 · 도둑질 · 삿된 음행 · 거짓말 · 술로 이는 과보를 초래하는 인因입니다.

첫째, 「살생」으로, 질병을 가져다주어 수명이 짧습니다. 살생을 하지 않고 고기를 먹지 않으면 건강한 몸으로 오래 사는 과보를 얻습니다.

둘째, 「도둑질」로, 그 과보는 빈궁입니다. 부유하여 자신의 재산을 영원히 유지하며 잃지 않고 싶다면 그 인을 닦을 줄 알아야 합니다. 시시각각 훔치려는 마음을 간직한 사람은 결단코 재산을 오래 유지하지 못합니다. 기쁜 마음으로 보시하는 사람이 큰 재산을 얻게 마련입니다.

셋째, 「삿된 음행」입니다. 사람마다 가정이 원만하길, 가족이 번성하길 희망합니다. 이 목적을 달성하려면 반드시 삿된 음욕을 금지해야 합니다.

넷째, 「거짓말」입니다. 거짓말을 하지 말아야 합니다. 말을 하고 믿음이 있으면 사회에서 대중의 신임, 존경과 지원을 얻을 수 있고, 사업이 순풍에 돛을 단 듯 순조롭습니다.

다섯째, 「술」입니다. 술은 사람의 성품을 미혹케 합니다. 술이 취한 후 언행을 제어할 수 없어 왕왕 죄업을 짓고 엄중한 과실을 낳습니다.

부처님께서는 이 경문에서 우리에게 이 오악을 끊고 오선을 닦으라고 가르치십니다. 오선五善은 곧 살생을 하지 않고, 도둑질을 하지 않으며, 삿된 음행을 하지 않으며, 거짓말을 하지 않으며, 술을 마시지 않는 것입니다. 이 오계五戒는 처음 발심하여 학불할 때부터 보살에 이르기까지 줄곧 준수해야 합니다. 우리는 염불하여 정토에 태어나길 구합니다. 만약 이 다섯 가지를 실천하지 못하면 부처님 명호를 아무리 많이 염하여도 왕생할 수 없습니다. 왜냐하면 서방극락세계에는 여러 상선인上善人들이 한 곳에 모여 살기 때문에 우리가 오악을 끊고 오선을 닦을 수 없으면 서방극락세계에 잘 맞지 않습니다. 반드시 선과 선이 상응하여야 비로소 부처님께서 접인하심을 입어 왕생할 수 있습니다.

「오통五痛」은 현세에 과보를 받는 화보花報이고, 「오소五燒」는 내세의 과보입니다. 인因이 있으면 반드시 과果가 있습니다. 이 다섯 가지 악인惡因을 지으면 반드시 괴로운 과보를 가져다 줍니다. 「통痛」은 현재 생활에서 겪는 고통이고, 「소燒」는 장래에 삼악도에서 겪는 괴로운 과보입니다. 악업을 지으면 현전에서 괴로울 뿐만 아니라, 장래의 과보가 훨씬 괴로움을 알 수 있습니다.

「의意」는 망념, 탐진치 교만입니다. 「항降」은 항복이고 「화化」는 전화轉化로 번뇌를 보리로 바꾸고 살해를 자비로 바꿉니다. 이것이 부처님 교학의 목표입니다. 어떻게 해야 그 뜻을 항복 전화시킬까요? 악념이 일어나면 즉각 지혜로 깨우쳐줌이 있어야 망념을 중지할 수 있습니다. 왜냐하면 범부는 무시겁 이래로 번뇌·습기에 물들어서 저절로 수많은 망념을 일으키기 때문입니다. 그러나 "망념이 일어나는 것을 두려워하지 말고, 단지 깨달음이 굼뜸을 두려워하라(不怕念起 只怕覺遲)." 하셨습니다. 악념이 일어나면 즉각 알아차리고 「아미타불」로 바꾸어야 합니다. 이것이 바로 수행입니다. 종문宗門에서는 이를 「각조覺照」하는 공부라고 합니다. 우리가 공부를 하면 여기서 시작하여 악념을 선념으로 바꾸고, 악념을 「아미타불」로 바꿉니다. 「아미타불」

은 선중의 선으로, 이 생각보다 더 선한 것은 없습니다.

오선五善은 오계五戒입니다. 우리가 오계를 수지할 수 있으려면 살생을 하지 않을 뿐만 아니라 한 걸음 더 나아가 채식을 할 수 있어야 합니다. 왜냐하면 채식은 신체건강에 일정한 좋은 점이 있기 때문입니다. 특히 현대에는 특이한 질병이 매우 많은데, 이 질병은 어디서 유래할까요? 의학자와 과학자들은 일련의 그럴듯한 이론을 말하지만 정확해 보이지 않습니다. 그 진정한 원인은 육식에 있습니다.

"병은 입으로 들어오고 화는 입에서 나온다." 하셨습니다. 고기에는 독이 있기 마련입니다. 인광대사께서 서신에서 법문하시길, "한 부인이 자신의 젖을 아기에게 먹였는데, 첫째 아이는 죽었고, 둘째 아이는 얼마 오래되지 않아 죽었습니다. 그래서 그 우유를 가지고 가서 분석한 결과 그녀가 화를 내었을 때 아이에게 젖을 먹인 것을 발견했습니다. 왜냐하면 성내고 원망하는 마음이 일어날 때 몸에 독이 생겨 젖이 독으로 바뀌어 자신의 아이가 독사하였기 때문입니다."

이로써 일체 생물이 살해를 당할 때 그 원한은 분명코 평상시 성 내는 마음보다 몇 배나 더 심할 것이라 짐작됩니다. 그래서 무릇 고기에는 모두 독이 있어 고기를 먹으면 바로 독을 복용하는 것이고, 비록 당장 병에 걸리지는 않지만 오랫동안 쌓여서 특이한 병이 생길 것입니다. 그러므로 채식을 하면 분명코 건강하게 오래 살 것입니다.

살생하지 않으면 오래 살고, 훔치지 않으면 큰 부를 얻으며, 음행을 하지 않으면 몸의 상호가 장엄하며, 거짓말을 하지 않으면 대중의 존경을 얻으며, 술을 마시지 않음은 지혜에 속해 정신을 또렷하게 유지합니다. 이렇게 오선五善을 수지할 수 있으면 저절로 복덕 · 장수 · 건강 · 부유를 감득합니다. 가정이든 사업이든 어느 것이나 원만합니다. 이는 현전에서 얻을 수 있는 것이고 장애의 과보도 반드시 훨씬 더 수승할 것입니다.

[제42청화법문]

살생을 한 악과 그 과보

(제35품 '오탁악세의 오악 · 오통 · 오소'에서 발췌)

"세간의 모든 중생 부류가 자신의 욕망에 따라 온갖 악을 짓나니, 힘을 믿고 약한 자를 괴롭히며, 서로 번갈아 통제하고 습격하며, 잔혹하게 살상하며, 서로 삼키고 서로 잡아먹을 뿐, 선을 행할 줄 몰라 나중에 재앙과 죄과를 받게 되느니라. 서로 보상을 받으려 하는데, 그 고통은 이루 다 말할 수 없느니라.

世間諸衆生類。欲爲衆惡。強者伏弱。轉相克賊。殘害殺傷。疊相吞啖。不知爲善，後受殃罰。更相報償。痛不可言。

이 단락에서는 이른바 「약육강식」을 말씀하십니다. 우리는 이러한 상황이 과연 진리인가? 에 생각이 미칩니다. 실제로 이는 서로 원한을 갚는 것입니다. 보기에는 약자는 강자에게 먹혀야 하고, 강자에게 괴롭힘을 당하는 것 같지만, 사실은 이와 같지 않습니다. 부처님께서는 (육안 · 천안 · 법안 · 혜안 · 불안의) 「오안이 원만이 밝아서(五眼圓明)」 육도윤회의 상황에 대해 또렷하게 보십니다. 부처님께서는 육도중생은 서로 원한을 갚는다고 말씀하셨습니다. “사람이 죽어 양이 되고 양이 죽어 사람이 된다.” 하였습니다. 이번 일생에 당신은 사람으로 태어나 양에 비해서 강하므로 양을 죽여서 먹습니다. 그러나 오는 세상에는 양이 사람이 되고 당신이 양이 되어 그가 당신을 잘라서 먹습니다. 이는 서로 보답하는 것으로 「서로 보상을 받으려 하니(更相報償)」, 이는 매우 비통한 사실입니다. 약육강식은 매우 비정상적인 현상으로 원한을 서로 갚는 악연입니다. 게다가 「보상」은 알맞게 갚지 못하고, 언제나 조금 더 많습니다. 그래서 원한은 세세생생 영원히 고르게 하지 못해, 과보는 점점 더 처참해집니다.

《안사전서安士全書》의 첫 번째 부분은 《문창제군음즐문文昌帝君陰騭文》10)입니다. 그 앞부분은 문창제군이 자신이 17세에 지은 인과를 말하는데, 그 과보는 비참하여 실로 두렵고 정말 우리가 경계할만 합니다. 우리는 이러한 이치와 사실을 깨달아 일체 중생의 생명에 대해 연민과 사랑을 베풀고 결코 상처를 주어서는 안 됩니다. 부처님께서는 말씀하시길, **“세간의 도병겁(刀兵劫; 전쟁)**의 기원이 어디에 있는가? 바로 살생이다.” 하셨습니다. 그러므로 세간에서 영원히 전쟁이 영원히 없도록 하려면 오직 중생이 육식을 하지 말아야 합니다.

---

10) 《음즐문》은 문창제군文昌帝君의 말을 기록한 경문으로 학문과 인간의 길흉화복을 관장하는 신으로 숭배하는 문창제군 신앙을 선양하는 권선서勸善書의 일종이다.

내가 일찍이 타이페이에서 경전을 강설했는데, 오鄔 거사는 닝보(寧波) 사람으로 과거 상해에서 장사를 하고 만년에는 학불을 하였습니다. 그는 나에게 상해에서 발생한 진실한 사건 하나를 들려주었습니다. 그의 친구 중 한 명도 장사꾼이었는데, 2차 대전 이전에 독일인 한 사람을 위해 잡일을 하였습니다. 그의 친구는 매우 성실해서 신용을 잘 지키고 일을 부지런히 하여서 독일 상인들은 그를 무척 좋아했습니다. 2차 대전이 발발하자 독일 상인이 귀국하여 그의 친구에게 회사를 맡기고 경영을 잘했습니다. 전쟁 후 사장은 돌아오지 않았는데, 이미 죽었다는 말을 듣고서 끝내 그 재산은 그의 친구의 것이 되었습니다. 이는 당연히 강점한 것이 아니라, 주인이 죽어서 저절로 그의 소유가 된 것입니다.

그에게는 11살, 12살 가량의 어린 아이가 있었습니다. 한번은 이 아이가 몸에 10위안(당시 10위안은 매우 큰 돈이다)을 가지고 가다 땅에 떨어뜨렸습니다. 그의 아버지의 친구가 돈을 주워서 말했습니다. "네가 나에게 아저씨라고 부르면 내가 돈을 돌려 주마." 아이는 "당신이 저를 아저씨라고 부르면 제가 당신에게 10원을 더 주겠어요."라고 반문했습니다.

그 해 그가 쉰 살 생일을 맞아 연회 손님 사이에 문득 어린 아이의 모습이 (단지 그 한 사람에게만) 독일 주인처럼 보였습니다. 이때 그는 이미 학불을 하여 주인이 그의 집에 환생하여 그의 아들이 될 수 있음을 알았습니다. 그래서 당시 그는 재산을 모두 아들에게 줄 것이라고 선포했는데, 이는 매우 총명한 방법이었습니다.

이는 사람이 죽어서 환생하여 빚을 독촉하고 · 빚을 갚으며 · 은혜를 갚고 · 원수를 갚는 것이 진실로 조금도 거짓이 아님을 설명합니다. 부처님께서는 부모와 자식에게는 네 가지 인연이 있고 은혜를 갚는 경우는 효자 · 현손이고, 원수를 갚는 경우는 과거에 원한이 있어 당신 집안을 망하게 하며, 빚을 독촉하는 경우는 오 거사의 자식처럼 빚을 갚으러 오는 경우도 있습니다. 그러므로 무릇 한 집안사람이 됨은 이 네 가지 인연뿐입니다. 이미 이렇게 온 이상 우리는 나쁜 인연을 법연으로 바꿀 줄, 전변轉變시킬 줄 알아야 합니다.

「앙벌殃罰」은 오통五痛과 오소五燒입니다. 일반인은 중생을 살해하여 자신의 배를 만족시킬 줄만 알지, 그 나중의 과보를 알지 못하고 상상할 수 없습니다.

광화 스님께서 출가하시기 전, 군대에서 매일 닭 한 마리를 먹어 1년에 360마리, 3년에 천 마리를 먹었다고 합니다. 이후 출가하여 수행을 잘하고 계율을 엄격히 지켰습니다. 어느 날 욕실에서 목욕을 했더니 갑자기 욕실이 온통 닭으로 가득 찼고 닭들이 그의 몸 위로 뛰어올랐습니다. 그는 이리저리 피하다가 넘어져 다리를 부러뜨렸습니다. 그는 자신이 학불하여 계율을 지켜 중죄에 비해 가벼운 과보를 받았고, 인과응보가 얼마나 두려운지 알게 되었다고 하였습니다. 만약 학불하지 않았다면 그 과보는 매우 끔찍하였을 것입니다.

그래서 우리는 **자신이 왕생하여 성불한 후 먼저 자신에게 살해단한 중생을 제도하겠다고 발원해야 합니다.** "내가 성취하면 반드시 먼저 당신을 제도할 테니 저를 괴롭히지 마시고 저를 방해하지 마십시오. 당신이 저를 방해하면 나는 성취할 수 없고, 당신도 육도에서 괴로운 과보를 받을 것입니다." 《회향게》에 이르시길, 「위로 사중의 은혜 갚고 아래로 삼악도의 괴로움 건너게 하옵소서.」 하였습니다. 삼악도의 괴로움에서 첫 번째 우선해서 제도할 사람은 바로 자신과 원한이 있는 사람입니다.

그래서 우리는 동물을 만나면 그들을 위해 염불하여 회향합니다. 가장 일반적인 것은 「아미타불」 염불이지만, 만약 삼귀의를 염송하면 더욱 좋습니다.

삼귀의 문은 바로 "**부처님께 귀의하와 지옥에 떨어지지 않고, 법보에 귀의하와 아귀에 떨어지지 않으며, 승가에 귀의하와 방생에 떨어지지 마소서.**" 방생傍生은 바로 축생입니다. 삼악도의 중생에게 이 세 마디를 염송하십시오. 그래서 일체 동물을 만나면 그들을 위해 염불하여 회향하고, 그들을 위해 삼귀의를 염송하면 좋습니다.

[제43 청화법문]

도둑질을 한 악과 그 과보

(제35품 '오탁악세의 오악 · 오통 · 오소'에서 발췌)

"세상 사람들은 법률과 제도를 따르지 않고, 사치 · 음란, 거만 · 횡포 · 방종에 따라 마음대로 행동하고"

世間人民。不順法度。奢淫驕縱。任心自恣。

「법法」은 법률이고, 「도度」는 제도 · 예절로 풍속 · 관습 · 도덕관념을 포괄합니다. 법을 지키지 않고, 예를 지키지 않으면 사회는 혼란할 것입니다. 아래는 사회의 혼란 현상을 말합니다.

"윗자리에 있으면서 밝지 못하고 지위가 있어도 바르지 못해, 다른 사람들을 모함하고 억울한 누명을 씌워 충직하고 어진 사람을 해치며"

居上不明。在位不正。陷人冤枉。損害忠良。

「윗자리」는 사회를 영도하는 계급의 인물로 이치에 밝지 못하고, 사상 · 행위가 바르지 못해 사익으로 공익을 해칩니다. 이는 관리들이 뇌물을 탐내어 법을 어기고 마음씨가 바르지 못하며, 백성의 복리후생을 위하는 것이 아니라, 백성의 노력을 사취하고 재물로 자신을 공양함을 가리킵니다. 이는 큰 도둑(大盜)입니다. 아래에서는 그 사례를 제시합니다.

뒷 문구는 타인의 권리 · 재산을 빼앗고자 하는 것입니다. 이는 모두 도둑심보입니다.

"언행이 완전히 달라 허위로 속이는 일이 많아서 윗사람이거나 아랫사람이거나 자기 가족이거나 바깥사람이거나 서로 속고 속이느니라."

心口各異。機偽多端。尊卑中外。更相欺誑。

말한 것이 행한 것과 일치하지 않아 간교한 마음으로 다른 사람을 속이게 됩니다. 이는 동서고금을 통해 피할 수 없습니다. 아무리 현명한 지도자일지라도 좋은 사람 몇 명에게 억울한 누명을 씌우지 않을 수 없고, 백성에게 잘못한 일도 몇 가지 하지 않을 수 없습니다. 완전무결하게 한평생 과실이 없는 사람은 동서고금의 역사에서 찾아볼 수 없습니다.

윗사람(尊)이나 아랫사람(卑)이나 자기 집안사람(中)이나 자기 가족 이외의 바깥사람(外)이나 누구든지 자신의 이익을 위하고 그들을 모두 속입니다. 한집안이 화목하지 못하고 부모·자식과 형제, 친척과 친구 모두 서로 속입니다.

"성내고 어리석어서 자신에게 두둑한 이익을 챙기고자 더 많이 탐내려다 이익과 손해, 승리와 패배가 서로 엇갈려서 마침내 원망을 사서 원수가 되고, 패가망신해도 전후 인과를 살피지 않느니라."

瞋恚愚痴。欲自厚己。欲貪多有。利害勝負。結忿成讎。破家亡身。不顧前後。

이는 재산을 탐내고 이익을 탐내는 것에서 발생합니다. 자신이 줄곧 조금 더 많이 얻으려고 서로 양보하지 않고 피차 우기며 반목하여 원수가 됩니다.

「전前」은 전인前因이고, 「후後」는 후과後果입니다. 그는 전인후과를 알지 못하고 과감히 행하여 과보가 현전하니, 나중에 후회에도 이미 늦었고 결과는 패가망신입니다.

부귀한 사람은 인색하고 탐욕스러워 다른 사람 돕기를 원하지 않습니다. 세상 사람들은 우주와 인생의 진상을 잘 몰라

어리석고 몽매하며 이기적입니다. 부처님께서는 우리에게 우주와 인생의 진상, 진허공·변법계가 일체이고 제불보살은 일체중생의 진심·본성과 하나라고 알려주십니다. 이래야 진허공·변법계 일체중생이 자신과 밀접한 관계가 있고, 내가 자신을 사랑하면 일체중생을 사랑하고, 일체중생을 돕는 것이 바로 자신을 돕는 것임을 잘 알게 됩니다. **학불하면 반드시 심량을 개척하고 일체 중생에게 관심을 가져야 합니다. 심량이 클수록 복도 커집니다.** 세간과 출세간에서 부처님의 복보가 가장 큽니다. 왜냐하면 부처님의 심량은 「마음은 태허를 감싸고, 그 씀씀이는 항하사 세계에 두루하기(心包太虛 量周沙界).」 때문입니다.

"어떤 사람은 부유하면서도 인색하여 도무지 베풀려고 하지 않고,"

富有慳惜。不肯施與。

「부유富有」는 복보이지만, 복은 다하는 때가 있습니다. 경전에서도 "재산은 오가의 공유이다(財爲五家共有)." 말씀하십니다. 오가五家란 첫째는 「물」로 물에 잠기는 것이요, 둘째는 「불」로 불에 다 타버리는 것이요, 셋째는 「관가」로 종전에 죄를 범하여 재산이 몰수되는 것이요, 넷째는 「도적」으로 강도나 좀도둑이요, 다섯째는 「집안을 망치는 자식」으로 조심할 수 없습니다.

재산은 어떻게 해야 보전하겠습니까? 보시를 통해서입니다. 사회자선으로 중생을 이롭게 하는 일을 더 많이 하십시오. 중국 춘추시대의 범려范蠡는 월나라 구천勾踐의 의사로 오나라에게 멸망을 당한 후 구천을 도와 국가를 되찾는 데 일조했습니다. 그러나 그는 성공한 후 성과 이름을 바꾸고 장사를 하여 큰돈을 버는데 몇 년이 걸리지 않았습니다. 돈을 번 다음에는 모두 보시를 하였고, 다시 소자본 장사를 하여 몇 년 안 걸려 또한 돈을 벌었습니다. 돈을 벌고서 또한 보시하였습니다. 이렇게 한평생 재산을 세 번 크게 모아 세 번 나누었습니다. 이는 진정으로 지혜가 있고 재간이 있었으며, 매우 정확하였습니다.

그래서 우리 스스로 먹고 살기에 충분하면 마땅히 가난한 사람을 돌보고, 사회를 위하여, 지역을 위해 복을 지어야 합니다. 선을 닦고, 복을 닦고, 덕을 쌓고, 재물을 더 많이 베풀 줄 알아야 합니다. 버리면 「얻을 것(得)」이요 버리지 못하면 얻을 수 없을 것입니다.

"애지중지 탐심이 무거워서 마음은 수고롭고 몸은 고달프지만, 이와 같아 끝내 따르는 것은 하나도 없고,"

愛保貪重。心勞身苦。如是至竟。無一隨者。

돈이 많으면 얻어서 걱정이고 잃을까 걱정이어서 몸이 자재하지 못합니다. 그래서 몸도 마음도 고달픕니다.

고덕께서는 말씀하시길, "만 가지를 가져가지 못하고, 오직 업만 몸을 따라갈 뿐이라(萬般將不去 唯有業隨身)." 하셨습니다. 한평생 지은 선업과 악업은 서로 여의지 못하고, 일체 공명과 부귀, 재물은 하나같이 모두 지닌 채 가지 못합니다. 진정으로 깨달은 사람은 닦아서 지닌 채 갈 수 있는 것과 지닌 채 갈 수 없는 것을 알아서 아랑곳 하지 않고 정신을 많이 소비할 필요가 없습니다.

"선악의 업력으로 화와 복만이 명근命根을 좇아 태어나는 곳에 이르니, 혹 즐거운 곳이기도 혹 고통스러운 곳에 이르기도 하느니라."

善惡禍福。追命所生。或在樂處。或入苦毒。

선업에 복을 얻고, 악업에 화를 만납니다.

「락처樂處」는 인간과 천상 두 곳이고, 「고독苦毒」은 삼악도(지옥

아귀 축생)입니다. 육도윤회하여 어느 한 곳에 이르는 것은 자신의 선업과 악업이 지배하고 견인한 것이니 이는 과보이지, 염라대왕이나 하나님, 불보살이 주관하는 것이 아닙니다.

"또한 혹 선한 사람을 보면 미워하고 헐뜯으려고만 할 뿐 흠모하고 쫓아가려고 생각하지 않으며,"

又或見善憎謗。不思慕及。

이는 불선不善의 심행心行입니다. 질투하고 화내고 원한을 품는 것은 확실히 도둑심보입니다. 왜냐하면 다른 사람이 자신보다 좋은 것을 원치 않기 때문입니다. 이는 정상적이지 못한 마음입니다. 다른 사람이 모두 자신만 못하기를 바라고 선한 사람 선한 일을 보아도 마음이 기쁘지 않은데다가 헐뜯고 비난하는데 ,이는 모두 도둑심보입니다. 선한 사람은 선한 사람을 보고 좋은 일을 보면 환희심이 생깁니다. 기뻐할 뿐만 아니라 그의 공덕을 따라 기뻐하며 최선을 다해 그를 도와 일을 이루게 합니다. 왜냐하면 선한 사람 한 명이 이 한 쪽에 있고, 이 한 쪽의 사람이 좋은 모범이 되면 선한 일이 분명코 대중을 이롭게 할 수 있기 때문입니다. 다른 사람의 아름다움을 이루게 함이 곧 자신의 덕행을 성취함입니다. 다른 사람을 방해하고 다른 사람을 장애함은 그야말로 자신이 매우 무거운 죄업을 짓는 것입니다.

"늘 도둑심보를 품어 남의 이익을 갖기를 바래 자신의 것으로 사용하고, 다 흩어져 사라지면 거듭 취하려고 하느니라."

常懷盜心。悕望他利。用自供給。消散復取。

갖가지 정당하지 않은 수단으로 다른 사람의 이익을 여러 가지 방법을 강구하여 점거해 자기의 것으로 만들고, 다른 사람의 좋은 점을 스스로 누리고, 다 누린 후에 다시 손에 넣을 방법을 생각합니다. 이는 도둑심보, 도둑질에 속합니다.

"(이러한 악은) **신명이 모두 기록하여 끝내 삼악도에 들어가느니라."**

神明剋識。終入惡道。

「신명神明」은 천지의 귀신을 가리킵니다. 「식識」은 기록하다는 뜻입니다. 우리가 악한 마음을 일으켜 악행을 저지르고 중생을 속일 수는 있어도 귀신은 속일 수 없습니다. 천지 귀신이 기록합니다. 이것이 첫 번째 뜻입니다.

「신명」은 또한 자신의 신식神識, 요즘말로 양심을 가리킵니다. 자신이 저지른 악한 일은 다른 사람은 몰라도 자신의 마음속에는 또렷합니다. 아뢰야식 안의 종자는 소실되지 않고 인연이 성숙하면 반드시 과보를 받습니다. 이것이 두 번째 뜻입니다.

우리의 행동거지 하나하나 마음을 일으키고 생각을 움직이면 컴퓨터처럼 기록 저장됩니다. 우리의 아뢰야식은 컴퓨터 계통처럼 우리의 선악 심행을 기록합니다. 이것은 자신의 파일자료 창고입니다. 이번 생뿐만 아니라 과거 세세생생 모두 다 기록되어 있어 신명이나 능력 있는 사람은 우리의 파일을 볼 수 있습니다. 그래서 마음을 일으키고 생각을 움직임에 악한 생각이 하나라도 생기지 않도록 신중해야 합니다. 염념마다 중생을 이롭게 해야지, 절대 중생을 침해하고 중생을 해쳐서는 안 됩니다. 이래야 진정으로 자신의 대덕을 성취할 수 있습니다.

이러한 악행의 과보로 끝내 악도에 떨어지고 맙니다. 이러한 사실은 부처님께서 우리에게 일러주시지 않으면 아무도 또렷하게 말해 줄 수 없습니다. 이는 바로 부처님께서 우리에게 가지하고 보우하시어 우리로 하여금 마음을 일으키고 생각을 움직이며 언어를 구사함에 때때로 경각심을 일으켜 나쁜 생각을 일으키지 않고 악업을 저지르지 않도록 하십니다. 이것이 바로 괴로움을 여의고 즐거움을 얻는 것(離苦得樂)입니다.

[제44 청화법문]

음행을 한 악과 그 과보

(제35품 '오탁악세의 오악 · 오통 · 오소'에서 발췌)

"세상 사람들은 서로 업인으로 말미암아 태어나니, 그 수명이 얼마나 되겠는가?"

世間人民。相因寄生。壽命幾何。

사회는 단체의 생태현상으로 개인은 아무도 독립해서 생존할 수 없어 서로 의존하고 의지해야 합니다. 그래서 우리는 자신을 생각하면서 반드시 다른 사람을 생각해야 합니다.

인간의 수명은 짧고 생명은 연약합니다. 사람은 세상을 살아가며, 십년간 추위와 더위가 바뀌어도 얻는 것이 하나도 없으니, 확실히 한바탕 꿈과 같습니다. 두보는 "인생 칠십은 예로부터 드물었다네(人生七十古來稀)."라고 노래했습니다. 지금은 의약이 발달하고 수명이 연장되는 현상이 있을지라도, 아프리카 및 수많은 환경이 열악한 곳에서는 날마다 사람들이 굶어 죽고 아기들이 목숨을 잃는데, 이들을 평균해 볼 때 정말 사람의 수명은 70세에 이르지 못합니다. 사람에게는 공통으로 짓고 받는 공업共業이 있고 개별적으로 받는 별업別業이 있습니다. 어떤 사람은 복을 닦아서 수명이 길어진 것입니다. 하지만 백 살까지 산다고 해도 너무 짧습니다. 그래서 알아차리고 내려놓는 것이 자신에게 확실히 좋은 점이 있습니다.

"선하지 않은 사람은 몸과 마음이 바르지 않아 마음으로 늘 사악한 마음을 품고 늘 음행과 방탕만 생각하여, 고뇌와 번민이 가슴 속에 가득 차서 삿되고 방탕한 태도가 바깥으로 드러나고 집안의 재물을 다 써서 없애버리며,"

不良之人。身心不正。常懷邪惡。常念婬妷。煩滿胸中。邪態外逸。費損家財。

이는 번뇌 · 업장 · 습기가 매우 무거운 한 부류의 사람을 가리킵니다. 그는 몸과 마음이 바르지 않아 마음은 늘 삿된 악과 음욕의 생각이 끊어지지 않습니다. 그래서 욕망이 맹렬한 불길처럼 안에서 타오릅니다. 바깥으로 표현되는 것이 바로 「삿되고 방탕한 태도가 바깥으로 드러남」입니다. 현전하는 응보가 바로 「집안의 재물을 다 써서 없앰」으로 즉, 이른바 가산을 탕진한 사람, 방탕아입니다.

"법도에 어긋나는 일을 저질러도 마땅히 구해야 하는 일(정토왕생)은 오히려 행하려고 하지 않는구나."

事爲非法。所當求者。而不肯爲。

「법도에 어긋나는 일을 저지름」, 다른 사람의 명예와 절개를 깨뜨리는 것을 가리킵니다. 이는 옛날에는 아주 심각한 문제였습니다. 지금은 사람들이 그다지 중요하게 여기지 않지만 도업道業이나 자신의 행복, 사회 안전에 모두 방해가 됩니다. 만약 진정으로 인연과보를 믿는다면, 저절로 명료해질 것입니다.

「마땅히 구해야 하는 일은 오히려 행하려고 하지 않는구나」, 이는 부처님께서 탄식하시는 말씀입니다. "마땅히 구해야 하는 일, 마땅히 해야 하는 일은 오히려 행하지 않는 구나." 마땅히 구해야 하는 일은 무엇인가? 생사를 뛰어넘는 일, 윤회를 뛰어넘는 일을 말합니다. 생사윤회는 매우 괴로운 일입니다. 부처님께서는 우리에게 한 갈래 생사윤회를 뛰어넘는 길을 가리키셨으니, 우리는 믿고 이 길을 따라 걸어가면 결정코 서원을 만족시킬 수 있습니다.

이 단락에서는 삿된 음행의 악을 말씀하십니다. 일체 중죄는 살생보다 큰 것이 없고 도를 닦음에 가장 큰 장애는 음욕보다 큰 것이 없습니다. 이는 두 가지 큰 장애입니다. 만약 수행하여 세간을 뛰어넘고 싶으면 음욕을 끊지 않고서는 삼계를 뛰어넘을 수 없습니다.

정토법문이 비록 업을 지닌 채 왕생하는 길(帶業往生)일지라도 반드시 음욕과 분노와 어리석음을 조복시켜 안으로 머물러야 왕생할 자신이 생깁니다. 만약 조복하여 머물 수 없다면 부처님의 생각(佛念)이 좀 더 많아야 합니다. 바로 고인께서 말씀하신대로 "목청이 터지게 고함을 질러도 소용없습니다(喊破喉嚨也枉然)." 단지 아미타부처님과 선연을 맺을 뿐 이번 생에 성취할 수 없습니다.

[제45 청화법문]

거짓말을 한 악과 그 과보

(제35품 '오탁악세의 오악 · 오통 · 오소'에서 발췌)

"세상 사람들은 선행을 닦아야 한다고 생각하지 않아 이간질하는 말과 거친 말, 거짓말과 현혹시키는 말로써 착한 사람을 증오 · 질투하고 현명한 사람을 망가뜨리며, 부모님께 불효하고 스승과 어른에게 오만불손하며, 친구에게 신의가 없어 말이 성실하다 인정받기 어려우며, 스스로 존귀하고 잘났다고 생각하고, 자신에게 진리가 있다고 말하느니라."

世間人民不念修善。兩舌、惡口、妄言、綺語。憎嫉善人。敗壞賢明。不孝父母。輕慢師長。朋友無信。難得誠實。尊貴自大。謂己有道。

이 단락에서는 거짓말한 악을 말씀하십니다. 거짓말은 성실하지 않습니다. 사람이 성실하지 않으면 도를 닦아도 결정코 성취할 수 없습니다. 왜냐하면 도를 닦음에 진성심眞誠心이 있어야 하거늘 말이 성실하지 않고 마음이 망심인데, 어떻게 도업을 성취할 수 있겠습니까? 설사 세간에 있을지라도 사람이 믿음이 없으면 사회에서 발을 딛고 생존할 수 없습니다. 한때는 사람을 속일 수 있지만, 오랫동안 속일 수 없습니다.

「이간질하는 말」은 시비를 겁니다. 「거친 말」은 말이 거칠어 사람의 존엄을 해칩니다. 「거짓말」은 고의로 사람을 속입니다. 「현혹시키는 말」은 교언영색으로 대중을 속입니다. 지혜가 없고 변별하는 능력이 없는 사람은 듣기 좋은 말을 하면 종종 속아 넘어갑니다. 현혹시키는 말은 그 범위가 매우 넓어서 광고도 그 한 부류입니다. 음악, 영화, 연극 중에서 그 내용이 사람을 속여서 살생과 도둑질, 음행을 짓도록 만드는 것은 모두 「현혹시키는 말」입니다.

동양의 옛날 예술은 생각에 사특함이 없음(思無邪)을 표준으로 삼았습니다. 말하자면 연극과 소설은 모두 사회대중을 교화하고, 「충효절의」를 드러내는 일종의 대중교육이었습니다. 따라서 연극·예술에 종사하는 사람들은 사회가 긍정적으로 향하도록 이끌었고, 대중에게 선한 것은 무량한 공덕이 있지만, 그 반대이면 악업을 짓는 것이라 가르쳤습니다.

거짓말을 하는 사람은 착한 사람, 현명한 사람을 존경하기는 커녕 그를 시기하여 해치고 파괴할 방법을 궁리합니다. 덕행이 있고 지혜가 있는 사람은 한편으로는 선한 영향을 미쳐 풍속을 바꾸고, 한편으로는 사람의 본보기가 되어 그 공덕이 매우 큽니다. 그러나 착한 사람을 증오 질투하여 망가뜨리고, 사람의 아름다움을 이루지 못하게 하며, 공덕을 따라 기뻐하지 않으며 오히려 방해하니, 그 죄는 무겁습니다.

「부모님께 불효하고 스승과 어른에게 오만불손함」은 오만함이 극에 달한 것입니다. 사회대중 뿐만 아니라 불문에서도 예외 없이 《관경》에서는 우리에게 「정업삼복淨業三福」을 가르칩니다. 첫째 복은 「부모님께 효로 봉양하고 스승과 어른을 받들어 모시면서 십선업을 닦는 것」입니다. 「효친존사孝親尊師」는 근본의 근본으로 사람이 부모님께 효도하지 않고 스승을 공경하지 않으면 다른 것은 모두 말할 필요가 없습니다. 부모님께서는 자신에게 길러주신 은혜가 있어 마땅히 공경 효도해야 합니다. 세간·출세간법은 모두 효도의 기초 위에서 건립되는 것입니다. 만약 사회대중이 효도를 말하지 않으면 불법은 기초가 없습니다. 건물을 짓는 것처럼 지반이 없는데 어떻게 번창하겠습니까?

부모님께 효도하고 스승을 존경하며 진리를 소중히 여기면 결코 거짓말을 하지 않습니다. 남을 속이면 부모님과 어른을 속이고 존경하지 않으며 오만불손하게 굽니다. 이런 사람은 이익만 있으면 악한 짓도 서슴지 않고, 이익이 없다면 완전히 배척합니다. 부모님과 가족조차도 알아보지 않고, 눈앞의 작은 이익만 탐합니다.

우리의 지혜와 기술은 스승의 가르침을 통해서 얻습니다. 이는 자신에게 큰 은덕입니다. 부모님과 스승님의 은덕을 모르는데 어찌 친구에게 신의가 있겠습니까? 오늘날 사회는 확실히 이와 같아 사람과 사람이 사귀고, 나라와 나라가 교류함에 있어 모두 도의가 없고, 이해관계에 좌우됩니다.

이들은 잘난 체 하며 자신을 치켜세웁니다. 왜냐하면 오만하고 자부심이 강하기 때문입니다. 그래서 부모님과 스승과 어른을 경시하여 그들이 모두 자신보다 못하다고 여기고 아무도 유능한 사람이 없다고 여겨서 어른에 대한 태도가 오만불손합니다.

거짓말을 하면서 다른 사람을 속이는 가운데 오만이 생깁니다. 이 같은 오만을 불법에서는 비만卑慢이라 합니다. 마음속으로는 자신이 높고 훌륭하다는 생각을 갖고 있으면서도 겉으로는 겸손한 척하는 가운데 강렬한 오만이 생깁니다. 이런 사람은 절집에서는 선정을 얻지 못하였는데 선정을 얻었다고 하고, 지혜가 열리지 않았는데 지혜가 열렸다고 합니다. 이는 모두 큰 거짓말에 속합니다. 부처님께서는 큰 거짓말을 하면 삼보를 무너뜨려서 그 과보로 아비지옥에 떨어진다고 하셨습니다.

"또한 제멋대로 행동하고 위세를 부리며, 다른 사람의 인격을 침범하여 그들이 자신을 두려워하고 공경하기를 바라면서, 스스로 부끄러워하거나 두려워할 줄 모르느니라."

橫行威勢。侵易于人。欲人畏敬。不自慚懼。

또한 이런 사람들은 속세에서는 권세를 믿고 제멋대로 날뛰며 다른 사람을 지배하고 침범합니다. 그런 사람의 목적은 실제로 간단하여서 다른 사람이 그를 공경하길 바라고 명예와 이익을 추구합니다. 자신은 양심의 가책도 없고, 양심도 상실하였으며, 여론의 지탄도 아랑곳하지 않아서 보고도 못 본 척합니다. 그래서 감히 함부로 행동하고 잘난 체합니다.

"그들은 조복시키거나 교화시키기 어렵나니, 늘 교만한 마음을 품고 있어 전생에 지은 복덕으로 아무 탈 없이 살고 있지만, 금생에 악업을 지어 그 복덕이 다 소멸되면 수명이 다해 죽을 때 여러 악업에 에워싸여 돌아가느니라."

難可降化。常懷驕慢。賴其前世。福德營護。今世爲惡。福德盡滅。壽命終盡。諸惡繞歸。

이들은 항복시키기도, 변화·개조시키기도 어렵습니다. 항상 오만한 태도를 보이고 잘난 체 하며 자신을 치켜세웁니다.

이렇게 전횡하는 악인은 왜 현재 사회에서 여전히 지위와 재부와 세력을 유지하고 있고, 응보를 만나지 않을까요? 이는 전생에 닦은 복보가 매우 크고, 이번 생에서 지은 악이 아직 무르익지 않아 과보가 아직 현전하지 않아서 입니다. 경전에서 말씀하시길, "전세의 인을 알고자 하면 금생에 받는 것이 그것이고, 내세의 과보를 알고자 하면 금생에 짓는 것이 그것이니라." 하셨습니다. 우리가 이번 생에 짓는 것이 내생의 과보입니다. 선한 인을 닦으면 반드시 선한 과보를 얻고 악한 인을 닦으면 반드시 악한 과보가 생깁니다. 응보를 만나지 않은 것이 아니라 때가 아직 이르지 않았습니다.

과거 생에 큰 복보를 닦아 본래 일백년을 누릴 수 있지만, 악을 저질러 오십년에 다 누리고서 복보는 점차 줄어듭니다. 이는 천지신명이 주관하여 그에게 벌을 내리는 것이 아니라 자신의 업력에 속합니다. 악의 업력이 강해지고 선의 업력이 점차 약해져 선업이 악업을 감당하지 못하고 악업의 과보가 갈수록 강렬해집니다. 강한 것이 먼저 받고, 강한 것이 먼저 끌고 가는 것이 이치입니다.

수명이 다할 때를 기다려 악업이 나타나면 반드시 악한 과보를 받습니다. 금생과 과거생의 원친채주는 목숨 빚이 있으면 목숨을 요구하고, 금전 빚이 있으면 금전을 요구합니다. 그래서 **염불인은 자신이 수학하고 보시한 공덕을 회향하여 위로는 은혜를 입은 사람에게 사중은혜를 갚고, 아래로는 누겁의 원친채주에게 삼악도의 괴로움을 구제해야 합니다.** 내가 일생일세에 닦은 것은 모두 빚을 갚음에 있습니다. 은혜를 입은 사람에게는 공양하고,

빚을 진 사람에게는 빚을 갚으면 자기 도업에서 수많은 장애를 감소시킬 수 있습니다. 이는 사실의 진상眞相(참된 모습)입니다. 이를 진정으로 이해하면 용맹정진할 수 있습니다.

보리심을 발하고 일향으로 「아미타불」을 전념하여 정토에 태어나길 구하는 것은 우리에게 한줄기 온당한 길입니다. 고인께서는 "만인이 닦으면 만인이 간다." 하셨습니다. 그래서 우리는 결정코 성공할 수 있습니다. 나아가 **서방극락세계에 왕생하여 진정으로 세세생생 은혜를 입은 사람에게 보답하고, 우리와 원한을 맺은 중생을 도와서 불도를 이루게 할 수 있습니다.** 따라서 일체중생과 맺은 원한을 풀고 싶다면 우리는 서방극락세계에 왕생하여야 해낼 수 있습니다.

[제46 청화법문]

음주로 인한 악과 그 과보

(제35품 '오탁악세의 오악 · 오통 · 오소'에서 발췌)

"세상 사람들은 범사에 머뭇거리고 게을러서 기꺼이 착한 일을 하지 않으려 하고 몸을 다스려 선업을 닦으려고 하지 않느니라. 부모님이 가르치고 타일러도 듣지 않고 오히려 빗나가고 반항하며 마치 원수처럼 지내니, 차라리 자식이 없는 것만 못하느니라. 부모님 은혜를 저버리고 효도할 줄 모르며 보답하여 갚고자 하는 마음도 없느니라."

世間人民。徙倚懈怠。不肯作善。治身修業。父母教誨。違戾反逆。譬如怨家。不如無子。負恩違義。無有報償。

어떤 사람은 마음이 불안정하여 목표도 방향도 없고 망설이며 결정하지 못한 채 게으르고 안일하고 방일하게 살아갑니다. 세간법과 출세간법을 성취하고 싶으면 먼저 뜻을 세우고, 한평생 분투 · 노력할 방향과 목표를 정해야 합니다. 명예를 구하면 명예를 얻을 수 있고 이익을 구하면 이익을 얻을 수 있는 것은 목표가 전일하기 때문입니다. 도를 배움 또한 이와 같습니다.

불법의 종파는 비록 많을지라도 일문에 깊이 들 수 있을 뿐입니다. 선도대사께서는 이치를 밝히고 이해하려면 각 종파를 모두 섭렵해야 하지만 수행을 하려면 일문으로 들어갈 수 있을 뿐이라고 말씀하셨습니다. 길은 많이 인식할 수 있지만, 한길로 걸어갈 뿐 동시에 두 길을 갈 수는 없습니다. 그래서 「행문行門」은 하나를 결정하여야 목표에 도달할 수 있습니다. 이것이 원리원칙입니다.

제불여래께서는 사람들에게 염불하여 정토에 태어나길 구하라 권하시지 않음이 없습니다. 왜냐하면 종파의 법문이 비록 많지만 어렵고 쉬움이 다르기 때문입니다. 참선의 목표는 「명심견성明心見性」이지만 「견성」은 쉽지 않습니다. **왜 진심 · 본성을 보기 어렵습니까? 견사번뇌見思煩惱 · 진사번뇌塵沙煩惱 · 근본무명根本無明의 장애가 있기 때문입니다. 반드시 견사와 진사 두 번뇌를 다 끊어야 하고, 무명을 최소한 일품을 깨뜨려야 견성할 수 있습니다.**

이에 반해 염불하여 정토에 태어나길 구함은 업을 지닌 채 왕생하는 길이므로 견사번뇌 일품을 모두 끊지 않아도 됩니다. 이것이 **정토법문의 수승한 점**이고, 제불께서 찬탄하시는 이유입니다. 그러나 만약 「머뭇거리고 게으르면」 어떤 법문을 수학하든 관계없이 모두 장애가 매우 무거워 염불하여도 왕생할 수 없습니다.

선을 닦아야 복보가 있습니다. 이 세상에서 재산과 부귀, 총명과 지혜, 건강과 장수를 바라지 않는 사람은 없는데, 왜 구할 수 없습니까? “불씨佛氏문중에는 구함이 있으면 반드시 응함이 있다.” 하였습니다. 이치와 방법을 잘 알고 이치대로 여법하게 구함이 있으면 반드시 응함이 있습니다.

재산과 부귀는 과보입니다. 과보가 있으면 인이 있기 마련이고, 인을 닦으면 과보를 얻기 마련입니다. 재산과 부귀의 인은 보시로서, 버릴수록 많아집니다. 「버림(捨)」은 인을 심는 것으로 「버리면」 저절로 얻고, 빨리 얻으며, 그득합니다.

총명 · 지혜는 과보로, 법보시가 그 인입니다. 무릇 스스로 알아야 하는 것은 세간법이든 불법이든 기쁜 마음으로 즐겁게 다른 사람에게 전수하고 가르치며 절대 법에 인색하지 않으면 총명지혜가 늘어납니다.

건강 · 장수는 과보로서, 무외보시가 그 인입니다. 중생에게는 공포가 있고 곤란이 있습니다. 우리가 그를 돕고 보호하여 그의 심지가 안온하여 일체공포를 여읩니다. 무릇 이런 부류는 모두 「무외보시無畏布施」입니다. 무외보시를 가장 철저하게 가장 구경까지 실천하는 것으로 채식보다 나은 것이 없습니다. 일체중생의 고기를 먹지 않고 일체중생을 핍박하고 해롭게 하지 않으면 그 과보로 건강 · 장수를 얻습니다.

또 어떤 이는 부모님의 가르침을 받아들이려 하지 않고 오히려 반항합니다. 그래서 부모님은 자식에게 실망하고 자식에 대한 근심·걱정으로 마음이 아프니, 차라리 이런 자식은 없는 것만 못합니다. 또한 부모님께서 가르치고 기르신 은혜를 저버리고 부모님께 효도할 줄 모릅니다. 부모님께 효도하는 것이 의義입니다. 의는 반드시 실천해야 하니, 동물조차도 은혜에 보답할 줄 압니다. 까마귀는 늙으면 자식 새가 먹이를 찾아 부모 새에게 먹이를 줍니다. 어린 양은 젖을 먹을 때 어미 앞에 무릎을 꿇어 은혜에 감사합니다. 이러한 사람은 실제 동물보다 못합니다.

"제멋대로 놀고 이리저리 빈둥거리며, 술에 빠져 살고 맛난 것을 즐기며, 또한 거칠고 함부로 날뛰며, 걸핏하면 남과 충돌하고 다투며, 인정도 세상물정도 모르고, 도의도 예절도 없으며, 충고해도 타일러도 받아들이지 않느니라. 육친권속이 생활을 꾸려나가는데 필요한 것이 있는지 관심도 없고, 부모님의 은혜도 모르고 스승이나 친구에 대한 의리도 간직하지 않느니라."

放恣遊散。耽酒嗜美。魯扈抵突。不識人情。無義無禮。不可諫曉。六親眷屬。資用有無。不能憂念。不惟父母之恩。不存師友之義。

이 단락은 음주와 탐욕의 과실을 말합니다. 어떤 이는 제멋대로 놀고, 하고 싶은 것을 즐기며, 아무 일도 하지 않고 먹고 마시며 빈둥거립니다. 또한 술 마시기를 좋아하고, 맛있는 음식을 즐기며 추구합니다. 이는 모두 탐진치 등 뜻으로 짓는 탐악에 속합니다. 어떤 이는 걸핏하면 사람과 충돌하고 세상 물정도 모르며, 성질이 괴팍하고, 거칠고 제멋대로 날뛰며 이치를 따지지 않습니다.

다른 사람의 충고를 받아들일 수 있다면 그래도 괜찮고 뉘우칠 수 있습니다. 어떤 사람은 당신이 진심으로 권하여도 받아들이기는커녕 오히려 대듭니다. 폭언과 악랄한 태도로써 되갚으려고 할 뿐 받아들이지 않습니다. 불법에서는 이런 사람은 어리석고 업장이 무거워서 남의 충고를 제대로 듣지 못한다고 말합니다.

정상적인 사람은 부모님께 효도할 줄 알고, 가족과 친구를 항상 배려하며 항상 마음속으로 생각합니다. 그들이 지금 어떻게 생활하고 있는지 관심을 가질 것입니다. 그러나 어떤 이들은 자신의 가족이나 친구에게 필요한 돈과 물품이 있는지 조금도 관심이 없습니다. 이들은 부모님께서 길러주신 은혜도 생각하지 않고, 친구와의 의리도 마음에 품지 않으며, 스승님께서 자신을 이렇게 가르쳐 주신 것도 생각하지 않습니다. 좋은 친구가 자신에게 해준 충고에 대해 전혀 새겨듣지 않고 아예 생각조차 하지 않습니다.

[제47 청화법문]

선악응보는 누구도 대신하지 못한다.

(제35품 '오탁악세의 오악 · 오통 · 오소'에서 발췌)

"천지간에는 천상 · 인간 · 축생 · 아귀 · 지옥의 오도가 분명하게 있어 선과 악을 지으면 그 과보로 화와 복이 서로 이어지며, 자신이 지은 업은 자신이 받게 되어서 그 누구도 대신하지 못한다."

天地之間。五道分明。善惡報應。禍福相承。身自當之。無誰代者。

「천지지간」은 우주를 가리킵니다. 우주 사이에는 무량무변한 인류와 고등생물이 사는 별이 있습니다. 그래서 진허공 · 변법계 모두 우리가 활동하는 장소입니다. 지옥도를 제외하고, 천상 · 인간 · 축생 · 아귀의 사도에는 모두 아수라가 있습니다. 아수라는 달리 계산에 넣지 않으므로 「오도五道」라고 부릅니다. 육도六道는 천상 · 인간 · 아수라(오직 천아수라를 가리킴) · 축생 · 아귀 · 지옥을 가리킵니다. 《능엄경》에서는 칠도七道를 말하는데, 선인仙人 일도가 추가됩니다.

「선악보응善惡報應」은 오도의 현상이 나타나는 이유가 마음이 선해서 선을 행하면 그 과보로 천상과 인간 두 도에 태어나고, 마음이 악해서 악을 행하면 그 과보로 삼악도에 떨어짐을 말합니다. 또한 인간 세상에 부귀·귀천의 불평등이 존재하는 이유는 사람 몸을 받는 공업共業은 같지만, 각자 과거 생에 복을 닦은 별업別業은 다르기 때문입니다. 닦은 복이 크면 이번 생에 인간세계에서 부귀와 행복을 누리고, 복이 적으면 수많은 곤궁과 곤란의 시련을 겪습니다. 이러한 인과는 매우 복잡합니다. 육도윤회는 완전히 선악응보로 「몸·말·뜻」 삼업이 선하면 삼선도에 태어나고, 악하면 삼악도에 떨어집니다.

화 가운데도 복이 있고, 복 가운데에도 화가 있습니다. 지혜가 있어야 이를 잘 이해하고 적절히 운영할 수 있습니다. 화 가운데도 복이 있습니다. 예컨대 생활고에 시달리는 사람은 세 끼를 잇지 못하고 인생의 쓴맛을 느껴서 하루빨리 이 세상에서 벗어나길 구하고자 수많은 인연을 내려놓고, 착실히 염불하여 마침내 왕생 성불하니, 이는 복이 있는 것입니다. "괴로움을 스승으로 삼으라."는 말이 있습니다. **괴로움은 우리로 하여금 이 세상에 대한 미련을 모두 버리게 하고, 정토에 왕생하여 아미타부처님을 친견하려는 마음이 더욱 간절해지게 합니다.** 그래서 때때로 화로 인해 복을 얻습니다. 이에 반해 인간세상에서 부귀를 누리는 사람은 비록 염불할지라도 입으로만 할 뿐 간절한 마음이 없어 매순간 사바 세상에 대한 미련이 많아 당생성불當生成佛[11]할 기회를 그르치고 맙니다.

이런 일은 아무도 누군가를 대신할 수 없습니다. “부모 · 자식이라도 산에 오를 때는 각자 노력해야 한다.”고 합니다. 선악의 과보는 진실로 스스로 지어 스스로 받음을 반드시 이해하고 착실히 노력해야 합니다.

---

11) 《능엄경》〈대세지보살염불원통장大勢至念佛圓通章〉에 이르길, “만약 중생이 마음으로 부처님을 그리워하고 부처님을 생각한다면 현전이나 당래에 반드시 결정코 부처님을 친견하리라(憶佛念佛 現前當來 必定見佛)”라고 하였습니다. 「당생성불當生成佛」이란 이 경문에 근거하여 “현전에서 부처님을 친견하고, 당래에 극락세계에 도착해서 부처님을 친견하여” 마침내 「이번 생에 성불을 성취함」을 말합니다. 《당생성불》(비움과소통)

[제48청화법문]

일심으로 생각을 제어하라!

(제35품 '오탁악세의 오악 · 오통 · 오소'에서 발췌)

"만약 스스로 그 가운데 살아감에 일심으로 생각을 제어할지니, 몸을 단정히 하고 생각을 바르게 하며, 언행이 서로 부합하고 범사에 지성심을 다할지라."

若能自于其中。一心制意。端身正念。言行相副。所作至誠。

지금처럼 사악한 오탁악세의 환경에서 살아가는 가운데 중요한 것은 「일심으로 생각을 제어해야」 한다는 것입니다. 모든 일체 악한 생각을 극복하여 머물러야 합니다. 이것이 공부를 시작하는 지점입니다. 악한 생각이 일어날 때 어떻게 하면 될까요? 정토법문의 미묘함은 부처님 명호 공덕의 불가사의함에 있습니다. 악한 생각이 일어나면 한마디 「아미타불」로 악한 생각을 부처님의 생각(佛念)으로 바꾸면 됩니다.

우리는 또한 아미타불의 공덕장엄 그리고 아미타부처님께서 인지因地에서 수행하여 서방극락세계를 건립하시어 시방세계 일체중생을 도와 영원히 고해를 여의고 불도를 원만히 이룬 갖가지 사적을 생각할 수 있습니다. 단지 《무량무경》을 숙독하여 언제든지 서방극락세계 의정장엄을 전일하게 생각할 수만 있으면 모든 일체 망념을 다 그치고 머물 수 있습니다. 진정으로 정토에 태어나길 구하여 공부가 참으로 득력한 경계에 이르러 마음 가운데 염념마다 아미타부처님께서 계시고, 염념마다 서방정토가 있으면 장래에 결정코 왕생할 것입니다. 이것이 「일심제의一心制意」로 망상을 억제하는 가장 적당한 방법입니다.

우리는 몸을 단정히 하고 부처님의 일체 가르침을 준수하고 가르침대로 봉행해야 합니다. 이것이 「단신端身」입니다. 또한 언제 어디서나 일체경계 가운데 염념마다 「나무아미타불」을 여의지 않아야 합니다. 이것이 「정념正念」입니다. 정념이 없으면 삿된 생각에 떨어지고, 삿됨과 바름이 모두 없으면 무기무명無記無明에 떨어집니다. 무명은 어리석음으로, 그 과보로 축생도에 태어나고 삼악도를 벗어날 수 없습니다. 그래서 몸을 단정히 하고 바른 생각을 지님이 대단히 중요합니다.

마음속 생각이 언행과 상응하여 겉과 속이 다르지 않아야 합니다. 사람을 만나고 일을 처리하며 물건을 접함에 있어 진성眞誠을 다하고 손해를 보지 않을까 속임수에 빠지지 않을까 두려워 말아야 합니다. 눈앞에서 기꺼이 손해를 보지 않으려 하고, 속임수에 빠지지 않으려 하면 내세에 윤회하면서 빚을 독촉 받거나 갚아야 하고, 세세생생 윤회를 쉬지 못합니다. 그래서 우리는 진심으로 불보살님을 대할 뿐만 아니라 진심으로 사람을 대하고 일을 대하며 물건에 대해야 합니다.

이와 같이 일을 행하면 바야흐로 진실로 보리심을 발하게 됩니다. 보리심은 바로 진성의 마음입니다. 염불을 하든지 아미타부처님의 의정장엄 공덕을 사유하든지 모두 진성심으로 해야 합니다. 나아가 일상생활에서 진성을 다하지 않음이 없어야 합니다. 이래야 「보리심을 발하여 일향으로 전념專念」할 수 있습니다.

"오직 모든 선을 짓고 온갖 악을 저지르지 않으면 자신은 홀로 생사를 벗어나 그 복덕을 얻고 장수를 누리며 열반의 도를 성취하게 되리니, 이것이 다섯 가지 큰 선이니라."

獨作諸善。不爲衆惡。身獨度脫。獲其福德。可得長壽泥洹之道。是爲五大善也。

「모든 선(諸善)」이라 함은 살생하지 않고, 도둑질 하지 않고, 삿된 음행을 저지르지 않고, 거짓말을 하지 않고, 나아가 탐내는 마음을 품지 않고, 성내는 마음을 품지 않고, 어리석은 생각을 품지 않음을 말합니다. 이러한 모든 선이 바로 오계십선五戒十善입니다. 당신이 행할 수 있으면 됩니다.

"다른 사람이 하든 말든 나와 상관없이 나는 실천할 것이다. 나는 부처님의 제자로서 반드시 부처님의 가르침을 반드시 준수할 것이다."

이것이 부처님의 제자로서 지켜야할 최소한의 표준입니다. 불제자로서 반드시 오계십선을 준수해야 합니다.

학불學佛은 바로 깨달음을 배우고, 총명을 배워야 하며, 애매모호한 일을 해서는 안 됩니다. 나아가 다른 사람이 잘못을 저지르는 모습을 보면 선교방편으로 그를 일깨우고, 경각심을 주며, 충고해야 합니다. 선한 일이나 좋은 일에 대해서는 반드시 착실히 노력 실천하여야 하고, 다른 사람이 비웃고 방해한다고 해서 두려워하지 말아야 합니다. 선행을 베풀고 좋은 일을 하면 사회 대중에게 반드시 이익이 있습니다. 일체 악한 일을 해서는 안 되고, 악한 생각도 품어서는 안 됩니다.

누가 누구를 제도하겠습니까? 자신이 자신을 제도할 뿐입니다. "부처님께서는 중생을 제도하지 않으신다." 하셨습니다. 이는 진정으로 옳은 말씀입니다. 부처님께서는 단지 우리를 위해 사실의 진상을 설명하셨을 뿐입니다. 이를 명료하게 깨달은 후 자신의 길을 걸어가면 됩니다.

앞에서 말씀하신 이러한 악은 결코 행해서는 안 됩니다. 다섯 가지 악을 뒤집으면 다섯 가지 큰 선이 됩니다. 다른 사람은 육도윤회를 벗어날 방법이 없으나, 우리는 이 몸으로 이번 생에 육도윤회를 벗어날 수 있습니다. 여기서 「탈脫」은 삼계를 벗어남이고, 윤회를 벗어남이며, 육도를 벗어남입니다. 계율을 지키면서 염불을 하면 이는 당연한 일입니다.

이 단락에서는 계율을 지키며 염불하라고 말씀하십니다. 이래야 생사를 벗어나고 삼계를 벗어나 서방극락세계에 왕생하여 무량한 수명을 얻습니다. 서방극락세계에 이르러 일생에 물러섬 없이 성불합니다. 열반의 도는 바로 대반열반으로 구경원만한 성불입니다. 이 다섯 가지 선이 크게 도와주므로 다섯 가지 큰 선이라 합니다. 이 경문이야말로 우리에게 오계십선을 진실로 올바르게 전수하시는 말씀입니다. 여러분은 모두 오계를 받았고, 십선업도를 받았습니다.

[제49 청화법문]

육도 중생의 병통

(제36품 '거듭 가르치고 권하시다'에서 발췌)

"원수들은 함께 모여 서로 해치고 죽이려고 하나니, 이는 작고 미미한 원한에서 시작되어 크나큰 곤궁과 극렬한 보복으로 바뀌느니라."

共其怨家。更相殺傷。從小微起。成大困劇。

이 경문은 인因의 차원에서 우리를 깨우치고 거듭 인도하고자 노파심에 하신 말씀입니다.

「소미小微」는 작은 미혹과 전도로 이것이 일어날 때 만약 깨달아 고개를 돌리지 않으면 전전하여 큰 악으로 바뀌고 맙니다. 서로 보복하며 원한을 갚으려는 마음은 이따금 매우 작고 미미하여 말할 가치조차 없는 작은 원한에서 시작됩니다. 곤困은 곤궁이고, 극劇은 극력한 보복입니다. 이는 우리가 알아차리고 넓게 생각해보면 사람과 왕래하면서 조금 작은 왜곡을 받은 것으로 크게 인식하지도 크게 집착하지도 크게 따지지 않으면 보복하는 마음을 품을 수 없습니다. 그래서 불법을 배우는 사람은 시시비비를 따지지 말고, 어느 곳에서든 참고 양보할 줄 알아야 하며 언제든지 경각심을 가져야 합니다. 특별히 경쟁이 치열한 자본주의사회에서는 작은 손해를 보고, 작은 속임수에 넘어갈지라도 이를 액땜으로 여긴다면 더 큰 곤란을 면할 수 있으니, 따지지 말아야 합니다.

"모두 재물과 색욕에 탐착하여 보시를 베풀려고 하지 않고, 각자 자신이 누릴 것만 추구하여 더 이상 시비곡직을 분별할 줄 모르며, 어리석음과 욕망에 떠밀려 자기 이익만 챙기고 명예와 이익을 다투기 때문이니라."

皆由貪著財色。不肯施惠。各欲自快。無復曲直。癡欲所迫。厚己爭利。

이는 육도 중생의 병통입니다. 사람과 사람 사이에 의견이 충돌하는 것은 모두 재물과 색욕을 탐하는 것에 불과합니다. 서로 양보하지 않고 싸우다 끝내 서로 죽이는 큰 재앙을 초래하기도 합니다. 선뜻 보시하지 않고, 다른 사람을 도우려 하지 않습니다.

우리가 과거 생에 세세생생 학불하고 염불하며 무량무변한 제불여래께 공양한 적이 있다면 왜 왕생하지 못하였겠습니까?

무량겁의 수행에도 성취하지 못한 것은 재물과 색욕을 탐하여 스스로를 망쳤기 때문입니다. 금생에도 이를 철저히 내려놓을 수 없다면 여전히 생사윤회해야 합니다.

재산이 있는 사람은 보시할 줄 알아야 복을 오랫동안 누릴 수 있습니다. 만약 재산이 있는데 주는 법을 모르고 자신만 누릴 줄 알면 "한 집이 부유하면 천집이 원망한다."는 말처럼 다른 사람으로부터 시기질투와 분노 · 원망을 들을 것입니다. 당신 집에 불이 나도 "잘 탔네! 부자가 되려고 온갖 나쁜 짓을 저지르더니만!" 악담을 듣고, 집에 강도가 침입하고 좀도둑이 들어도 경찰에 신고하지 않고 "잘 뺏겼네!" 할 겁니다. 이렇듯 세상 사람의 인심은 냉담함을 알아야 합니다.

만약 당신이 이웃을 항상 돌보면 그들은 당신에게 감사하며, 돈을 많이 벌라고 덕담을 할 것입니다. 당신이 돈을 벌면 모두 덕을 보기 때문에 당신이 돈을 많이 벌 수록 모두 즐거워할 것입니다. 당신의 집에 무슨 일이 있으면 모두 와서 도와주려 할 것입니다. 이것이야말로 진정으로 지혜가 있다 할 것입니다. 그래서 자신에게 복이 있을 때 다시 복을 닦을 줄 알아야 하고, 결코 자신이 그 복을 다 누려서는 안 됩니다.

자신만 누리고 자신만 즐기려고 한다면 그는 이 같은 복 속에 화근이 숨어 있음을 알지 못합니다. 그래서 고인께서는 "복에는 화가 숨겨져 있다." 하셨습니다. 당신이 복을 누릴 때 화근은 이미 그 밑에 잠복해 있으니, 이는 지혜가 없는 것입니다. 그래서 옳고 그름을 분별하지 못하고 도리를 몰라 제멋대로 횡포를 부립니다. 어리석음과 욕망에 이끌려 온갖 죄업을 짓습니다. 그들은 모두 작은 이익을 추구하다가 실제로는 큰 손해를 봅니다. 이 이익을 어떻게 다툴 수 있겠습니까? 다툴 수 없습니다! 자신의 운명에 이익이 있어야 다툴 수 있습니다. 이치에 밝은 사람은 다투지 않습니다. 운명에 있으면 구하지 않아도 반드시 얻고, 없으면 아무리 다투어도 얻지 못합니다. 그래서 사리에 밝은 사람은 이익을 얻으려고 다투지 않습니다.

"이렇게 부귀영화를 얻어 당장의 쾌락만을 즐길 뿐, 인욕할 줄 모르고 선을 닦는데 힘쓰지 않아 그 위세는 얼마 가지 않아 악업을 따라서 닳아져 없어지느니라."

富貴榮華。當時快意。不能忍辱。不務修善。威勢無幾。隨以磨滅。

인간이 아무리 부귀영화를 누린다 해고 그 시간은 매우 짧습니다. 고인께서는 그것은 우담발화처럼 문득 한번 나타나고 전광석화처럼 스쳐간다 하셨습니다. 자신이 누리는 것을 절제할 수 있으면 그 부귀를 지속적으로 유지할 수 있고, 나아가 다른 사람도 도울 수 있습니다. 가장 총명한 사람, 가장 지혜로운 사람은 자신의 재산을 자신에게 얼마나 사용하려고 할까요?

자신의 생활에 필요한 것만 취하고, 남은 것은 가능한 한 보시하여 사람을 돕는 것이 큰 지혜요, 큰 총명입니다.

인광대사께서 가장 찬탄하신 분은 송나라 범중엄範仲淹 선생입니다. 소주蘇州 범씨 집안은 범 선생의 가르침에 따라 지금까지 거의 1천년 동안 집안의 도가 쇠퇴하지 않으면서 대를 이어 현인을 배출하였습니다. 왜냐하면 그들은 선을 닦고 덕을 쌓았기 때문입니다! 스스로 배불리 먹을 수 있고 따뜻하게 입을 수 있으면 충분하며, 남은 것은 모두 사회를 위해 쓰고 고난 받는 사람들을 돕는데 사용했습니다.

범 선생은 공부를 할 때 집안형편이 매우 가난하여 절에서 공부했습니다. 그는 매우 궁핍한 생활을 보내면서도 자신이 가난하다고 생각한 적이 한 순간도 없었습니다. 그는 매 순간 고난 받는 사람을 생각하고 자신을 생각하지 않았으며, 또한 한평생 이런 생각을 바꾸지 않았습니다. 그는 받은 봉록으로 의숙義塾을 열어 빈곤한 학생들을 가르쳤고, 또한 의전義田을 만들어 3백여 호의 가정을 먹여 살렸으며, 구호사업을 일으켜 가난한 사람을 제도하였습니다.

자신의 타고난 복을 오랫동안 누리려면 계속해서 복덕을 닦아야 합니다. 누리는 것을 절제하지 못하고 한번에 다 써버리면 복은 이내 사라져 버립니다. 사람은 복을 누리는 환경에서는 쉽게 자신의 성품을 잃어버리고, 절제하지 못하고 선을 닦지 않으며 오히려 죄업을 짓습니다.

진실로 선을 닦고, 진실로 덕을 쌓으려면 힘들고 고통스런 생활을 견딜 수 있어야 합니다. 불법에서는 "중생의 고통을 대신하는 삶"을 말합니다. 자신은 부유하게 지낼 수 있지만 그렇게 하지 않고 고통의 나날을 보내면서 다른 고통 받는 사람이 잘 지내기를 바라는 것이 보살의 마음이고, 진실한 대자대비심입니다. 그래서 눈 밝은 사람들은 부귀영화의 시간은 너무나 짧다고 보고 근검절약하며 다른 사람을 돕습니다. 그러나 미혹·전도된 사람은 이를 알지 못하여 인내하지 못하고 향락을 탐하며 선을 닦으려 노력하지 않습니다.

어떤 사람은 매우 위풍이 있고 세력이 매우 큽니다. 그러나 그의 위풍과 세력은 오래 가지 못합니다. 지금 현재 큰 복이 있을 뿐, 계속해서 선을 닦지 않으면 언젠가는 사라질 것입니다. 특히 복을 누릴 때 오악과 십악을 범한다면 그 복은 재빨리 사라져버립니다.

[제50 청화법문]

존경 · 공경 · 사랑하라!

(제36품 '거듭 가르치고 권하시다'에서 발췌)

"성인을 존경하고, 선한 사람을 공경하며, 인을 실천하고 자비를 행하여 세상 사람을 널리 사랑하라."

尊聖敬善。仁慈博愛。

세간과 출세간의 성인과 현인을 존경하고, 우러러보며, 본받아야 합니다. 그리고 세간의 선한 사람과 선한 일도 공경하며 최선을 다해 사람의 아름다움을 이루어야 합니다. 「경敬」은 성덕을 드러냄으로, 이것이 진정한 선행입니다. 《화엄경》에서는 "공덕을 따라 기뻐하라(隨喜功德)" 말씀하십니다. 그 효과로 자신의 무시겁 이래 질투하고 화내고 원한을 품은 번뇌를 끊을 수 있습니다. 좋은 사람과 좋은 일을 보고서 질투심을 내면 죄업을 짓습니다. 부처님께서는 우리에게 좋은 사람과 좋은 일을 보면 환희심을 내어야 하고, 한 걸음 더 나아가 최선을 다해 그의 선행과 선한 일을 원만하게 이루도록 도와야 한다고 가르치셨습니다. 그의 선을 성취하는 것은 바로 자신의 선을 성취함으로 자타불이自他不二입니다. 그가 닦는 선행과 덕행을 따라 기뻐할 수 있다면 그 과보는 똑같습니다.

인자仁慈에도 등차等差가 있습니다. 세상 사람들의 인자는 사랑하는 마음에 근거하여 감정적입니다. 좋아하면 그에게 인자하지만, 좋아하지 않으면 그에게 자비심으로 대하지 않습니다. 이러한 자비를 「애연愛緣의 자慈」라 일컫는데, 애정의 기초 위에 건립된 것입니다. 보살의 자비는 「법연法緣의 자慈」입니다. 만법이 평등함을 알아, 중생에 대한 자비는 마땅히 자신을 대하는 것과 같아야 합니다. 이는 더욱 깊고 더욱 진실한 이론을 기초로 삼습니다. 부처님의 자비는 「대자대비大慈大悲」라 일컫는데, 이는 완전히 청정심 · 평등심 · 동체심에서 나옵니다. 이는 진실한 인자 · 박애입니다. 반드시 자신의 심량을 개척하여 진허공 · 변법계가 하나의 자신이어야 합니다.

그래서 「인자박애仁慈博愛」[12]의 도량을 길러야 합니다. 이는 진정한 행복 · 아름다움 · 원만의 근원입니다. 행복하고 아름답고 원만하려면 그 뿌리를 「인자박애」에 두고서 자신의 입장에 비추어 다른 사람의 처지를 헤아려야 합니다. 그리하여 자신을 생각하면 다른 사람도 생각하고, 천하의 일체중생도 생각할 수 있습니다.

---

12) "인仁을 실천하고 자비를 행하여 중생을 널리 사랑해 구제하면 열한 가지 칭찬이 있어서 복이 늘 몸을 따르리라.(履仁行慈 博愛濟衆 有十一譽 福常隨身)." 《법구경》, 자인품(慈仁品)

[제51 청화법문]

단정하고 청결히, 전일하고 천천히!

(제36품 '거듭 가르치고 권하시다'에서 발췌)

"스스로 마음을 단정히 하고, 스스로 몸을 단정히 하며, 이목구비를 다 스스로 단정히 할지니라."

當自端心。當自端身。耳目口鼻。皆當自端。

이는 우리가 일상생활 속에서 마땅히 어떻게 우리의 잘못된 행위를 수정해야 하는지 가르칩니다. 행위는 갖가지로 매우 많지만, 총괄해 말하면 「몸 · 말 · 뜻」 세 범주를 벗어나지 못합니다. 그래서 이 단락에서는 바로 우리에게 「몸 · 말 · 뜻」에서 우리의 사상과 행위를 수정하도록 가르칩니다.

「자自」는 수행, 이 일은 다른 사람이 돕지 못하고 자신이 억제하려고 노력하여야 효과를 거둘 수 있다고 설명합니다. 「심心」은 뜻과 생각, 사상으로 이는 일체 죄악의 근원입니다. 부처님께서는 우리에게 "근본에서부터 닦으라" 가르치십니다. 근본은 바로 「마음」임을 알아야 합니다.

「단端」은 단정하다는 뜻입니다. 마음이 바르지 못한 경우 즉시 수정하여서 심지가 광명정대하도록 해야 합니다. 이것이 학불의 시작입니다. 사상事相에서 말하면 진정한 학불인은 심지가 순선純善하여 한평생 지은 행업 중 하나라도 남에게 말할 수 없는 것이 없었습니다. 중국 고대의 인물인 사마광司馬光은 아주 좋은 본보기입니다. 사마광은 어려서부터 성실하여 한평생 남에게 말을 할 수 없는 은밀한 일이 없었습니다. 이는 그의 심지가 단정하고 광명정대하여 조금도 사적인 비밀이 없었다는 말입니다.

그러나 부처님께서 여기서 말씀하시는 「단심端心」은 경계가 더욱 높아서 청정심을 말합니다. 악에도 심지가 물들고 선에도 심지가 물드니, 선악이 모두 물들게 합니다. 그래서 선업은 삼선도에 태어나고, 악업은 삼악도에 떨어집니다. 요컨대 육도윤회를 벗어나지 못합니다. 오직 청정심이 있어야 삼계를 뛰어넘을 수 있으니, 청정심이 주재하여 신구의 삼업 중 하나라도 청정하지 않음이 없어야 합니다. 마음이 정직하면 육근은 저절로 모두 그 정직을 얻습니다.

보살계의 표준으로 반드시 마음을 단정히 해야 합니다. 마음은 어떻게 해야 단정합니까? 유교의 말로는 단심端心은 「바른 마음과 정성스런 뜻(正心誠意)」입니다. 이 안에는 수많은 다른 수준의 표준이 있습니다. 세간의 표준으로 말하자면 오계五戒·십선도十善道의 마음이 단심입니다. 보살의 마음으로 말하면 육도만행, 자리이타가 보살의 단심입니다. 정토종에서의 단심은 《무량수경》에서 말하는 "발보리심發菩提心 일향전념一向專念 아미타불阿彌陀佛"입니다. 이것이 정토종의 단심이고, 이것이 제일입니다! 우리는 마음을 아미타부처님과 서방극락세계에 안온히 두어야 합니다.

처음 불법을 배우는 사람은 바깥 경계가 속마음에 영향을 미칩니다. 그래서 부처님께서는 처음 배우는 사람에게 계율 율의에서부터 시작하여 점차 청정심과 진성심을 배양하라고 가르칩니다. 우리는 먼저 부처님께서 제정하신 계율을 범해서는 안 되고, 나아가 갖가지 규율과 예법에 맞추어야 합니다. 오늘날 시대에는 예법과 표준이 사라졌습니다. 표준이 사라진 혼란한 시대에 자신의 이목구비를 단정히 하기는 어렵습니다. 마음이 바르면 이목구비, 몸은 저절로 단정해지게 마련입니다. 모든 것을 이것에서 체득해야 합니다. 이때 이곳에 사는 모든 이의 습관과 풍속을 알고서 이를 준수하면 큰 과실은 없을 것입니다.

"몸과 마음을 청결히 하고 선과 상응할지니라. 기호와 욕망을 따르지 말고, 여러 악을 범하지 말며, 말과 얼굴빛을 온화하게 할지니라."

身心淨潔。與善相應。勿隨嗜欲。不犯諸惡。言色當和。

「정淨」은 마음을 가리키고, 「결潔」은 몸을 가리킵니다. 마음은 청정하여야 하고 몸은 청결해야 합니다. 이는 총강령이자 수신修身의 표준으로 우리에게 마음을 일으키고 생각을 움직이는 곳에서 매순간 점검하여 몸과 마음이 청결하도록 해야 합니다. 어떤 마음이 청정심입니까? 망념이 없으면 마음은 청정합니다. 수신의 표준은 청결해야 합니다. 청결은 바로 때에 물들지 않음입니다.

여기서 말하는 「선善」은 선악의 선이 아니고, 본성이 본래 선도 악도 없음을 가리킵니다. 청정심 중에도 또한 선악이 없어야 진선眞善이 됩니다. 유교에서는 "지극한 선에 머문다(止於至善)"라고 합니다. 지극한 선이 곧 본성입니다. 몸과 마음이 상대를 여의면 바로 대자재를 얻고 진정한 청정단직淸淨端直을 얻습니다.

만약 우리의 기호와 탐욕을 버릴 수 없으면 몸을 깔끔히 씻어도 청정하다 하지 못합니다.

「제악諸惡」은 간단히 말해서 십악입니다. 몸으로 살생 · 도둑질 · 삿된 음행을 하고, 입으로 거친 말 · 이간질하는 말 · 거짓말 · 현혹시키는 말을 하며, 뜻으로 탐내고 · 성내며 · 어리석은 생각을 품습니다. 모든 악을 범하지 말고 십선十善을 닦으며 오계五戒를 따라 행하면 십선과 상응합니다.

「언색言色」은 표정입니다. 사람과 서로 지내면서 표정은 온화해야 하고 말은 부드러워야 합니다. 《논어》에서 이르시길, "예를 운용함에 화목을 귀하게 여긴다(禮之用 和爲貴)." 하였습니다. 속담에 말하길, "집이 화목하면 만사가 흥한다." 하였습니다. 한 집안이 화목하면 그 집은 반드시 번성하고, 도량이 화목하면 정법이 세상에 머물며, 국가의 정부가 화목하면 나라가 반드시 부강하며, 세계의 인민이 모두 화목하게 지내면 세계가 대동이고 천하가 태평합니다. 「화和」는 매우 중요합니다! 어디서부터 실천합니까? 자신부터 실천해야 합니다. 말은 부드럽고 표정은 부드러워야 합니다.

"몸으로 짓는 행업을 전일하게 해야 하고, 동작을 살펴보아 안정되고 천천히 행할지니라. 서둘러서 급하게 일하면 실패하고 후회할 것이다."

身行當專。動作瞻視。安定徐爲。作事倉卒。敗悔在後。

「신행당전身行當專」, 이 문구는 특히 중요합니다. 만약 우리가 성취하고 싶다면 세간법이든 불법이든 모두 전정專精이 있어야 합니다. 매우 많이 매우 뒤섞어 배우면 정신, 역량, 시간은 분산됩니다. 그래서 보살수학의 육대 강령에서 「정진精進」을 말합니다. 정은 바로 전정專精이고, 진은 진보입니다. 전정이 있어야 비로소 성취할 수 있습니다.

「동작첨시動作瞻視 안정서위安定徐爲」, 이는 품격, 풍채를 말합니다. 「안정」은 심정이 안정됨을 가리킵니다. 「서위徐爲」은 침착하고 진중하다는 말입니다. 「서徐」는 또한 느리고 조급하지 않다는 말입니다. 이는 마땅히 학습해야 합니다.

우리의 현전 사회에서 나타나는 양상은 촉박하고 조급하게 서두릅니다. 종전에는 학업이든 사업이든 도업이든 성취하지 못하면 후회하였습니다. 그러나 현재 사람들은 후회를 몰라 자신에게 잘못이 없다고 여깁니다. 잘못이 없다면 당연히 후회하지 않을 것입니다.

불법의 교훈은 자신이 아침부터 저녁까지, 년 초부터 섣달 그믐날까지, 어느 날 과실을 범하지 않았는지 냉정하게 잘 생각해 보아야 합니다. 다만 자신이 이러한 과실을 모를 뿐 자신의 과실, 병통을 알 수 있다면 바로 깨달음이고, 자신의 병통과 과실을 수정하면 바로 수행입니다.

[제52 청화법문]

만덕의 근본을 널리 심어라!

(제37품 '가난한 사람이 보배를 얻듯이'에서 발췌)

"만덕의 근본을 널리 심으면서 불도를 위해 금한 사항을 범하지 말지니라."

廣植德本。勿犯道禁。

대승보살은 육바라밀을 만덕의 근본으로 삼고, 소승은 「계정혜」 삼학을 근본으로 삼습니다. 정토종에서는 명호를 집지하여 부처님과 상응함을 근본으로 삼습니다. 다시 말해 부처님 명호로써 자신을 일깨워 자신의 심원心願을 부처님과 같게 하고 해행解行을 부처님과 같게 하여 명호의 공덕을 완전히 남김없이 드러내는 것이 바로 만덕의 근본입니다. 비록 경전에 담긴 이치에 익숙하지 않을지라도 착실히 염불하여 명호를 집지할 수 있다면 명호를 염하는 까닭에 마음에서 일체 망상과 집착이 일어나지 않고 심지에 청정한 광명이 비치니, 또한 「덕본德本」의 뜻에 부합합니다.

수행의 목표를 성불에 두지 않으면 수행은 구경 원만에 이르지 못합니다. 일반 경론에서는 성불에 이르기까지 삼대아승지겁이 걸린다고 합니다. 《화엄경》에서는 성불에 무량겁이 필요하다고 하니, 목표를 달성하고 싶어도 너무나 요원합니다. 그러나 정토법문은 이와 달리 이번 생에 구경원만한 원망願望에 도달할 수 있습니다. 그래서 믿음·발원·집지명호야말로 진실로 만덕의 근본입니다.

쉽게 말하면 세간법과 출세간법은 모두 「연緣」이란 한 글자에 있습니다. 연은 자신이 맺는 것으로 선연과 악연이 있습니다. 연은 어디에서 옵니까? 연은 자신이 조작하여 자신이 맺은 것입니다. 제불보살께서는 매순간 우리에게 좋은 마음을 갖고, 좋은 말을 하고, 좋은 일을 하라고 가르치시는데, 이것이 바로 「덕본」을 기르는 것입니다.

「덕德」은 복덕입니다. 우리는 복덕을 길러야 할 뿐만 아니라 더욱 넓혀야 합니다. 그 심량을 넓히고 그 행동을 넓히면 당신의 복덕은 더욱 깊어지고 또 커집니다. 설사 오탁악세일지라도 여전히 복을 누립니다. 복을 닦지 않은 사람은 세상에서 가장 가련한 사람이고 불쌍한 자입니다! **세상에서 가장 진실하고 가장 광대하고 가장 구경 원만한 복보는 바로 염불하여 정토에 태어나길 구하는 것입니다.**

이 세상은 매우 괴로워, 괴로움을 마시고 독을 먹으면서 하루도 편안한 적이 없습니다. 설사 일체 부귀영화를 누릴지라도 병자가 강심제를 먹는 것처럼 전광석화처럼 눈 깜짝할 사이에 사라져 버립니다. 하물며 복을 누릴 때 죄업을 짓는 일을 면할 수 없음이겠습니까? 종종 지은 죄업이 빈궁하고 청빈한 사람보다 훨씬 많으므로 복을 닦는 일을 알아야 합니다.

「도금道禁」은 좁게 말하면 부처님께서 가르치고 일러주심입니다. 부처님께서는 우리에게 어떤 일은 하지 말라, 어떤 말은 하지 말라, 어떤 생각은 하지 말라 가르치셨는데, 반드시 또렷하고 명료해야 합니다. 넓게 말하면 세간의 법률, 풍속과 습관, 인간 감정상 금기사항(忌諱)을 포괄하는데, 이들은 모두 범해서는 안 됩니다. 또한 예를 들면 우리는 다른 사람의 도량에 가서 광고지를 붙이고, 전단지를 뿌리며, 신도를 데려가는 행위를 해서는 안 됩니다. 이는 모두 「도금」의 범위입니다. 특별히 경전을 강설하는 도량에서는 더욱 더 이와 같은 방법이 있어서는 안 됩니다.

"인욕하며 정진할지니라."

忍辱精進。

우리는 범사에 인내하고 정진해야 합니다. 인욕할 수 없으면 정진을 이야기할 수 없습니다. 자연재해도 인내하여야 하고 사람 사이는 더욱 더 인내를 추구해야 합니다. 여러 사람들이 한 곳에 지내다 보면 갖가지 문제가 생기게 마련입니다. 그것에 대해 각자 생각이 달라서 만약 자신의 생각에 확고히 집착하면 충돌을 피할 수 없습니다. 사람들이 모두 한 걸음 물러설 수 있으면 문제는 해결됩니다. 그래서 「천하는 본래 아무 일이 없다(天下本無事)」[13] 하였습니다. 한 걸음 물러나면 아무 일이 없습니다. 그래서 반드시 참고 양보하며 정진해야 합니다.

[법보] 마찬가지로 불법을 수행함에 있어서도 인내할 수 있어야 합니다. 특히 염불공부를 할 때 매일 아침·저녁 기도일과를 하루도 빠뜨리지 말아야 합니다. 이를 위해 매우 큰 인내심이 요구됩니다. 또한 시간이 나면 수행일과를 더 늘려나가야 합니다. 매우 바쁘면 아침·저녁으로 몇 십번만 부처님 명호를 소리내어 염하다가 시간이 나면 부처님 명호를 늘려서 일백 번 염하기도 하고 일만 번 염하기도 합니다. 이렇게 늘려가는 것을 「정진」이라고 합니다.

처음 학불하는 사람은 정진하는 마음이 뜨거워서 며칠간 동안은 많이 염불하다가 시간이 지날 수록 줄어들게 됩니다!

---

13) "천하는 본래 아무 일이 없는데(天下本無事), 어리석은 인간이 저 혼자 시끄럽다(傭人自擾之)". 《당서唐書》 육상선생전陸象先生傳.

이렇게 수행에서 내리막길을 걷는 것은 좋지 않습니다! 그래서 응당 처음에는 하루 기도일과를 적게 잡고서 여법하게 즐거운 마음으로 해야 합니다. 그런 후에 조금씩 늘려나가면 정확히 해낼 수 있습니다. 하루하루 수행하는 동안 순일해야 하고 뒤섞지 않아야 「정진」이라고 합니다.

"자심으로 전일하게 닦을지라."

慈心專一。

「자심慈心」은 중생에 대해 대자대비하여 일체 고난 받는 중생을 도와서 괴로움을 뽑아내고 즐거움을 주는 것입니다! 오늘날 온 세상 사람들이 가장 괴로운 일은 무엇입니까? 미혹과 무지입니다! 우주와 인생의 진상에 대해 잘못 생각하고 잘못 보며, 잘못 말하고 잘못 행하며, 여전히 복덕을 희구합니다. 이것이 가장 괴로운 일입니다!

「위로 사중의 은혜를 갚고 아래로 삼악도의 괴로움에서 구제해야 합니다.」 이는 우리의 책임이고, 우리는 각자 본분 안에서 해내어야 합니다. 어떻게 해야 은혜를 갚습니까? 어떻게 해야 삼악도의 괴로움에서 구합니까? 우리는 삼악도의 괴로움을 구할 수 있는 어떤 능력이 있습니까? 능력이 없습니다! 그래서

「아래로 삼악도의 괴로움에서 구제하려면」 현대인이 이러한 업인을 지어서 아직 타락하기 전의 모습을 보아야 그를 도울 수 있습니다. 이미 타락하였다면 방법이 없습니다. 솔직히 말해서 이미 타락하였다면 지장보살조차도 그를 제도하는 것이 곤란한데 하물며 우리이겠습니까?

어떤 이가 삼악도의 괴로움을 지은 사람입니까? 탐내는 마음이 무거운 사람, 성내고 원망하는 마음이 무거운 사람, 어리석음이 무거운 사람입니다. 어리석음은 흑과 백, 삿되고 그름을 구분하지 못하여 선과 악이 전도된 상태입니다. 이는 축생도의 업인입니다. 바꾸어 말하면 눈앞의 대중을 살펴보면 탐진치가 매우 무거운 사람인데, 모두 삼악도의 중생입니다. 우리는 최선을 다해 그를 도와서 그가 스스로 깨달아 고개를 돌리도록 해야 합니다. 이것이 대자비심입니다.

「전일專一」은 자신에 대해 말한 것입니다. 「일一」은 「일심불란一心不亂」입니다. 평상시 자기 수행은 「일심불란」을 종지로 삼아 언제 어디서든지 일체대중을 도와 마음이 산란하지 않습니다. **일심불란한 상태에서 대자비를 행하여 은혜를 갚고 괴로움을 제도합니다.** 만약 다른 사람을 돕는데 마음이 산란하면 얌전히 열심히 염불을 할뿐, 다른 사람을 돕지 말아야 합니다. 이것도 잘못하는 것이 아닙니다. 《능엄경》에서 **"만약 경계를 굴릴 수 있다면 여래와 같으리라(若能轉物 則同如來)."** 하신 법문 그대로입니다. **당신이 경계를 굴릴 수 있고 경계에 따라 구르지 않아야 다른**

사람을 도울 능력이 있습니다. 이런 공부가 없다면 먼저 자신을 닦고 먼저 자기 성취를 구해야 합니다. 스스로 행하고 나중에 다시 그를 교화해야 합니다. 이것이 매우 중요합니다!

어떤 보살은 대비심을 발하여 자신은 제도하지 않고 먼저 다른 사람을 돕습니다. 그도 자기 심지를 전일하게 하여 경계에 따라 구르지 않아야 다른 사람을 도울 수 있고, 결코 자신이 경계를 따라 전변해서는 안 됩니다. 아직 자신을 제도하지 않았다 함은 아직 부처를 이루지 않았지만, 아라한을 이루고 보살을 이루었음을 가리킵니다. 이런 경지가 아니면서, 다른 사람을 도우면 자신은 여전히 삼악도에 떨어져야 합니다. 이는 잘못입니다. 우리는 열심히 학습하여 경문의 뜻을 잘못 이해해서는 안 됩니다.

[제53 청화법문]

채식을 실천하라!

(제37품 '가난한 사람이 보배를 얻듯이'에서 발췌)

오직 이 세간만이 선은 적고 악은 많아서 괴로움을 마시고 독을 먹으면서 한번도 제대로 편안하게 쉬어 본 적이 없느니라.

唯此世間。善少惡多。飮苦食毒。未嘗寧息。

「이 세간」은 사바세계, 오탁악세로 우리의 현전하는 사회를 가리킵니다. 현전하는 사회에는 선은 적고 악은 많습니다. 이는 사람들이 볼 수 있는 사실입니다.

음식은 우리 육도 범부에게 모자라지는 않지만, 우리가 오늘날 먹고 마시는 것은 「고苦」이고, 「독毒」입니다.

인광대사께서는 고구정녕 노파심에 우리에게 반드시 채식을 하라고 권유하셨습니다. 왜 일까요? 일반인이 통상 짜증을 낼 때 몸에서 흘러나오는 땀에는 독이 있습니다. 그래서 성내고 원망하는 마음은 「독」입니다. 성내고 원망하는 마음이 한번 일어나면 신체 각 부분에서 독액이 흘러나옵니다.

옛날 한 부인이 성을 내고서 아이에게 젖을 먹였는데 며칠이 안 되어 아이가 죽었습니다. 이는 아이에게 젖을 먹여 독사한 것입니다. 또 살펴보면 짐승이 사람에게 죽임을 당할 때 설마 좋아서 도살을 당하겠습니까! 아닙니다. 단지 저항할 능력이 없을 뿐입니다! 성내고 원망하는 마음이 극에 달하는데 어찌 독이 들어있지 않을 리가 있겠습니까! 그래서 당신이 고기를 먹는 시간이 길어지면 몸에 쌓인 독소가 작용하여 나타난 것이 바로 기괴한 병입니다. 말하자면 "병은 입으로 들어갑니다." 따라서 우리가 건강하고 장수하기를 희망한다면 채식부터 실천해야 합니다. 실재로 현재 채식에도 독이 있습니다. 채소에도 농약이 있지만, 이는 육식에 비해 낫고 독소도 적습니다.

[제54 청화법문]

번갈아가며 전하고, 스스로 단속하며 참회하라!

(제37품 '가난한 사람이 보배를 얻듯이'에서 발췌)

"윗사람 아랫사람이거나, 남자 여자이거나, 권속 친구이거나 누구든지 서로 번갈아가며 이 교법의 말씀을 전하도록 할지라."

尊卑男女。眷屬朋友。轉相教語。

「존尊」은 웃어른, 부모님, 선배를 말하고 「비卑」는 자녀, 조카, 후배를 말합니다. 남녀, 권속, 친구 이는 자신의 친족, 한 집안에서 한 민족까지, 다시 친척 · 친구에 이르기까지를 말합니다. 우리 자신은 부처님의 교훈을 따르고 가르침대로 봉행하여 불법의 진실 · 수승한 이익을 얻고, 또한 최선을 다해 불법을 그들에게 소개하여 주고 그들이 학습하도록 권면해야 합니다. 그들이 이익을 얻고 또한 다른 사람에게 가르쳐야 비로소 진정으로 부처님의 은혜를 갚을 수 있습니다. 이 진실의 법문을 서로 번갈아가며 권면하고, 소개하며, 추천하여 한 지역에서 한 도시, 한 국가, 내지 세계로 그 범위를 넓혀 가야 사회는 비로소 화합하고, 세계에는 평화가 있습니다.

과거, 인광대사께서는 상해에서 「호국재난종식법회」를 개최하셨습니다. 대사께서는 어떻게 해야 호국할 수 있는지? 매우 명백하게 말씀하셨습니다. 염불하고 채식해야 합니다. **사람마다 채식하고 사람마다 염불하면 재난은 저절로 그치고 국가는 저절로 지킬 수 있습니다.** 그래서 우리는 교법을 전 세계까지 밀고 넓혀야 합니다. 이것이 진정 위로 사중의 은혜를 갚고 아래로 삼악도의 괴로움에서 구제하며, 세상을 보호하고 재난을 소멸시키는 길입니다.

서로 번갈아가며 이 교법의 말씀을 전하는 방법은 매우 많습니다. 예를 들면 경전을 인쇄·배송하거나 강경·설법을 녹음·영상매체를 통해 유통하여 대중을 최대한 돕습니다. 우리 자신의 목표는 바로 착실히 염불하여 정토에 태어나길 구하는데 있습니다. 그러나 다른 사람이 나와 같도록 강요해서는 안 됩니다. 단지 사람마다 좋은 마음을 갖고, 좋은 말을 하며, 좋은 일을 하여 가정에 행복이 충만하도록 하면 됩니다.

“자신을 단속하고 점검하며, 중생과 화순함에 불법의 이치에 맞게 살아가며, 범사에 기뻐하고 즐거워하며 자심慈心과 효순孝順을 다할지라.”

自相約檢。和順義理。歡樂慈孝。

이 세 마디는 매우 잘 말씀하셨습니다. 우리 자신이 수행할 뿐만 아니라 다른 사람에게 불법을 추천함에 있어 말에 그치는 것이 아니라, 몸으로 실천해 보이는 가르침도 있어야 합니다. 단지 말만 있고 자신이 실천하지 않으면 다른 사람은 선뜻 믿으려고도, 선뜻 받아들이려 하지도 않을 것입니다. 자신이 반드시 절실하게 실천해야 비로소 다른 사람이 신심을 개발하도록 진정으로 도울 수 있습니다.

자신이 마음을 일으키고 생각을 움직이며 말하고 행동할 때 모두 경전의 가르침에 근거하여 자신을 단속하고 신심을 점검해야 합니다.

또한 대중과 함께 지낼 때는 화순해야 합니다. 「화和」는 바로 육화경六和敬[14]이고, 「순順」은 바로 중생에게 항상 수순함입니다. 화와 순은 감정을 기초로 삼는 것이 아니라 「의리義理」에 뿌리를 두어야 합니다. 중생에게 항상 수순함은 이론이 있어 의거하는 것입니다. 항상 수순하는 가운데 상대방을 계발하고 상대방을 변화시킵니다. 만약 상대방이 깨달아 고개를 돌리지 않는다면 수순할 수 없습니다.

---

14) 육화경六和敬은 사회에서 대중과 함께 지낼 때 준수해야 할 6가지 준칙으로 1. 견해로 화합하여 함께 이해하고(見和同解), 2. 행으로 화합하여 함께 닦으며(戒和同修), 3. 몸으로 화합하여 함께 머물며(身和同住), 4. 입으로 화합하여 다투지 않으며(口和無諍), 5. 뜻으로 화합하여 함께 기뻐하며(意和同悅), 6. 이익으로 화합하여 함께 나눔(利和同均)입니다. _《당생성불》(비움과소통)

자식은 부모님께 효순하여야 하고, 부모는 자식에게 자애하여야 한 집안이 기쁘고 즐겁습니다. 이것이 기초입니다. 가정을 밀고 나아가면 사회이고, 사회를 다시 밀고 나아가면 국가이며, 국가를 다시 말고 나아가면 세계입니다. 그래서 행복 기쁨 즐거움의 근본은 가정에 있습니다. 이것이야말로 세상에 살면서 사람을 대하는 가장 기본적인 요구입니다. 이것이 바로 대승경전에서 말씀하신 보살이 존재하는 곳으로 일체중생을 환희심이 생기도록 합니다. 보살은 결코 중생을 해치는 생각이 없고, 당연히 중생을 해치는 행위도 없습니다. 그래서 자신이 기쁘고 즐거우며, 사람마다 기쁘고 즐겁습니다.

「자慈」는 자비로 평등의 자비, 청정의 자비입니다. 「효孝」. 전체 불법은 바로 효도를 광대하게 발양하는 것입니다. 불법에서는 말하길, 「효孝」는 과거로부터 시작이 없고 미래로 끝이 없으며, 시간상으로 삼제三際를 궁진하고 공간상으로 시방세계에 두루하여, 전체 우주는 바로 자기 한 사람이고, 바로 자기 한 몸입니다.

“자신이 행한 일에 과실을 범했다면 스스로 참회하여 악을 없애고 선으로 나아가며, 아침에 들었으면 저녁에 고쳐야 하느니라.”

所作如犯。則自悔過。去惡就善。朝聞夕改。

"사람은 성인이 아닌데 누가 잘못이 없을 수 있겠는가. 잘못을 알아 고칠 수 있다면 그보다 더 나을 수 없다(人非聖賢 孰能無過 知過能改 善莫大焉)." 가장 큰 선은 바로 잘못을 고침이고, 잘못을 고침이 바로 성현의 도입니다.

사람이 자신의 과실을 충분히 알 수 있으면 그것이 바로 각오覺悟(깨달음)입니다. 수행은 바로 과실을 고침이고, 과실을 고침이 바로 수행입니다. 과실을 앎이 깨달음이고, 과실을 고침이 진실한 공부입니다. 그래서 우리의 사상과 견해, 언어와 행위로 과실을 저지른다면 마땅히 과실을 참회해야 합니다. 과실을 참회함은 불보살님에게 용서해 달라고 기도하는 것이 아니라 진심에서 흘러나와 철저히 과실을 고치고, 나중에 다시 짓지 않는 것입니다.

「악을 없애고 선으로 나아가며, 아침에 들었으면 저녁에 고치는 것」이 바로 진정으로 과실을 참회함입니다. 각오도 빨라야 하고, 과실을 고침도 빨라야 합니다. 과실을 발견하는 즉시 고칠 것입니다.

[제55 청화법문]

구함이 있으면 반드시 응함이 있다!

(제37품 '가난한 사람이 보배를 얻듯이'에서 발췌)

"과거의 악행을 고치고 미래의 선행을 닦아야 하며, 마음속의 때를 깨끗이 씻고 행동을 바꾸어야 한다."

改往修來。洒心易行。

이 단락에서는 "불씨문중에는 구함이 있으면 반드시 응함이 있다(佛氏門中 有求必應)." 말씀하십니다.

이 단락은 우리에게 구하는 방법을 가르칩니다. 이치대로 여법하게 구하면 반드시 응함이 있습니다. 이치에 맞지 않게, 법에 맞지 않게 구하면 저절로 그 원하는 바를 만족할 수 없습니다. 어떻게 해야 이치대로이고 여법하겠습니까? 「과거의 악행을 고치고 미래의 선행을 닦음」이 여법함이고, 「마음속의 때를 깨끗이 씻고 행동을 바꿈」이 이치대로입니다. 과거의 나쁜 습관, 나쁜 습기를 바로 고치고, 일체 악을 끊고 일체 선을 닦음이 「수래修來」입니다. 「래來」는 장래입니다. 미래의 것은 내가 열심히 닦아야 합니다. 이는 사事 상에서 말한 것입니다.

"부처님께서 저절로 감응하여 가피를 내리시어 원하는 바를 다 얻게 되리라."

自然感降。所願輒得。

「마음속의 때를 깨끗이 씻고 행동을 바꿈」은 이理 상에서 말한 것입니다. 「쇄洒」는 씻음입니다. 마음에 번뇌 망상 집착이 있으면 이러한 오염의 물질을 말끔히 씻어 청정심을 회복해야 합니다. 「행行」은 행위입니다. 몸에는 살생 도둑질 음행이 있고, 입에는 거짓말 이간질하는 말 등 갖가지 불선의 행위가 있습니다. 「역易」은 전환입니다. 마음이 청정하지 않고, 생각이 청정하지 않으며, 사상이 청정하지 않고, 견해가 청정하지 않으면 우리는 「아미타불」로 믿음 · 발원 · 집지명호의 방법으로 마음을 씻고 행위를 바꾸고, 악을 끊고 선을 닦는 방법으로 과거의 악행을 고치고 미래의 선행을 닦습니다.

만약 여실하게 행할 수 있으면 저절로 감응도교하여 그 원하는 바를 만족시킬 것입니다. 그래서 학불學佛은 신통을 구하지 말고 감응을 구하지 말며 반드시 이치대로 여법해야 합니다. 단지 여법하게 인을 닦을 수 있다면 어떤 인을 심으면 어떤 과를 얻습니다. 이는 일정한 이치입니다. 속담에서도 또한 “단지 밭 갈고 김매는 것만 물을 뿐 수확을 묻지 않는다.” 말합니다.

[법보] 독경하고 염불하면서 마음속의 망상 · 집착 · 번뇌 · 습기를 아주 깨끗이 씻습니다. 또한 과거의 행위에 잘못이 있으면 현재 모두 바꿉니다. 종전의 악행을 현재 선행으로 바꾸고, 종전에 오염된 행을 현재 청정한 행으로 바꾸면 됩니다. 이렇게 할 수 있으면 반드시 감응이 있습니다.

저절로 감응하여 가피를 내리십니다. 우리의 마음이 선한 마음 · 선한 원 · 선한 행으로 가득하고, 일체 제불도 모두 함께 선하여 선과 선이 감응하며 제불의 호념과 선신의 옹호를 느끼게 됩니다. 구함이 있으면 반드시 감응이 있습니다. 서방극락세계에 왕생하길 구하면 어떻게 얻을 수 없겠습니까! 반드시 왕생합니다. 이 단락의 경문을 잘 기억해 두어야 합니다. 이는 보배처럼 대단히 진귀한 가르침입니다!

[제56 청화법문]

부처님의 가르침이 작용하는 세상을 만들라!

(제37품 '가난한 사람이 보배를 얻듯이'에서 발췌)

"부처님의 가르침이 작용하는 곳은 국가나 도시나 마을에 이르기까지 교화를 입지 않은 곳이 없나니,"

佛所行處。國邑丘聚。靡不蒙化。

이 단락에서는 부처님께서 교화하신 구체적인 성과를 말합니다. 부처님께서 교육을 진행하신 장소, 교화하고 홍양하신 장소는 국가나 도시였습니다. 상고시대에는 지구상에서 통일된 국가는 출현하지 않았습니다. 통일국가가 출현하기 이전에는 모두 제후가 다스리는 소국이었습니다. 국읍國邑은 바로 한 국가의 도성으로 대략 두세 개의 도시가 있으면 매우 큰 국가였습니다.

그 당시 부처님의 교화를 입지 않은 도시나 마을은 없었습니다. 부처님의 교육을 받은 사람은 모두 기질이 바뀝니다. 악한 자는 제도를 받아 선하게 되고, 삿된 견해를 지닌 외도는 바뀌어 정법으로 돌아가니, 이는 부처님께서 교육을 행하신 성과입니다.

"천하가 화순하고, 해와 달이 청명하며, 비바람이 때에 맞추어 불고, 재난이 일어나지 않으며, 나라는 풍요롭고 국민은 편안하여 병사와 무기를 쓸 일이 없느니라."

天下和順。日月淸明。風雨以時。災厲不起。國豐民安。兵戈無用。

「화和」는 화목이고, 「순順」은 수순하여 거역하지 않음을 뜻합니다. 구체적으로 말하면 사람마다 사리에 밝고 순리대로 살며 법을 지키고 따르면 사회는 저절로 화평할 것입니다.

손자가 말한 「하늘의 때와 지리상의 이로움과 사람의 화합(天時 地利 人和)」이 모두 갖추어져 현전합니다. 현재 전 세계의 자연재해는 갈 수록 많이 발생하고 있습니다. 재해는 어디에서 오는지, 우리는 깊이 반성해보아야 합니다.

부처님께서 말씀하시길, **"의보依報는 정보正報를 따라 바뀐다."** 고 하셨습니다. 정보는 사람의 마음을 가리키고, 의보는 환경을 가리킵니다. 사람의 마음이 좋으면 날씨가 고르지만, 사람의 마음이 좋지 않으면 재난이 빈번합니다. 그래서 부처님의 가르침을 받아들여 가르침대로 봉행할 수 있다면 반드시 감득하여 「해와 달이 청명하며, 비바람이 때에 맞추어 불 수 있을」 것입니다.

역사서를 읽다 보면 종전에는 무릇 국가에 큰 재난이 있을 때 황제가 목욕·재계하고 채식을 하며 "나에게 어떤 과실이 있길래 이렇게 큰 재난을 만났단 말인가?" 하고 깊이 반성하였습니다. 재난을 만났을 때 잘못을 반성하고, 악을 끊고 선을 닦아 허물을 고쳐 자신을 새롭게 하고자 노력하면서 하늘의 뜻을 돌리길 희망하였습니다. 이는 절대 미신이 아니라 이치에 맞는 행동입니다.

이로 인해 사람마다 부처님의 교학을 받아들여 가르침대로 수행하고, 마음을 씻고 행을 바꾸면 저절로 천하가 화순할 것입니다. 사람이 화합한 후 비로소 천하가 화평하고 대자연도 화순하여 "해와 달이 청명"할 것입니다.

연지대사께서 세상에 계실 때 일 년 동안 항주 지역이 매우 가물었습니다. 어느 날 항주 태수가 연지대사에게 백성을 위해 기우제를 올려달라고 청하였습니다. 연지대사께서 말씀하시길, "저는 비를 구하지 않습니다! 단지 염불할 뿐입니다." 하셨습니다. 그러나 이미 대중을 위하여 간절히 구하는 마음을 다하지 않을 수 없었습니다. 이에 연지대사께서 목어를 쥔 채 신자들을 이끌고 밭 기슭으로 가서 "아미타불"을 염하였습니다. 이는 바로 "정성을 다하면 영험이 있다"는 말로 마음이 청정하고 간절하면 저절로 감응합니다. 과연 대사께서 그곳으로 가니, 그곳에 비가 내렸습니다. 이는 바로 진정으로 부처님 가르침에 따라 수학하여 얻는 수승한 이익이자 가장 훌륭한 증거입니다.

풍요에는 두 가지가 있습니다. 하나는 물산이 풍부하여 모두 물질적인 생활을 즐깁니다. 또한 문화·도덕이 풍성하여 정신생활이 매우 원만합니다. 물질생활과 정신생활이 모두 넉넉하면 사람들은 안온히 지내면서 즐겁게 일하고, 심신이 편안합니다. 이것이 또한 부처님께서 교화하신 성취입니다.

나라에는 외환이 없고, 나라를 보호하는데 수많은 군대를 양성할 필요가 없습니다. 다시 말해 나라에 전쟁이 없고 아무도 국민을 괴롭히지 않으니, 무기를 쓸 일이 없습니다.

"또한 사람들은 도덕을 숭상하고 인의를 행하며, 힘써 예절과 겸양을 닦아, 나라에 도적이 없고 억울한 일이 없으며, 강한 자가 약한 자를 능멸하지 않아 각자 자신의 자리를 잡느니라."

崇德興仁。務修禮讓。國無盜賊。無有怨枉。强不淩弱。各得其所。

「인仁」은 자신의 입장에 비추어 다른 사람의 처지를 헤아림(推己及人)으로 공자께서는 **"자신이 원하지 않으면 다른 사람에게도 시키지 말아야 한다(己所不欲 勿施於人)."** 하였습니다. 사람들이 모두 도덕을 숭상하고 법을 지키고 예를 지킨다면 사회는 당연히 화평할 것입니다.

「힘써 예절과 겸양을 닦아, 나라에 도적이 없고 억울한 일이 없음」은 인사 상에서 반드시 실천해야 할 몇 가지 조건으로 이래야 진정으로 가정이 행복하고 사회가 화해하며 국가가 부강할 수 있습니다.

「예禮」는 상호 존중하고 참고 양보하면 사회 치안이 저절로 좋은 것입니다. 이른바 "밤에 대문을 잠그지 않아도 된다." 하였습니다. 「억울한 일이 없음」은 사법심판이 공정하다는 뜻입니다. 지위든 재부든 학술이든 모든 분야에서 서로 존종하고 각자 그 본분에 맞게 살아야 합니다.

[법보] 부처님의 교육에서 숭상하는 것은 도덕입니다. 사람들이 마음속에 모두 사랑을 간직하고 있어, 나 자신을 미루어 다른 사람을 생각할 수 있습니다. 또한 사람마다 예절을 알고 모두 양보할 수 있습니다. 예절과 겸양은 사람들과 지내면서 반드시 실천해야 하는 조건입니다. 이를 실천해야 진정으로 가정이 행복하고 사회가 화평합니다. 나아가 국가에는 전쟁이 사라지고 부강해집니다.

현대사회는 경쟁이 너무 치열합니다. 경쟁은 사회 전체의 불안을 가져옵니다. 그러나 사람마다 서로 존중하는 마음으로 참고 배려할 수 있다면 사회의 치안은 저절로 좋아질 것입니다.

그리하여 밤에 문을 닫지 않고 지낼 수 있으며, 억울한 사람이 사라지고 사법재판은 공정할 것입니다.

"각자 자신의 자리를 잡으면" 좋습니다! 이 단락의 경문에서는 정치 · 사회와 경제 · 문화, 모든 것을 다 말하고 있습니다. 또한 불법은 지금 세상에서 필요한 것이라 말합니다. 중국근대의 불교학자인 구양경무는 강연에서 "불법은 종교도 아니고 철학도 아니다. 불법은 지금 세상에서 필요한 것이다."라고 말하였습니다. 불법은 확실히 필요한 것으로 우리에게 행복과 원만을 가져다 줍니다. 사업의 성취, 사회의 안전, 국가의 부강, 세계의 평화는 불타의 교육이 확실히 우리가 실천할 수 있도록 돕습니다.

현재 수많은 사람들은 불교를 종교이거나 미신이라고 오해하고 있습니다. 이러한 장애 때문에 그들은 그 귀중한 보배를 접촉하지 못하고, 인식하지 못하며, 활용할 수 없습니다. 특히 미신이란 생각은 엄청난 장애입니다. 불교를 미신으로 여겨서 불교를 접하려는 마음이 없어서 다른 종교보다 한참 못합니다.

저는 처음 불법을 방동미 선생에게서 소개 받았습니다. 그는 불법을 철학의 한 분야로 삼아 "불경철학"이란 단원을 개설하였습니다. 저는 이 강좌를 듣고 나서 불교가 얼마나 좋은지 알게 되었습니다. 확실히 「화엄경」에서 "불법은 설하는 이 없다면 지혜가 있어도 이해할 수 없다."는 말씀과 같습니다.

우리가 불법을 또렷이 알고 있다면 그것을 널리 보급할 책임과 의무가 있습니다.

그래서 부처님께서는 「무량수경」에서 "서로 번갈아가며 이 말씀을 전하도록 하라."고 하셨습니다. 우리는 이를 실천해야 합니다. 수많은 사람이 불법의 참 모습과 불법의 잇점을 알게 되고, 이 사회가 불법의 가르침을 받아들이면 우리는 이러한 수승한 과보를 누리면서 모두 행복하고 원만한 생활을 보낼 수 있습니다.

[제57 청화법문]

제불의 무상지혜를 명백히 믿어라!

(제41품 '의심이 다 끊어져야 부처님을 친견한다'에서 발췌)

"그대 아일다여, (정토법문에 대한) **의심은 여러 보살들에게 큰 손해가 되고, 큰** (진실의) **이익을 잃게 됨을 알아야 한다. 이런 까닭에 제불의 무상지혜를 명백히 믿어야 하느니라."**

阿逸多。當知疑惑。於諸菩薩。爲大損害。爲失大利。是故應當明信諸佛無上智慧。

「아일다」는 미륵보살입니다. 무량수 법회에는 두 분 당기자(當機者; 과거 세상에 덕의 근본을 심어 설법의 기연이 합치한 자)가 있습니다. 전반부는 아난존자, 후반부는 미륵보살로 그 의의는 매우 깊습니다. 왜냐하면 미륵보살께서 당래에 부처님으로 하생下生하실 것이기 때문입니다. 그래서 세존께서는 보살에게 장래 성불할 때 반드시 《무량수경》을 강설하여 사람들에게 염불하여 정토왕생을 구하길 권하라고 일깨우고 부촉하셨습니다.

「믿음 · 발원 · 집지명호」로 정토에 왕생하는 법문에 의심이 생기니, 이 손실은 대단히 큼을 마땅히 알아야 합니다. 만약 보살이 「믿음 · 발원 · 집지명호」를 믿고 착실히 염불하여 정토에 태어나길 구하면 삼대아승지겁을 겪을 필요 없이 이번 생에 성불합니다. 그래서 부처님께서는 여기서 정토를 불신하는 것은 큰 손실이라 말씀하십니다.

우리는 이따금 불보살에 대해 진정한 신심이 없고, 반신반의하여 비록 학불할지라도 여전히 사주를 보거나 관상, 풍수를 봅니다. 이는 바로 불보살님에 대한 신심이 없고 마음속은 여전히 이것저것 뒤섞여서 청정하지 못합니다. 이로 인한 손실은 큽니다. 학불學佛하는 목적은 바로 청정심을 구하고, 일심불란一心不亂에 이르는 것입니다.

《정토삼부경》은 염불하여 정토에 태어나길 구하는 법문입니다. 이는 바로 제불여래의 본원가지本願加持입니다. 이는 또한 **유불여불唯佛與佛이 아니면 구경 · 명료에 이를 수 없습니다.**[15]

그러므로 우리가 금생에 정토법문을 만나 진정으로 믿을 수 있고 발원하여 왕생을 구할 수 있음이 바로 무상지혜입니다. 지혜가 무상일 뿐만 아니라 복보도 무상입니다. 그래서 제1등의 지혜 복보가 아니면 이런 법문을 수지할 수 없습니다.

---

15) "유불(唯佛; 석가모니불) 여불(與佛; 시방의 제불)만이 제법실상을 구경까지 철저히 다하느니라."《묘법연화경》

[제58 청화법문]

인천의 과보를 구하지 말라!

(제41품 '의심이 다 끊어져야 부처님을 친견한다'에서 발췌)

"저들은 자신이 심은 선근에 대해 상을 여의지 않고, 부처님의 지혜도 구하지 않으며,"

彼等所種善根。不能離相。不求佛慧。

이 문구는 상에 집착하여 닦음을 가리킵니다. 망상 · 분별 · 집착이 있으면 발심하여 좋은 일을 하여도 장래에 좋은 과보를 받겠지만, 인천의 복보를 희구하는 생각이 있으면 매우 큰 장애가 됩니다.

「부처님의 지혜」는 앞에서 말한 「제불의 무상지혜」를 말합니다. 부처님의 지혜를 구함이 바로 정토에 태어나길 구함입니다. 정토는 곧 「제불의 무상지혜」입니다.

진실한 지혜는 구하지 않아도 일체를 통달합니다. 부처님께서는 일체중생을 위하여 경전을 강설하고 설법하실 적에 묻는 대로 거침없이 대답하십니다. 부처님께서는 고려하지 않고, 사유하지도 않는데, 왜냐하면 진실한 지혜는 자성의 본능으로 자성이 본래 갖추고 있는 것이지, 배우는 것이 아니기 때문입니다.

그래서 마명보살께서는 우리에게 "언설상을 여의고 명자상을 여의며 심연상을 여읠지라(離言說相 離名字相 離心緣相)."하고 가르치셨습니다. 「언설상을 여읨」은 경전강설을 듣되 언어에 집착하지 않음이고, 「명자상을 여읨」은 명사 · 술어에 집착하지 않음이며, 「심연상을 여읨」은 제6의식으로 사유 · 상상하지 않음을 말합니다. 경전강설을 듣고 법문을 듣되, 언설상에 집착하지 않고, 명자상에 집착하지 않으며, 심연상에 집착하지 않음이 바로 선정을 닦음입니다. 또렷하게 분명하게 들음이 지혜를 닦음입니다. 이와 같이 경전강설을 듣고 법문을 들음이 선정과 지혜를 균등히 배움입니다.

"세간의 즐거움과 인간의 복보에 깊이 집착하여 비록 복을 닦는다 할지라도 인천의 과보만 구하나니, 그 과보를 받을 때 일체가 풍족하지만 결코 삼계의 감옥을 벗어날 수 없느니라."

深著世樂。人間福報。雖複修福。 求人天果。得報之時。一切豐足。而未能出三界獄中。

「세간의 즐거움에 깊이 집착」함은 **번뇌장煩惱障**으로 세간의 오욕육진, 부귀영화에 대해 깊이 탐착하여 내려놓지 못합니다. **「부처님의 지혜를 구하지 않음」**은 **소지장所知障**입니다. 이 두 가지 장애는 매우 깊고 무겁습니다.

「비록 복을 닦는다 할지라도 인천의 과보만 구하여」, 이는 진정으로 계를 지키면서 선을 닦으면 그 과보는 인천에 있음을 말합니다. 만약 계를 깨뜨리면서 선을 닦으면 그 과보는 삼악도에 있습니다. **계를 깨뜨리면서 선을 닦는 자는 귀도鬼道에 떨어져서 귀왕·귀신이 됩니다.** 일반 민간에서 예배하는 귀신은 돈이 있고 세력이 있어 따르는 무리 또한 많습니다. 축생도에 떨어지는 경우 돈이 있는 사람이 키우는 애완동물이 되어 축생도에서 복을 누립니다. 이들은 모두 계를 깨뜨리면서 복을 닦는 경우입니다.

「과보를 받을 때 일체가 풍족하지만」 인천의 복보를 얻어 큰 관료, 큰 장수, 큰 부자가 되지만, 자고이래로 죄업을 짓지 않고 다른 사람에게 억울한 누명을 씌우지 않은 사람이 누가 있습니까? 그러나 복보를 다 누리면 내세에 삼악도에 떨어지지 않을까 두렵습니다. 삼악도에 가지 않고 내세에도 인간으로 태어나도 그렇게 부귀하지 않고 대가 지날 수록 점점 못합니다. 그래서 이 경문을 생각하면 왕생을 하지 않고서 어떻게 좋겠습니까?

다시 현전하는 사회에서 권세가 있는 사람과 그들의 행위와 짓거리를 살펴보면 인간세상으로 다시 올 수 없음을 알 수 있습니다. 다시 인간세상으로 오면 불보살 응화신으로 와야 합니다. 만약 성불하지도 못하고 보살의 응화신으로 오지도 못한다면 여전히 업보가 있어 큰일입니다! 그래서 우리는 매순간 경각심을 일깨워야 합니다. 인간복보도 심히 두렵고, 천상의 복보도 구경이 아닙니다! 천상에서는 비록 악을 지을 기회가 적지만 복보를 다 누리면 여전히 타락하게 마련입니다. 《법화경》에 이르시길, "삼계는 편안하지 않아, 불타는 집과 같으니라(三界無安 猶如火宅)." 하셨습니다.

[제59 청화법문]

상에 취착하여 분별하지 말라!

(제41품 '의심이 다 끊어져야 부처님을 친견한다'에서 발췌)

또한 어떤 중생은 비록 선근을 심고 큰 복전을 일구었지만, 상에 취착하여 분별하고 정념 · 집착이 깊고 무거워서 윤회를 벗어나길 구해도 끝내 이룰 수 없느니라.

復有衆生。雖種善根。作大福田。取相分別。情執深重。求出輪迴。終不能得。

앞 단락에서는 「상을 여의지 않고 부처님의 지혜도 구하지 않는다」 하였고, 이번 단락에서는 「상에 취착하고 분별하여 감정적인 집착이 깊고 무겁다」 하였습니다. 상에 취착하여 분별하지 않는 것은 수행의 원칙입니다.

이를 어기면 삼계를 뛰어넘을 수 없고, 기껏해야 삼계의 유루복보有漏福報만 누릴 뿐입니다. 이 세상에서 큰 부귀를 누리는 사람들은 모두 전생에 수행했지만, 마음속 정념과 집착을 씻어내지 못해 인천의 복보를 받았습니다. 그러므로 진정으로 불법을 수학하여 윤회를 뛰어넘으려면 반드시 "과거의 악행을 고치고 미래의 선행을 닦으며, 마음속의 때를 깨끗이 씻고 행동을 바꾸어야 합니다." 닦는 것이 큰 선이든 작은 선이든 결코 상에 취착하고 분별해서는 안 됩니다. 또한 집착하지 말고, 심지를 영원히 청정하게 지키며, 영원히 아미타부처님을 기억해 정토에 태어나길 구할 뿐입니다.

「작대복전作大福田」에서 「작作」은 「종種」에 비해 수승합니다. 「종」은 자신이 밭에 심는 것이고, 「작」은 일체중생으로 하여금 심게 하는 것입니다. 예를 들면, 재물을 보시하고 삼보에 공양함은 복전입니다. 만약 도량을 하나 세우면 바로 「대복전을 일군 것」으로 수많은 중생이 모두 와서 복을 심습니다. 도량이 클수록 복전도 큽니다. 또한 예를 들면 부모님께 효도로 봉양함도 복전입니다. 만약 노인원을 설립하면 바로 「대복전을 일군 것」입니다. 이런 부류와 같은 자선사업은 모두 대복전입니다. 성심성의껏 최선을 다해 실천하지만 「상에 취상하고 분별」하지 말아야 합니다. 그러면 일을 처리함에 공평하지 못하고 마음도 청정하지 못합니다. 마음이 청정하지 못하고 일을 불공평하게 하며 이와 같이 선을 닦으면 「윤회를 벗어나길 구해도 끝내 이룰 수 없습니다」.

[제60 청화법문]

염불법문이 오래 머물게 하고 결연히 지켜라!

(제46품 '부지런히 닦고 굳게 지녀라'에서 발췌)

"부처님께 효순하고 스승의 은혜를 항상 생각하며, 이 법이 멸하지 않고 오래 머물 수 있도록 하며, 이 법을 결연히 지켜서 훼손하거나 상실하지 않도록 하라."

當孝于佛。常念師恩。當令是法久住不滅。當堅持之。無得毁失。

우리는 어떻게 해야 부처님께 효순합니까? 부처님께서 가르치신 법문에 순종하고 가르침대로 봉행하여, 마음도 부처님과 같고 발원도 부처님과 같으며, 이해도 부처님과 같고 행도 부처님과 같고 덕도 부처님과 같으며, 부처님과 계합하여 하나가 됨이 바로 부처님께 효를 다하는 것입니다.

《화엄경》에서 말씀하시길, "유정들도 무정들도 함께 일체종지가 원만하다(情與無情 同圓種智)." 하셨습니다. 이는 효도가 원만한 모습입니다. 《무량수경》에서 평등심과 각심은 효입니다. 분별이 있고 집착이 있으면 평등하지 않습니다. 일체분별과 집착을 여의고 진허공·변법계가 일체일 때 청정법신이 현전합니다. 효심도 여기서 생깁니다. 사상 상에서 표현되는 것은 평등심과 대자비심입니다. 대지혜와 대자비심은 바로 효심의 작용입니다.

「스승님」은 선지식입니다. 부처님께서 멸도하신 후 역대 조사·대덕들께서 대를 이어 불법을 전하셔서 우리는 비로소 불법을 들을 수 있습니다. 그래서 우리는 항상 부처님과 역대 불법을 전하신 여러 대선지식의 은혜를 생각해야 합니다. 어떻게 해야 은혜를 갚을 수 있을까요? 스승님의 가르침을 봉행하여 광대함을 떨침이 스승님의 은혜를 갚는 길입니다. 부처님의 본원은 우리에게 "일체 유정을 위해 기나긴 밤 동안 이익을 베풀어 중생이 오악취五惡趣에 떨어져 온갖 위험과 괴로움을 다시는 받는 일이 없도록(爲諸有情 長夜利益 莫令衆生 淪墮五趣 備受危苦)" 최선을 다해 착실히 실행하라고 가르칩니다.

이와 같은 행지行持는 바로 부처님에 대한 진실한 효순이고, 스승님의 은혜에 대한 진실한 생각입니다. 여기서 말하는 「이 법이 멸하지 않고 오래 머물 수 있도록 함」은 또한 특별히 무량수경과 염불로 왕생하는 법문을 가리키니, 우리는 착실히 봉행하고 최선을 다해 선양하여 단절되지 않도록 해야 합니다.

「견堅」은 단호히, 결연히라는 뜻입니다. 우리의 신심과 원심을 결연히 지켜서 부처님께서 교육하신 일을 열심히 추진해야 합니다.

「훼毁」은 훼손, 「실失」은 상실입니다. 이는 이중의 뜻이 있습니다. 하나는 우리가 경문의 뜻을 잘못 이해하여 여법하게 수학하지 못하게 하니, 이는 경법을 훼손하고 상실하는 것입니다. 둘은 자신의 세속적인 지혜·변재·총명에 의지해 여법하게 유통하지 못하여 접촉하는 사람이 오해를 낳도록 하여 왕생할 수 없으니, 이 또한 경법을 훼손하고 상실하는 것입니다. 그래서 우리 자신은 여법하게 수학해야 하고 여법하게 유통할 수 있어야 제불여래·조사대덕의 교법을 우리 수중에서 훼방·손실하지 않게 됩니다.

우리의 법회는 이제 원만히 성료되었습니다.

[보충] "첫째는 이 경전에 의거해 수학하였으나 부처님의 뜻을 잘못 이해하는 것이고, 둘째는 경전을 유통하는 일을 개인의 뜻에 의거하여 세상의 지혜와 변재와 총명으로 법에 맞지 않게 함으로써 사람들로 하여금 경의 뜻을 오해하여 왕생할 수 없게 하는 것입니다. 혹은 사람들로 하여금 수학하여 변지 의심의 성에 떨어지게 하여 오백년 동안 억울함을 당하게 하는 것입니다. 이 두 가지 뜻이 이 「훼실毁失」 두 글자 속에 내포되어 있습니다." _《무량수경친문기》(정공 큰스님, 비움과소통)

-정공淨空 큰스님
가장 어려운 건 무량수경을 접하는 것이다
이보다 더 어려운 건 정토법문 만나는 것
행복한 나라에 태어나기도 어려운데
정법 만나기 더욱 어려워라
현명한 스승 만나기 어렵고
불법 만나기 어려우며
인간의 몸 얻기 어렵고

무량수경 합찬(大經合讚)

하련거夏蓮居 노거사 지음

매광희梅光羲 노거사 발췌

정업淨業을 닦고자 하는 사람은 반드시 이 경전을 독송해야 합니다. 왜냐하면 이것은 모든 정종 경전의 강요綱要이기 때문입니다. 독송하지 않으면 (여래의 지견知見에) 깊이 들어갈 수 없고, 독송을 하면 총지(總持; 다라니)를 얻을 수 있기 때문입니다. 이미 정업을 닦고 있는 사람도 이 경전을 독송하지 않을 수 없습니다. 왜냐하면 무량수경 선본善本이 세간·출세간의 인과因果와 고락苦樂을 남김없이 상세히 포괄하고 있기 때문입니다. 숙독하지 않으면 굳건한 바른 믿음을 지닐 수 없고, 또한 독송하지 않으면 극락세계의 의정장엄을 어떻게 수지하는지 그 방법을 밝히기 어렵기 때문입니다.

참선을 닦는 사람도 이 경전을 독송해야 합니다. 이 법문은 곧 위없이 깊고 미묘한 선禪이기 때문입니다. 아미타불(彌陀)이 곧 자성自性이고, 정토가 유심惟心이기 때문입니다. 선정수행(禪)도 있고 정토수행(淨土)도 있으면 마치 뿔난 호랑이와 같기 때문입니다. 정淨에 즉卽하고, 선禪에 즉하면 정淨 바깥에 선禪은 없기 때문입니다. 정토를 믿지 않으면 선禪도 믿지 못하기 때문이고, 또한 자심自心도 믿지 못하기 때문입니다.

밀교를 배우는 사람도 이 경전을 독송해야 합니다. 왜냐하면 이 경전 앞부분에 상사上師께서 설법하여 관정灌頂의 계위에 들어가 보리수기를 받게 하시고, 도량장엄까지 이르러 본존本尊께서 광명을 놓으시고 네 가지 다라니를 전부 구족하기 때문입니다. 또한 밀엄국토(密嚴)는 서방극락과 분리되지 않기 때문입니다.

현수종(賢首宗; 화엄종)의 사람도 이 경전을 독송하지 않을 수 없습니다. 모든 대보살께서 다 같이 보현보살의 덕을 좇아 닦고, 곳곳마다 극락으로 인도하여 돌아가며, 이와 사가 걸림이 없음(理事無礙)을 순수하게 드러내는 까닭입니다. 또한 《화엄華嚴》의 소본小本이고, 극락세계가 곧 화장華藏세계이기 때문입니다.

천태종天台宗의 사람도 이 경전을 독송하지 않을 수 없습니다. 경문에 따라 경건하게 독송하고, 지관止觀을 이미 갖추었으며, 차제次第를 거치지 않고 스스로 원돈문圓頓門 가운데 있기 때문입니다. 경계에 즉하고 마음에 즉하기(卽境卽心) 때문이고, 삼승三乘을 개회開會하여, 일승一乘에 돌아가게 하기(會三歸一) 때문입니다. 또한 곧 《법화》'방편품 제2'에서 말한 바와 같이 "오직 일승법만이 진실이요, 달리 둘이 있다면 진실이 아니기(唯此一事實 餘二則非眞)" 때문입니다.

법상종法相宗의 사람도 이 경전을 독송하지 않을 수 없습니다. 극락세계의 의정장엄이 즉 법상法相이고, 믿음信·발원願·집지명호持名가 유식唯識이기 때문입니다. 왕생하겠다는 발원(願生)으로 말미암아 왕생하되 생하지 않음(無生)을 깨닫고, 의타기성(依他)으로 말미암아 원성실성(圓實)을 증득하기 때문입니다. 유에 들어 공을 득하고(入有得空), 식이 전변하여 지혜를 이루기(轉識成智) 때문입니다.

소본《아미타경》을 이미 수지한 사람이 다시 이 경전을 독송하면 단박에 깨달아 마음바탕이 확 트이며 밝아집니다. 이 경전을 읽고 다시 소본을 수지하면 더욱 간략하고 교묘하며 정확하고 적절해 보입니다. 이 경전에 의지하여 보리심을 발하고 일향으로 전념하면 바야흐로 일심불란을 얻고, 전념하지 않으면 결코 일심一心을 이루기 어렵기 때문입니다.

《관무량수경》을 독송한 사람이 다시 이 경전을 독송하면 "이 마음이 그대로 부처가 되고(是心作佛), 이 마음이 그대로 부처임(是心是佛)"을 더욱 믿게 되고, 저 세상을 벗어나는 삼복三福을 더욱 상세히 밝히고 있기 때문입니다. 또 일관日觀·수관水觀 내지 보수寶樹·보살불관菩薩佛觀과 비교하면《관무량수경》을 보다 간단하고 쉽게 닦을 수 있기 때문입니다.

아직 부처님을 믿지 않는 사람도 이 경전을 독송하지 않을 수 없습니다. 이 경전으로 바른 믿음(正信)을 일으킬 수 있는 까닭입니다. 인연과 원력이 선근善根을 낳는 까닭입니다. 의식의 물든 마음(染識) 밭에 영원히 불도佛道의 종자를 심기 때문입니다. 이 경전을 읽을 수 있으면 부처님을 믿지 않아도 부처님을 잊지 않는 어진 사람이 되기 때문입니다.

문자를 좋아하는 사람도 이 경전을 독송하지 않을 수 없습니다. 이 경전은 모두 한漢・위魏・당唐・송宋의 원역본을 회집하여 문자가 단아하고 고결하며 간결하고 세련되기 때문입니다. 경문을 숙독하면 글 쓰는 법을 깨닫게 되고, 문장력이 뛰어날 수 있기 때문입니다. 또한 문자반야가 일어나 그것을 관조함으로써 실상에 도달할 수 있기 때문입니다.

대승을 향하는 사람도 이 경전을 반드시 독송해야 합니다. 왜냐하면 경전 가운데 이르길, "말씀대로 수행한다면 소승이 아니며, 나의 법에서 「제일 제자」라 이름할 것이고(如說修行 非是小乘 於我法中得名第一弟子)(43품), 이 사람은 이미 일찍 과거에 부처님을 만나 보리수기를 받았으며(是人已曾値過去佛 受菩提記)(44품), 무량 억의 보살 등은 모두 다 이 미묘한 법문을 희구하기 때문에 법문을 존중하며 경청한다(無量億菩薩等 皆悉求此微妙法門 尊重聽聞)(43품)"라고 하셨기 때문입니다. "수많은 보살들이 이 경전을 듣고자 하지만 들을 수 없기(多有菩薩欲聞此經而不能得)(43품)" 때문입니다.

유학을 공부하는 사람도 이 경전을 독송하지 않을 수 없습니다. 왜냐하면 오직 전일하게 염불하면 곧 "뜻이 성실하고 마음이 발라지기(誠意正心)" 때문이고, 보리심을 발하면 바야흐로 "덕을 밝히고 사람을 새롭게 할 수 있기(明德親民)" 때문이며, 함께 극락에 왕생하므로 바야흐로 이곳을 이른바 "가장 좋고 가장 선한 곳(止於至善)이라 할 수 있기 때문입니다. 대개 《역경》의 적감(寂感; 고요한 가운데 느낌), 《서경》의 정일(精一; 정밀하게 살피고 전일하게 행함), 《예경》의 무불경(毋不敬; 공경하지 않음이 없음), 《시경》의 사무사(思勿邪; 생각에 삿됨이 없음)의 경계가 모두 다 이 경전 안에 있기 때문입니다.

군사를 운영하거나(治軍), 정치에 참여하거나(從政), 학문의 길(求學)을 걷거나, 사업을 경영(經商)하거나, 무엇을 하든 상관없이 누구나 이 경전을 읽지 않을 수 없습니다. 왜냐하면 탐진치를 대치할 수 있고, 업장을 없애갈 수 있으며, 복을 증진시키고 지혜를 계발할 수 있기 때문입니다. 사람의 마음을 바로잡고 낡은 풍속·습관을 고칠 수 있고, 재난을 소멸시키고 변화시킬 수 있어 국운을 번성하게 하고, 세계를 평화롭게 만들 수 있기 때문입니다. 이는 곧 무진장의 보배(無盡寶藏)이기 때문입니다.

출가자든, 재가자든, 남자든, 여자든 상관없이 모두 이 경전을 독송하지 않을 수 없습니다. 왜냐하면 이것은 세 가지 근기를 두루 덮어주기 때문입니다. 온갖 병을 치료할 수 있으며, 고통을 뽑아내고 즐거움을 베풀어 주기 때문입니다. 어둠을 깨뜨리는 밝은 등불이고, 업의 바다를 건너는 자비의 배이기 때문입니다.

실로 일승요의一乘了義이고, 모든 선업 · 선행(萬善)의 총문總門이기 때문입니다. 그래서 시방세계 제불께서 함께 찬탄하기 때문입니다.

정토오경일론
개정증보판
무량수여래회 편역
불설아미타경 · 불설무량수경 · 불설관무량수경
화엄경보현행원품 · 능엄경염불원통장 · 왕생론
능엄경 염불원통장
소초대의 강기
-대세지보살의 염불원통법문 강설-
도영스님 편역
관경사첩소 현의강기
-관무량수불경 선도대사 소疏 강설-
선도대사善導大師 찬술
정공 스님 · 이시문최 스님 강설
도영 스님 편역
염불수행대전
개정증보판
주세규 회집
성현과 범부가 함께 닦는 속초速超성불의 지름길!
염불은 가장 쉬우면서도 모든 법문을 뛰어넘는다!

아미타불 현세가피

무량수경 현대 영험록

전 세계 1억 명이 수지독송하고 있는
무량수경이 바로 아미타 부처님이시다

무량수경을 수지독송하고 말씀대로 닦으면
실제의 괴로운 과보를 뽑아내고
진실로 현전의 복리(福利)를 획득하게
될 것이다. 진실로 정업(淨業)을 닦지 않는
자는 그 미묘함을 깨닫지 못하고
가르침의 바다(敎海)를 건넌 적이 없는
자는 아무도 그 깊이를 엿보지 못한다.

- 무량수경 정본 서문

정종학회淨宗學會 지음
허만항 거사 편역

비움과소통

윤회를 벗어나 성불하는 지름길

정토삼부경과 염불감응록

무량수경 · 아미타경 · 관무량수경
정종심요 · 아미타불 염불감응록

아미타불 명호 염해 생사 윤회 벗어나는 무상심묘선無上深妙禪
염불은 가장 쉽고 빠르게 육도윤회를 벗어나 깨달음의 정토이자 성불학교인 극락세계에서 무생법인을 증득한 후 다시 사바세계로 원력소생하여 중생을 구제하는 수행법이다.

무량수여래회 편역

비움과소통

말법시대에 가장 적합한 쉽고 빠른 성불의 지름길

참선수행도 하고 염불수행도 하면 마치 뿔 달린 호랑이 같아
현세에 사람들의 스승이 되고
장래에 부처나 조사祖師가 될 것이다.
참선수행은 없더라도 염불수행만 있으면
만 사람이 닦아 만 사람이 모두 가나니
단지 가서 아미타불을 뵙기만 한다면
어찌 깨닫지 못할까 근심하리오.
- 영명연수 선사

주세규 편저

참선이 곧 염불이요 염불이 곧 참선이다

參禪卽是念佛 念佛卽是參禪
- 정토법문 요집 -

비움과소통

당생성불

當生成佛

염불은 성불의 구경방편이다

정공법사 강설
허만항 편역

오직 염불행이 있어야 정말로 이번 일생에
삼계의 생사를 벗어날 수 있습니다. 다른
법문은 비록 좋은 법문이라도 우리들의
근기와 성향으로는 상응하지 못하고, 매우
닦기 어려우며, 쉽게 성취하지 못합니다.
오직 이 한 법문에서만 만인이 닦아 만인이
왕생합니다. (정공법사)

비움과소통

불사不死의 법문
불설아미타경요해
佛說阿彌陀經要解
우익藕益대사 요해
원영圓瑛대사 주석
정공淨空법사 강설
허만항 편역
만병을 다스리는 불사의 약, 삼계윤회를 옆으로 초월하는 심요법문!
비움과소통

반주삼매경 심요
삼매의 왕 보왕삼매寶王三昧로 생사해탈하는
般舟三昧經 心要
혜침법사慧琛法師 강설
허만항 편역
비움과소통

염불성불의 길
철오선사법어
徹悟禪師法語
각운스님 역해譯解
시심작불 是心作佛 | 염불하는 이 마음으로 부처 되는 법
업을 지닌 채 삼계윤회를 옆으로 벗어나는 묘법
비움과소통

방생살생
현보록
放生殺生現報錄
방생행복 살생불행 염불성불
정토에 왕생하는 세 가지 복 가운데 자비한 마음으로 살생하지 않는 것이 그 하나이니,
이제는 살생하지 않을 뿐 아니라 방생까지 하였고, 방생하면서 경법으로 제도하여 정토
에 태어나게 하였으니. 이러한 마음으로 이타행利他行을 하면 과보가 원만할 적에 구품
연대에 태어날 것은 의심할 여지도 없다. 여러 사람들이여, 덕이 박하고 미천한 사람의
말이라도 믿어주면 다행이겠노라
무량수여래회 엮음
비움과소통

아미타경 심요
| 당역 아미타경 강기 唐譯 阿彌陀經 講記 |
생사 윤회를 벗어나는 가장 쉽고 빠른 해탈문
비움과소통
이시푼촉 益西彭措 캄포 강술
허만항 편역
무량수경 심요
불설대승무량수장엄청정평등각경 강해
佛說大乘無量壽莊嚴淸淨平等覺經 講解
허만항 거사 편역
불멸不滅의 길
연종집요
蓮宗集要
홍인표 지음
일생에 육도윤회를 벗어나 성불하는 지름길
비움과소통
아미타불 48대원
무량수경·아미타경과 정법개술(淨法槪述)
연관스님·보정거사 편역
나무아미타불
비움과소통

淨宗法要集
업을 지닌 채
윤회를 끊는 길
무량수경 · 아미타경 · 정토참법의규 · 정수첩요 · 임종조념법문
정토의 나침반
왕생성불 하는 불력수행법
정토도언 · 염불론 · 불법도론
정종심요 · 정수첩요 · 임종혹문
무량수여래회 편역
비움과소통
念 佛 覺 者 列 傳
염불각자열전
일심을 깨닫고 윤회 벗어나 왕생극락한 사람들
말법시대에 적합한 생사해탈 속초성불速超成佛 법문!
김성우 편저
비움과소통
念佛者是誰
염불하는 이 뭣고?
아미타불 염불선의 깨달음과 정토법문
덕산 편저
비움과소통

행복한 죽음을 위한
조념염불법
육도윤회六道輪廻를 벗어나
깨달음의 세계인 극락정토에
왕생往生하기 위한 임종 안내서
'아름다운 이별 행복한 죽음' 개정증보판
정전·보정 편역
비움과소통
업을 지닌 채 윤회를 벗어나는 성불법
정법개술 淨法槪述
비움과소통
극락에 간 반려동물 이야기
동물왕생불국기
動物往生佛國記
정종법사 지음
정전스님 번역
어리석은 축생조차 왕생극락 하는데, 하물며 사람이랴!
비움과소통
법화경 관세음보살보문품을 정공 큰스님의 정토법문으로 해설하다
관음경 강기
觀音經講記
비움과소통
구마라즙 한역
정공스님 강기
허만항 편역

무량수경 친문기
불설대승무량수장엄청정평등각경친문기
佛說大乘無量壽莊嚴淸淨平等覺經親聞記
정공 법사 강술
유승부 거사 편집
무량수여래회 편역
가장 쉽고 빨리 윤회 벗어나 성불하는 길
비움과소통
묘법연화경
관세음보살보문품 심요
염불행자念佛行者 심득보서心得寶書
아미타부처님 보좌하며 환치 같은 삼매로 중생의 우환 없애주시니
萬善同歸集講記
만선동귀집 강기 上
唯心決 講述
유심결 강술
부록: 선정과 지혜가 상즉을 이루는 노래(定慧相資歌)
일심一心을 들어 종宗으로 삼아 만법萬法을 거울처럼 비춘다
영명연수 대사 술述
도영 스님 편역
비움과소통

보급판 불설무량수경
불설대승무량수장엄청정평등각경
佛說大乘無量壽莊嚴清淨平等覺經
하련거 거사 회집
무량수여래회 편역
비움과소통
임종조념 왕생성불
무량수여래회 편역
참사람의 행복연습
세상에서 가장 행복한 당신의 참모습, 아미타불
볼 줄 아는 그것이 부처입니다.
들을 줄 아는 그것이 부처입니다.
선을 선택할 줄 아는 그것이 부처입니다.
능히 악을 버릴 줄 아는 그것이 부처입니다.
나와 모든 이웃 생명이 지금 이대로 부처님이십니다.
광원환성 지음
비움과소통
염불선의 요체
생사해탈 왕생성불의 심요법문
원인 스님 법문
비움과소통

무량수경 청화강기

1판 1쇄 펴낸 날 2020년 2월 4일
법문 정공스님 **편역** 허만항
발행인 김재경 **편집** 허만항 **디자인** 김성우 **제작** 경희정보인쇄
펴낸곳 도서출판 비움과소통
경기도 파주시 하우고개길 151-17 예일아트빌 103동 102호(야당동 191-10)
전화 031-945-8739 팩스 0505-115-2068
홈페이지 blog.daum.net/kudoyukjung **이메일** buddhapia5@daum.net
출판등록 2010년 6월 18일 제318-2010-000092호